זמן שבת

הסנטור ג'ו ליברמן
עם דיוויד קלינגהופר

זמן שבת

השבת של המועמד לתפקיד סגן נשיא ארצות הברית

מאנגלית: איילת סקסטין

שבת UNPLUGGED
מגיד
OUPRESS

שערים
מגשימים יהדות ישראלית

Joe Lieberman
The Gift of Rest

הסנטור ג'ו ליברמן
זמן שבת: השבת של המועמד לתפקיד סגן נשיא ארצות הברית

עורך אחראי: ראובן ציגלר
עורכת משנה: אפרת גרוס
עריכה לשונית: אריאל הורוביץ
הגהה: אפרת גרוס
עימוד: תמי מגר
עיצוב כריכה: אליהו משגב

© כל הזכויות שמורות לסנטור ג'וזף ליברמן, 2021

2011 English edition published by Howard Books,
a Division of Simon & Schuster, and OU Press.

ספרי מגיד, הוצאת קורן
ת"ד 4044 ירושלים 9104001
טל': 02-6330530 פקס: 02-6330534
www.maggidbooks.com

OU Press, an imprint of the Orthodox Union
Broadway 11
New York, NY 10004
www.oupress.org

אין לשכפל, להעתיק, לצלם, להקליט, לאחסן, במאגר מידע, לשדר או לקלוט בכל דרך או בכל אמצעי אלקטרוני, אופטי, מכני, או אחר כל חלק שהוא מן החומר שבספר זה. שימוש מסחרי מכל סוג שהוא בחומר הכלול בספר זה, אסור בהחלט אלא ברשות מפורשת בכתב מהמו"ל.

מסת"ב ISBN 978-965-526-321-3

נדפס בישראל Printed in Israel 2021

להדסה פריליך ליברמן
רעייתי ושותפתי
אשר יחד איתי
מקבלת, שומרת ומתענגת על
מנוחת השבת, מתנת אלוהים

ולילדינו ונכדינו
שאליהם אנו מעבירים
את המתנה

אמר לו הקב"ה למשה:
משה, מתנה טובה יש לי בבית גנזיי
ושבת שמה

תלמוד בבלי, ביצה טז ע"א

תוכן העניינים

מבוא: ד"ר רות קבסה אברמזון .... ט
דבר המחבר .... יז
הקדמה
שבת במתנה .... יט

פרק ראשון
ערב שבת: הכנות גשמיות ורוחניות 1

פרק שני
קבלת שבת: מזמינים את השבת להיכנס 23

פרק שלישי
סעודת שבת: מכבדים את הבורא, מברכים זה את זה 39

פרק רביעי
שקיעה, זריחה: אינטימיות אנושית ואלוהית 61

פרק חמישי
תפילות הבוקר: ברית הייעוד 79

פרק שישי
קריאת התורה: כבוד לדבר הבורא 101

פרק שביעי
פנאי במתנה: נחים כדי לתת כבוד לאל 123

פרק שמיני
לקטוע את השבת: להבחין בטובה הגדולה יותר 147

פרק תשיעי
צאת השבת: להבדיל בתבונה 169

פרק עשירי
ששת ימי המעשה: עבודה עם תכלית 195

סיכום: לעשות שבת משלכם 209
תודות 213

מבוא

ד"ר רות קבסה אברמזון[1]

"כששואלים אותי: 'איך אתה יכול להפסיק את כל עבודתך כסנטור כדי לשמור שבת מדי שבוע?', אני עונה: 'איך הייתי יכול לעשות את כל עבודתי כסנטור אלמלא הייתי מפסיק כדי לשמור שבת מדי שבוע?'".

במשפט זה פותח סנטור ליברמן את ההקדמה לספרו "זמן שבת", אותו הוא מכנה "שיר האהבה שלי לשבת". ואכן, הספר שזור באהבתו של ליברמן להוריו ומשפחתו, למורשתו היהודית ולשבת. למעשה, ג'ו והדסה ליברמן אוהבים את השבת כל כך עד שהם מכנים אותה "ארץ שבתיה", מרחב זמן נבדל, פנטסטי כמעט, שאליו הם "מהגרים" בכל סוף שבוע.[2]

---

1. הכותבת היא מנכ"לית עמותת "שערים – מגשימים יהדות ישראלית" ומייסדת שבת UNPLUGGED והמכון הלאומי לשבת, חברה וכלכלה.
2. תודתי נתונה לפרופ' מאיר בוזגלו ולמר רוני אלשייך על הערותיהם המועילות למבוא זה.

זמן שבת

שמירת השבת של ליברמן – היהודי הבכיר ביותר בפוליטיקה האמריקאית עד כה ומועמד לתפקיד סגן נשיא ארצות הברית – עוררה התעניינות רבה בקרב התקשורת וקהל הבוחרים. חלקם הסתקרנו ללמוד במה מדובר. חלקם שאלו את עצמם כיצד תשפיע השבת של ליברמן על יכולתו לתפקד כסגן נשיא.

אל מול הסקרנות הזאת, ליברמן אינו מגיף את התריסים, אלא מזמין את הקורא – היהודי והלא יהודי – לסיור פרטי לאורכה של ארץ שבתיה. לא מדובר בסיור לימודי או תיאורטי, אלא במסע פרטי ואינטימי אל השבת האישית של ליברמן ומשפחתו, על רגעיה הקסומים, וגם על הפעמים שבהם שלוותה מופרת.

שבת כרוכה באופן עמוק במשפחתיות ובמסירת המסורת המשפחתית. כך זוכה הקורא להיחשף למבט משפחתי־היסטורי ולשרשרת דורות יהודית מפעימה.

נדמה שהאהבה והכבוד הרב שחולק ליברמן למורשתו ולהוריו, הם התנאי המקדים לאהבת השבת שלו. סבו, שנפטר בשבת הראשונה ששמר(!), אימו ששמרה על הגחלת היהודית ו"באבה", סבתו, שאף מילותיה האחרונות היו קשורות בשבת.

למעשה, פטירתה של באבה הייתה רגע מכונן ונקודת מפנה בחייו של ליברמן, ובה הוא בחר ביהדות כדרך חיים. ההבנה שהכתה בו, ש"באבה" היא החוליה המקשרת בינו לבין יהדותו, ובהיעדרה האחריות עוברת לידיו, גרמה לו להרהר בחיבור שלו ליהדות, וכלשונו: "אם אפרק את החולייה בשרשרת, היא תינתק ותאבד לי ולילדיי אחריי".

התלבטנו בשבת UNPLUGGED אם נכון שדווקא אנחנו, ארגון שאינו מניף דגל דתי ואינו מטיף לשמירת שבת במובנה ההלכתי,

מבוא

נתרגם ספר שמתאר שבת הלכתית. לאחר מחשבה ודיון תשובתנו הייתה כן, וה"כן" היה נלהב.

הספר פונה אל האדם באשר הוא אדם. כפי שמדגיש ליברמן – פנייתו היא גם לנוצרים ובני דתות אחרות. היסוד האוניברסלי בכתיבה נוכח כל העת ומשקף את הנחת היסוד ולפיה כל בן אנוש זקוק לשבת. הרי אי-אפשר להתעלם מהתובנה ההיסטורית, שהשבת היהודית היא המקור לרעיון יום המנוחה בקרב האנושות כולה. במובן זה, הספר מהווה עדות אישית של מי שמצליח לשלב בין קריירה מפוארת לבין מנוחה מדוקדקת לפרטיה, לרבות תיאורים של רגעי המשבר שבהם מופרת מנוחה זו.

הקריאה של סנטור ליברמן בסיכום הספר – "עשו לכם שבת משלכם" היא גם קריאתנו שלנו בשבת UNPLUGGED. דבריו של ליברמן נכתבו אומנם בהקשר יהודי-אמריקאי, אבל ההזמנה לבחור ולעצב את המסורת האישית תוך כבוד, השראה ודיאלוג עם המסורת הלאומית שלנו כעם, רלוונטית לכל יהודי בישראל ובתפוצות.

ייחודיותו של הקורא הישראלי נובעת מהזכות הייחודית לחיים במדינת הלאום הריבונית של העם היהודי. מתוקף כך, הקורא הישראלי מנהל שני דיונים הכרוכים זה בזה; הדיון האישי, הפרטי והמשפחתי, והדיון הלאומי שעוסק בשאלה – מהי המשמעות של כינון השבת במדינה ריבונית, ולאור כך, כיצד יש לעצב את המרחב הציבורי ביום זה?

בניגוד לנקודת המבט המורכבת של ליברמן, הדיון הציבורי על השבת בישראל בדרך כלל נושא אופי חד-ממדי. השאלות הגדולות בדבר ההזדמנות הטמונה בשבת נזנחו, והשבת הפכה בשיח הציבורי לסלע מחלוקת בין הקבוצה החילונית-ליברלית, דוברת שיח הזכויות,

לבין הקבוצה הדתית-חרדית-שמרנית, דוברת שיח החובות. מהשיח נעדר אגב קולו של הציבור המסורתי בישראל, שמעוניין במרחב ציבורי גמיש, שגם שומר על צביונה של השבת וגם מאפשר לפרט חופש בחירה.

השיח הלאומי על השבת נקלע למבוי סתום.

נשאלת השאלה, האם נוכל לדובב את השבת הלאומית הפוטנציאלית, מתוך העקרונות היפים שהיטיב לתאר סנטור ליברמן בספרו זה?

האם נוכל לייצר את "ארץ שבתיה", ממלכת פלאות לאומית המפציעה אחת לשבוע, מרוממת אותנו מהמציאות היום-יומית הדוחקת ורוויית המחלוקות, ומציעה לנו נווה מדבר שבועי של מנוחה, התעלות והתלכדות כעם וכחברה?

"יותר משישראל שמרו על השבת, שמרה השבת אותם", מצטט סנטור ליברמן את אחד העם. "בחיי האישיים", כך הוא כותב, "התברר לי ללא ספק שאכן נכון הדבר". לכך יש להוסיף שלדידו של אחד העם, קביעה זו נכונה גם במישור הלאומי. וכך הוא כותב:

(השבת היא) אינסטיטוציא היסטורית של כלל האומה... מי שמרגיש בליבו קשר אמיתי עם חיי האומה בכל הדורות, הוא לא יוכל בשום אופן – אפילו אם אינו מודה לא בעולם הבא ולא במדינת היהודים – לצייר לו מציאות עם ישראל בלי 'שבת מלכתא'.[3]

3. אחד העם, "שבת וציוניות", כל כתבי אחד העם, הוצאת דביר, תל אביב, עמ' רפו.

גם לביאליק, המשורר הלאומי, הייתה דעה מוצקה בעניין. העצמאות לדידו היא הזכות והחובה לעיצוב אופייה של המדינה בהתאם לאופיו של העם. המדינה אינה רק מסגרת אוניברסלית של "יתרון לגודל". מדינה היא מסגרת למימוש עצמי לאומי ייחודי, וככזו היא משקפת את תרבותו וערכיו של עם.

ביאליק רואה בשבת את "אבן השתייה של כל היהדות". אבן זו היא האבן שממנה על פי המסורת היהודית נברא העולם כולו. הנמשל ברור – היהדות כולה מבוססת על השבת. "ואם ב'עשרת הדִברות' מקופלת כל התורה, הרי בשבת אולי גלומות ומקופלות כל עשרת הדברות".[4]

ביאליק מציב את השבת במרכזם של החיים הלאומיים המתחדשים בארץ ישראל:

> אם אנו חוזרים לארץ ישראל – עלינו לחזור עם השבת, זה הסמל שלנו המלא יופי וחן, שממנו נוכל לשאוב יופי לכל צורות החיים שלנו... אם אנו קובלים על חוסר סגנון חיים משלנו, אנו יכולים להתחיל מן השבת ביצירת סגנון.[5]

השבת, אם כן, היא התשובה לשאלה במה נבדלת ישראל מיתר המדינות, במה ישראל היא אור לגויים, או לשם התחלה צנועה יותר – במה היא אור לעצמה ולאזרחיה. אז מה צריך לעשות בשבת?

4. ביאליק בהנחת אבן הפנה ל"אהל שם" בתל אביב, אייר תרפ"ח.
5. שם.

היום הזה ראוי שבו יפגשו בני העם זה את זה... יש בתוכנו הרבה מפלגות עם תורות ו"שלחן ערוך" משלהן – תהי השבת סמל לאחדות... ביום הזה צריכים להיפגש כל ששת הקנים שלנו מול פני המנורה לשבת של שלום, המאחדת את הלבבות והמזכירה לכל, שיש לנו שרשים עמוקים ושאיפות למעלה.[6]

השבת אם כן היא מקום המפגש והחיבור של הקבוצות החברתיות אלו לאלו, וביחד לשלם הגדול מסך חלקיו, ומכאן שהשבת היא "בית הכינון" של האתוס הישראלי המשותף.

שבת ישראלית מייצרת עם.

לכידות חברתית היא רכיב בתפיסת הביטחון של ישראל, והיא נשענת על כינון אתוס משותף המחבר בין כל חלקי העם. האתוס צריך להיות רחב וגמיש מספיק על מנת להעניק לכל קבוצה חברתית מקום ושייכות בתוך התמונה הכוללת, ומן הצד השני לייצר את ההבנה שהקולקטיב גדול וחשוב מסך חלקיו.

כדי להגשים מטרה זו, לא מספיקה הסדרה גרידא. ייתכן שאם נפתח את תל אביב ונסגור את בני ברק לא נייצר פתרון, אלא ניאלץ להתמודד עם בעיה חמורה יותר מהבעיה שאיתה יצאנו לדרך – של ממלכות שונות, שבהן חיים עמים שונים בעלי תרבויות, מנהגים ושפות הזרות אלו לאלו.

איינשטיין אמר שעל מנת לפתור בעיה עלינו להיות ברמה תודעתית גבוהה יותר מהרמה שבה היינו כאשר יצרנו את הבעיה. בעניין השבת, רמה תודעתית גבוהה יותר תראה בשבת פתרון ולא בעיה שיש להסדיר.

6. שם.

האם נצליח אנחנו, בני ובנות הדור השלישי והרביעי למייסדי המדינה, לראות בשבת סמל למקוריות הלאומית שלנו, ולעצב אותה כמרחב משותף, כשבת של יחד, שהיא דווקא הזדמנות לפתרון הבעיות שנוצרות בששת ימי המעשה האחרים, שבהם אנו בתודעה נמוכה יותר?

האם נוכל להתעלות אל מעבר למחלוקות ולזכור שאנו לא "איים" או "שבטים" נפרדים, אלא חלק מאותו שלם שממנו אנו שואבים את כוחנו, את ייחודיותנו ואת ההצדקה לקיומנו?

על מנת להתמודד עם שאלות אלו ונוספות, ועל מנת לחקור את מגוון ההזדמנויות הטמונות בשבת עבור מדינת ישראל, החברה בישראל ועם ישראל בכללותו, החלטנו בשבת UNPLUGGED להקים את המכון הלאומי לשבת, חברה וכלכלה. ברוח דבריו של ביאליק, המכון יהווה את בית הכינון של האתוס הישראלי.

אנו אסירי תודה לסנטור ליברמן שהעניק לנו בשבת UNPLUGGED את הזכות להביא בפני הקורא הישראלי את דרך מחשבתו הייחודית והמורכבת, ואתגר אותנו להעמיק בחשיבה אישית ולאומית על אודות השבת.

תודתנו נתונה לקרן אבי חי, הורתנו, על תמיכה רבת שנים, ולהוצאת קורן, ובפרט ליהושע מילר, לראובן ציגלר ולאפרת גרוס, על שותפות פורה ועל עמלם בהבאת הספר לדפוס.

כמי ששואפים לנתק את השבת משיח פוליטי רדוד ולהשיב אותה אל מקומה המכונן בהיסטוריה של העם יהודי, אנו שואבים השראה מהספר ומזמינים את הקורא הישראלי ליהנות מהחמימות והמתיקות שבין דפיו.

דבר המחבר

אני יודע שיהיו כאלה שיתהו מדוע סנטור אמריקני כותב ספר על נושא דתי כמו השבת, ואחרים שישאלו מדוע סנטור יהודי כותב ספר על השבת לא רק בשביל יהודים, אלא גם בשביל בני דתות אחרות. הסיבה לכך פשוטה: אני אוהב את השבת ומאמין שהיא מתנה מאת הבורא, מתנה שאני רוצה לחלוק עם כל קוראי הספר הזה, בתקווה שגם בהם תתעורר אהבה אליה, רבה כאהבתי שלי.

ידועים דבריו של אחד העם, אחד מאבות הציונות, כי "יותר משישראל שמרו את השבת, שמרה השבת על ישראל". בחיי האישיים התברר לי ללא ספק כי אכן נכון הדבר. כששואלים אותי: "איך אתה יכול להפסיק את כל עבודתך כסנטור כדי לשמור שבת מדי שבוע?", אני עונה: "איך הייתי יכול לעשות את כל עבודתי כסנטור **אלמלא** הייתי מפסיק כדי לשמור שבת מדי שבוע?".

אינני רב, כמובן, ולא תלמיד חכם. אולי תשאלו, אפוא, מהם המקורות שמהם אני יונק בכתיבת הספר הזה. אני יהודי שומר מצוות, שבמשך השנים למד מאנשים רבים, חכמים ובקיאים ממנו.

רוב האנשים האלה מוזכרים בספר שלפניכם, וכמותם גם המקורות מן התורה, מן ההלכה ומן הפרשנים שעיצבו את שמירת השבת שלי ואת דרך המחשבה שלי. כשאני כותב על השבת, אינני מבקש למסור את דעתי בלבד, אלא את תמציתה של מסורת אדירה ועתיקה. המסורת היהודית היא מבוע של פרשנות וחוכמה מפי רבנים בני־סמכא, ששורשיה מגיעים עד אברהם אבינו ומשה רבנו, שלמדו מן האל בעצמו. במשך למעלה משלושת אלפים שנה, העבירו נביאים וחכמים את החוכמה הזו מרב לתלמיד, מהורה לילד, ולאחר מכן כתבו אותה בתלמוד, במדרש ובחיבורים רבניים אחרים.

אני אסיר תודה מקרב לב לכל מי שסייע לי בכתיבת הספר, אך כמובן, אני מקבל עליי את האחריות המלאה לכל הכתוב בו.

הקדמה

שבת במתנה

יום שישי בלילה. גשם זלעפות ניתך, כפי שקורה מדי פעם בוושינגטון הבירה, ואני צועד מן הקפיטול לביתי בג'ורג'טאון, נרטב עד לשד עצמותיי. שוטר ממשטרת הקפיטול של ארצות הברית הולך לצידי, וכך אנו עושים את דרכנו, ברגל, במעלה שדרת פנסילבניה מבניין הקפיטול לעבר יעדנו, שבעה קילומטרים משם. לפני שיצאתי ממשרדי בסנאט, החלפתי את נעליי לנעלי התעמלות, אבל עכשיו הן מלאות מים.

בעודנו מבוססים הלאה, ניידת של משטרת הקפיטול נוסעת לצידנו בקצב מדוד, לתגבור האבטחה. אבל אני איני מסכים – ולמעשה איני יכול – להיכנס למכונית ולנסוע.

מה פשר הסצנה המוזרה הזו? את נוכחותם של שני השוטרים קל להסביר. כפי שאמר לי פעם ראש משמר הסנאט, האחראי על משטרת הקפיטול: "סנטור, אם משהו יקרה לך במשמרת שלי כשאתה צועד הביתה, זה יזיק לקריירה שלי". לכן נמצאים איתי שוטרים.

אבל מדוע אני צועד בלילה גשום, במקום לנסוע? משום שזהו יום שישי בלילה, והשבת כבר נכנסה. בשבת, יום המנוחה, יהודי שומר מצוות כמוני לא ייסע במכונית, כדי לא לעבור על איסורי השבת, המוסברים בתורה ובפסקי ההלכה. בדרך כלל אני מגיע מן העבודה הביתה עוד לפני כניסת השבת, ביום שישי עם השקיעה. אולם כעת, הצבעות חשובות על תקציב ארצות הברית מנעו זאת ממני. ההצבעה בסנאט נעשית כמו בימים עברו, בהשמעת קול, ואין אפשרות לְמַנות באי־כוח שיצביעו במקומי. אי־אפשר להצביע בשם אחד מעמיתיך. אם אחמיץ הצבעה חשובה, המשמעות היא שבאותו עניין מסוים, תושבי מדינת קונטיקט, מדינתי שלי, לא יקבלו ייצוג. הם לא יזכו להשמיע את קולם באשר לניהול ארצנו, באשר לשימוש בכספי המסים שהם משלמים, או באשר לבטחונם ולאיכות חייהם. את הדבר הזה, כך אומרת לי אמונתי הדתית, איני יכול להרשות, אפילו בשבת, ועל כן, כאשר יש הצבעות בסנאט לאחר שקיעת החמה ביום שישי, אני מצביע ואז הולך הביתה ברגל.

בעשרים ושתיים שנותיי כסנטור עשיתי את הדרך הארוכה הזו ברגל מן הקפיטול לביתי כשלושים או ארבעים פעם. קציני המשטרה המלווים אותי מספקים בדרך כלל לא רק אבטחה, אלא גם חברה מבורכת ושיחה נעימה. רבים מהם נוצרים אדוקים. המסע אורך כשעה וחצי, והיו לנו דיונים נפלאים על השבת בפרט ועל אמונה בכלל. אך לא הלילה. אנחנו רטובים מדי, הגשם מציק ואי־אפשר לדבר הרבה. עכשיו כבר עשר בלילה, והשוטר המלווה אותי ואני מבקשים הפוגה וחומקים מתחת לגגון של חנות מכולת.

באותו רגע, עליי להודות, נשאתי עיניי לשמיים שמהם המשיך הגשם להמטיר ושאלתי, חצי בצחוק חצי ברצינות: "אלוהים יקר.

הקדמה – שבת במתנה

האם זה באמת מה שאתה רוצה שאעשה כדי לזכור את השבת ולכבד אותה?".

זו אינה שאלה שאני שואל לעיתים קרובות. שמירת השבת היא מצווה שאימצתי בשתי ידיים. זהו, ליתר דיוק, הדיבֵּר הרביעי שקיבל משה מאלוהים בהר סיני. רוב הזמן, תחושתי היא שהשבת היא מתנה מאלוהים יותר מאשר ציווי. זוהי מתנה שקיבלתי מהוריי, שקיבלו אותה בעצמם מהוריהם, שקיבלו אותה מדורות של יהודים לפניהם דרך שרשרת מסירה הנמשכת אל נבכי העבר, עד משה רבנו.

בעיניי, שמירת השבת היא מתנה משום שהיא אחד התענוגות העמוקים והטהורים ביותר בחיי. זהו יום של שלווה, של מנוחה ושל התענגות חושנית. במילה **חושנית** אין כוונתי **מינית** – אם כי יש לדעת שאחת המצוות שניתנה לכל זוג נשוי היא לתנות אהבים בשבת, משום שביום הזה אנו אמורים לחוות את החיים במלואם. אשתי הדסה ציינה זאת פעם באוזני כמה חברות, שהופתעו מהתגלית.

"אוהו", אמרה אחת מהן כשעיניה נפקחות לרווחה, "הלוואי שבעלי יתחיל להיות יותר דתי".

כשאמרתי שהשבת היא חושנית, התכוונתי שהיא פונה אל החושים – הראייה, השמיעה, הטעם, הריח והמישוש – באמצעות מקומות נאים, מנגינות מרוממות נפש, אוכל ויין נהדרים, והרבה אהבה. זהו הזמן להתחבר למשפחה ולחברים – וכמובן, לאלוהים, בורא כל הדברים שיש לנו זמן "לחוש" בשבת. שמירת השבת היא מתנה שהעניקה עוגן, צורה והשראה לחיי.

אולי תשאלו: אם השבת היא כזו מתנה וכזה תענוג, מדוע לא לנצל את האפשרות שהשוטרים מציעים בכל ליבם, להיכנס למכונית

ולנסוע בנחת הביתה? הספר שאתם אוחזים בידיכם הוא התשובה שלי לשאלה הזו.

השבת היא רעיון נושן אך יפה, ובתרבותנו הטרודה, התזזיתית והצמאה למשמעות, היא משוועת להתגלות מחדש כדי שייהנו ממנה בני אדם מכל הדתות. היא לובשת את צורתה הנוכחית – מצוותיה ומנהגיה – משום שמאז ימי קדם, דורות של רבנים וחכמים מעבירים, מזקקים ומרחיבים את המסורות המגדירות את שמירת השבת. המסורות הללו מקימות סייגים, כעין גדרות סביב לשבת – כמו איסור הנסיעה במכונית – כדי להגן עליה כְּיום של אמונה ומנוחה. השבת היא ישות אורגנית, המשקפת מאות שנים של מחשבה וניסיון. היא איננה המצאה שרירותית. ישנם ציוויים שנראו בעבר כחסרי משמעות, אך התגלו במלוא משמעותם דווקא בתקופה המודרנית. אני מחפש כל הזמן אחר החוכמה שבמצוות השבת, וכמעט אף פעם איני מתאכזב ממה שאני מוצא. אם המחיר הוא קושי או אי־נוחות מדי פעם – כמו להירטב בהליכה הביתה מן הקפיטול – אני רואה בכך מחיר פעוט אל מול כל מה שהשבת מעניקה לי ומלמדת אותי.

הדסה ואני מדברים לפעמים על מקום שמעבר לזמן, שנקרא בפינו "ארץ שַׁבַּתְיָה". מבחינות רבות, השבת היא מקום שונה לגמרי מן המקום שבו אנו חיים בימות החול. המקום הזה מרוחק מן השעונים למיניהם, ורק תנועתה הטבעית של השמש מושלת בו. בין אם אני מבלה את השבת בוושינגטון הבירה ובין אם בעירי, סטַמפוֹרד שבקונטיקט, הכניסה אל השבת היא כמו צעד אל תוך עולם אחר, תחום שאינו מוקף גבולות גיאוגרפיים אלא אמונה, מסורת ורוחניות.

"בשבת", אמר רבי מנחם מנדל שניאורסון, הרבי מלובביץ', "אנחנו עוצרים את מלחמתנו עם העולם, לא משום שאנו נוטלים הפסקה מן המשימה לנסות להביאו לידי שלמות, אלא משום שבשבת העולם **כבר נמצא** במצב של שלמות; אנחנו מזדהים עם המושלם והבלתי־משתנה שבו".

בשיחותיי עם ידידים נוצרים, במיוחד מן הקהילה האוונגליסטית ומן הקהילה הקתולית, חשתי את ההערכה שלהם למתנות שמעניקה שמירת השבת, וברצון שלהם להפיץ אותן. היו ששאלו אותי: "מדוע אתה שומר את השבת?", או: "מה אתה עושה בשבת?". אני מתכוון עתה לענות להם ולכם דרך עדשת התנ"ך היהודי, זה שרוב הנוצרים קוראים לו הברית הישנה, המעיין המשותף שממנו כולנו שואבים את אמונתנו.

בחמשת הספרים הראשונים בתנ"ך, חמישה חומשי התורה, נמסרים לנו פעמיים דברי המצווה הרביעית בעשרת הדיברות: פעם אחת בחומש שמות, שם מסופר על התגלות הבורא לבני ישראל בהר סיני, ושוב, שלושה ספרים מאוחר יותר, בחומש דברים, כאשר משה חוזר על סיפור מעמד הר סיני שבו התגלה ה' לבני ישראל במדבר, ארבעים שנה קודם לכן. בשני המקרים מנוסח הדיבר הזה באופן שונה.

בספר שמות (כ, ז) מודגש תפקידה של השבת בזכירת מעשה בראשית, ובמתן הכרה וכבוד לאל כבורא העולם. אנו מצווים שם "זָכוֹר אֶת יוֹם הַשַּׁבָּת", לזכור שלעולם יש בורא בעל מטרה. איננו נמצאים כאן במקרה. הגענו לכאן כתוצאה ממעשה הבריאה של ה'.

התיעוד השני של המצווה לשמור את השבת מופיע בהקשר של שחרור עם ישראל ממצרים בידי הבורא. זהו אישור לכך שהבורא

לא רק ברא אותנו, אלא שהוא ממשיך **לדאוג** לברואיו ולהיסטוריה האנושית:

וְזָכַרְתָּ כִּי עֶבֶד הָיִיתָ בְּאֶרֶץ מִצְרַיִם, וַיֹּצִאֲךָ ה׳ אֱלֹהֶיךָ מִשָּׁם בְּיָד חֲזָקָה וּבִזְרֹעַ נְטוּיָה, עַל־כֵּן צִוְּךָ ה׳ אֱלֹהֶיךָ לַעֲשׂוֹת אֶת־יוֹם הַשַּׁבָּת.
(דברים ה, יד)

יציאת מצרים הובילה להתגלות במעמד הר סיני, שבו ניתנו המצוות לזכור ולשמור את השבת. עם המצווה באה האחריות של כל אחד ואחת מאיתנו להפוך לשותף של ה׳ בעיצוב ההיסטוריה האנושית, כדי לשפר אותה ובסופו של דבר להביאה לכלל שלמות.

ספר זה הוא שיר האהבה שלי לשבת. הדרך הטובה ביותר עבורי לשיר את השיר הזה, ולמעשה להציג את טיעוניי בזכות היום שאני אוהב, היא להראות לכם את ׳ארץ שַׁבַּתְיָה׳, לערוך לכם סיור ביום שבת אופייני.

באופן רשמי מתחילה השבת ביום שישי בערב, עם שקיעת החמה, ומסתיימת ביום שבת עם צאת הכוכבים. כמו סימפוניה על חלקיה השונים, גם לשבת יש ״פרקים״, שלבים מובחנים של היום. אני מונה תשעה שלבים כאלה, שמתחילים באופן רשמי בליל שבת – יום שישי בלילה – עם קבלת שבת, היא קבלת הפנים לשבת המלכה או הכלה, ומסתיימים במוצאי שבת, בטקס הקרוי הבדלה, שמהווה – כשמו – הפרדה. ההבדלה היא הרגע שבו סיום השבת מפריד בין קדושת השבת לבין יום החול שבא אחריה.

אך במובן מאוד אמיתי, השבת מתחילה כבר ביום שישי, שאנו קוראים לו ׳ערב שבת׳; פרק זמן של הכנות אינטנסיביות מעשיות, וגם, יש לקוות, רוחניות. השבת מסתיימת באופן רשמי עם ׳צאת

הכוכבים', בלילה שבסוף יום השבת (ולא עם השקיעה, שמתרחשת מוקדם יותר), אז אנו נכנסים אל ששת ימי המעשה הבאים בעקבות יום המנוחה. את הסיור המודרך בארץ שַׁבַּתְיָה נתחיל בערב שבת, ומשם נתקדם. נחווה יחד את היום, את האמונה והתחושה ואת המשמעויות והפעולות של שבת אופיינית.

לפני שנתחיל בסיורנו, ברצוני לפתוח בהבהרה אחת ובברכת ברוכים הבאים. הספר הזה מיועד הן ליהודים הן ללא־יהודים, ולא משנה אילו מצוות דתיות הם שומרים, משום שהדיבר הרביעי, ומתנת השבת שהוא מעניק, ניתנו לכל בני האדם. למעשה, לאורך הספר תגלו שהשבת מספקת תשובות לשאלות הקשות ביותר ששאלו את עצמם בני אדם מכל הדתות לאורך הדורות: איך הגעתי לכאן? האם למישהו אכפת איך אני מתנהג? מה יקרה לי אחרי שאמות?

הנביא ישעיהו לימד על עתיד יפה שבו כולם ישמרו את השבת:

> וּבְנֵי הַנֵּכָר הַנִּלְוִים עַל־ה' לְשָׁרְתוֹ וּלְאַהֲבָה אֶת־שֵׁם ה' לִהְיוֹת לוֹ לַעֲבָדִים, כָּל־שֹׁמֵר שַׁבָּת מֵחַלְּלוֹ... וַהֲבִיאוֹתִים אֶל־הַר קָדְשִׁי, וְשִׂמַּחְתִּים בְּבֵית תְּפִלָּתִי. (ישעיהו נו, ו–ז)

ואז, בפסוקי הסיום של ספרו, מצייר ישעיהו כיצד ייראו פני הדברים באותו עתיד מבורך:

> וְהָיָה, מִדֵּי־חֹדֶשׁ בְּחָדְשׁוֹ וּמִדֵּי שַׁבָּת בְּשַׁבַּתּוֹ יָבוֹא כָל־בָּשָׂר לְהִשְׁתַּחֲוֹת לְפָנַי, אָמַר ה'. (ישעיהו סו, כג)

השבת היא מתנה מעם ה' לכל בני האדם. בזמננו, כך אני סבור, זוהי מתנה שאנו זקוקים לה נואשות.

בספר הזה נחקור כמה מן המורכבויות העצומות והמרתקות של שמירת השבת ושל ההגות העוסקת בשבת על פי המסורת היהודית. עם זאת, השבת **אינה** עסקה של 'הכול או כלום'. היא מציעה להעשיר את חייכם, ולהעניק לכם מנוחה ביחס ישיר למידה שבה אתם בוחרים ליטול מרוחה ומאורחותיה ולשלבם בחייכם. אך עליי להזהיר: טעימה קטנה מן השבת עשויה לגרום לכם לרצות עוד. תוך כדי הסיור שלנו, אסביר על השבת כפי שאני מכיר אותה ואציע עצות מעשיות, "התחלות פשוטות", כמה דרכים קלות לאמץ היבטים של שמירת שבת ולשלב אותם בחיים שלכם. אני מקווה שככל שתתנסו בתענוגות השבת, כך תרצו יותר לזכור, לשמור וליהנות מיומו של הבורא.

וכעת, הצטרפו אליי במסע אל יום השבת, מתחילתו ועד סופו.

פרק ראשון
ערב שבת:
הכנות גשמיות ורוחניות

יום שישי אחר הצהריים

בין אם אני בסטמפורד ובין אם בוושינגטון, ביום שישי אני מנסה להגיע הביתה מוקדם יותר מאשר בכל יום אחר בשבוע, כדי שאוכל להשתתף בהכנות לשבת. לא תמיד אני מגיע מוקדם כפי שהייתי רוצה. לפעמים כשאני נכנס למטבח, אשתי, הדסה, מדברת בטלפון עם אחד מילדינו. "או, אבא בדיוק נכנס", היא אומרת ושולחת לעברי מבט עוקצני. "הוא אמר שהוא יהיה בבית בשתיים וחצי. אוי, תראו, כבר ארבע!".

כמקובל במסורת היהודית, בימי שישי אני תמיד מביא הביתה פרחים להדסה ולשולחן השבת שלנו. עיתון של גבעת הקפיטול ערך פעם סקר בין חברי הקונגרס ושאל, בין השאר, "האם אתה קונה אי-פעם פרחים לאשתך?".

"כן", עניתי.

"כל כמה זמן?"

"כל שבוע", עניתי.

"שכה אחיה", אמרה הכתבת, "אתה כל כך רומנטי!" במאמר שנכתב בעקבות הסקר הוכתרתי כאחד מחברי הקונגרס הרומנטיים ביותר.

מוצא חן בעיניי לחשוב שאני רומנטי, אבל הפרחים ביום שישי אחר הצהריים הם מחווה של כבוד ואהבה לשבת באותה מידה שהם מחווה של כבוד ואהבה לאשתי. יופיים וריחם של הפרחים – אפילו העצירה, כמו טקס קבוע, לאסוף אותם מחנות סֵייפְוֵיי בג'ורג'טאון או סטוֹפ־אנד־שוֹפ בסטמפורד – הם חלק מן ההכנות שלי לשבת.

הדסה, כמובן, מתקדמת הרבה יותר ממני בהכנות. המלאכות האסורות בשבת – שלושים ותשעה אבות מלאכה, שכולם נמנו על ידי רבותינו זיכרונם לברכה לפני שנים רבות – הן מלאכות יוצרות, המחקות את מעשה הבריאה של אלוהים בששת ימי בראשית. הן כוללות הדלקת אש, ומכאן גם הדלקת אור חשמלי או שימוש במנוע בעירה כמו זה שמניע את המכוניות שלנו. העיסוק בכסף אסור בשבת, ואיננו הולכים לקניות או מנהלים עסקים. הבישול אסור, ולכן הדסה מכינה את ארוחות השבת ביום חמישי בערב או ביום שישי.

השבת אינה מתרחשת סתם כך פתאום ביום שישי עם שקיעת החמה. מכמה בחינות חשובות, היא מתחילה כבר כשיורדת החשיכה במוצאי השבת שקדמה לה, כשאנחנו מתכוננים לשוב אל ששת ימי המעשה. אנו עוזבים את השבת בידיעה שמוטלת עלינו האחריות להיות יצירתיים ותכליתיים בששת הימים הבאים, ממש כפי שאלוהים היה כשברא את השמיים ואת הארץ. אך אנו גם נכספים

לשוב אל השבת כדי ליהנות ממתנת המנוחה, ממש כפי שאלוהים נהנה מן היום השביעי, שבו נחתם מעשה הבריאה שלו בשיאו.

עד יום חמישי בערב, הדסה כבר מחליטה על תכנית פעולה לארוחות שלנו. עד יום שישי אחר הצהריים הכול מוכן, וריחות האוכל הנפלאים ממלאים את הבית. שולחן חדר האוכל ערוך בכלי החרסינה המשובחים ביותר שלנו, והפרחים שהבאתי מוסיפים לו נופך חגיגי.

זיכרונות משבת

זיכרונותיי המוקדמים ביותר משבת הם מבית סבתי, שם גרנו עד שהייתי בן שמונה. ביום שישי בבוקר ואחר הצהריים היה הבית הומה פעילות ובישול וניקיון, משל התכוננו לביקור של אורחת מכובדת ביותר.

ב־1950 עברו אבא ואימא, יחד עם אחיותיי ריטה ואֶלן ואיתי, לבית משלנו בסטרוֹבֶּרי היל קוֹרט בסטַמפוֹרד, בערך שלושה קילומטרים צפונית לבית סבתי. זיכרונות השבת החמימים, העשירים, נמשכו שם. מכל הברכות שקיבלתי בחיי, הראשונה הייתה אחת הטובות ביותר, אולי הטובה ביותר מכולן. זכיתי להיוולד להורים נפלאים, הנרי ומַרשָה ליברמן, שהיו אוהבים, תומכים ובעלי עקרונות. הם לימדו את אחיותיי ואותי הרבה והעניקו לנו הרבה, כולל מתנת המנוחה בשבת ומתנת שמירת השבת.

אבא ואימא הגיעו מרקעים דתיים שונים מאוד, אבל יחד יצרו בית דתי מאוחד. משפחת אמי הייתה מאוד אדוקה. לא כן משפחת אבי. אמו של אבי, רבקה, נפטרה בניו יורק במגפת השפעת ב־1918, כשאבי היה רק בן שלוש, ואביו, יעקב, הכניס אותו לבית יתומים לילדים יהודים, שם נשאר עד שהיה בן עשר. כשאביו נישא בשנית

ועבר לניו הייבן, הוא הביא את אבי ואת אחותו, חנה, לגור שם עם אשתו החדשה וילדיה. משפחתו של אבי הייתה מאוד חילונית, ולכן לא קיבל שום חינוך דתי ואפילו לא חגגו לו בר מצווה. את בית הספר התיכון סיים ב־1933, בתקופת השפל הגדול, אך אף על פי שהיה בעל מוח מבריק, לא יכול היה ללכת לקולג׳. במקום זאת עסק בשורה של עבודות, החל בנהיגת משאית הובלות בלילה בשביל מאפייה בברידג׳פּורט וכלה בבית חרושת בסטמפורד. שם, בזמן מסיבת ריקודים לכבוד פורים במרכז היהודי של סטמפורד, פגש את אמי. כשהם התארסו, הציעו שניים מבני משפחתה, שהיו בעליה של חנות משקאות חריפים, לעזור לאבא לחכור ולפתוח חנות דומה משלו. כולם הסכימו שברגע שירוויח עשרים וחמישה דולר לשבוע, יוכלו בני הזוג להינשא. מערכת התמריצים הזו פעלה כיאות, והוריי נישאו ב־1940. רק לפני חתונתם – מכיוון שמשפחת אמי עמדה על כך – לקח אבי שיעורים ביהדות וערך טקס בר מצווה. אף על פי שהגיע ליהדות בשלב מאוחר בחייו, אמונתו הייתה עמוקה ומושכלת. הוא למד את התורה ואת פירושיה, לעיתים אף בחנות המשקאות שלו, בין לקוח ללקוח, וכך רכש ידע רב למדי. מאוחר יותר הצטרף לקורס עברית, ולמד את השפה על בוריה. אבי אהב את השבת, אך כפי שהיה מקובל אצל גברים רבים באותה תקופה, השאיר את חנות המשקאות שלו פתוחה ביום שישי בלילה וביום שבת, משום שלא יכול היה להרשות לעצמו לסגור אותה. במשך רוב תקופת ילדותי, היה אבא מנסה להגיע הביתה מוקדם לארוחה ביום שישי בערב ויוצא להפסקת צהריים ביום שבת, אך מלבד זאת, לא היה בבית או בבית הכנסת בשבת.

אבא האמין בבורא מתוך הסקת מסקנות. את אמונתו בקיומו של הקדוש ברוך ביסס על התחכום והסדר יוצאי הדופן של עולם

הטבע, ועל נס ההמשכיות וההישרדות של העם היהודי. לא זה ולא זה, כך הסיק, יכלו לקרות בלי סיוע מן השמיים. אבא יצר את המסד האינטלקטואלי לשמירת המצוות שלי, ואימא סיפקה את העומק הרוחני ואת הסביבה הביתית, המבורכת בטקסים מסורתיים, שאליה נקשרה אמונתי וממנה צמחה. יחד הם בנו בית מאוד רוחני, עם הנאות גדולות וציפיות גבוהות מאחיותיי וממני. החוויות מימי שישי, ערב שבת, שחוויתי לראשונה בבית סבתי, הוסיפו והתעצמו בביתם של אימא ואבא.

ביום שישי אחר הצהריים הייתי מגיע הביתה מבית הספר ומיד שואף את ניחוח מרק העוף, הבשר או הקוגל, או כל דבר אחר שהתבשל. הייתי ניגש אל הכירה ומרים את מכסה סיר מרק העוף, מרחרח וטועם מלוא הכף. אחרי שנים, כשהדסה ראתה אותי לראשונה טועם מסיר המרק ביום שישי אחר הצהריים במטבח של אמי, נחרדה.

"איך אתה יכול לעשות דבר כזה!", שאלה אותי בנימה המחונכת ביותר שלה, הישר מניו אינגלנד.

"זו המסורת שלי", עניתי בחיוך גדול, כאילו הייתי טוביה החולב ב'כנר על הגג'. אבל הדסה לא השתכנעה.

מאוחר יותר למדתי שההלכה היהודית עומדת לצידי. כן: יש בהלכה היהודית כללים גם בנושאים כאלה, וישנו ספר הלכות סמכותי מאוד, **משנה ברורה**, שכותב במפורש: "מצוה לטעום מכל תבשיל בערב שבת כדי לתקנן יפה כהוגן". כלל לא ידעתי שסמכות גבוהה שכזו עומדת לצידי ומצדיקה את תאוותי הפרועה לטעם של מרק עוף ביום שישי בצהריים.

המדרש, שהוא אוסף מסורות עתיקות שנאמרו מפי רבותינו, מספר על קיסר רומאי בשם אנטונינוס פיוס, שהיה מיודד מאוד עם

רבי יהודה הנשיא, ראש הקהילה היהודית בארץ ישראל בשלהי המאה השנייה לספירה. באחת השבתות, כשביקר הקיסר את רבי יהודה הנשיא, הוגשו לו מעדנים נפלאים. בהזדמנות אחרת ביקר אותו אנטונינוס ביום חול. אף על פי שהאוכל הוכן באותה מידה של תשומת לב כמו בפעם הקודמת, טעמו לא התקרב לטעמים של אותה סעודה משובחת. כשציין זאת הקיסר, ענה רבי יהודה שלמרבה הצער, מכל המנות היה חסר מרכיב אחד מיוחד מאוד. שאל הקיסר: מדוע לא השתמשת באותו מרכיב גם הפעם? האם אתה מקמץ בהוצאות? ענה רבי יהודה: התבלין החסר הוא שבת. למזון שהוכן ונאכל באווירת השבת יש טעם מיוחד, משובח, שלא ניתן לשחזר בימות החול (בראשית רבה יא, ד).

בתמונה הפותחת את ספרו של מרסל פרוסט **בעקבות הזמן האבוד** טועם המספר עוגיית מדלן, שמִתקשרת בתודעתו עם ילדותו, ובתוך כך עולים בו מאליהם זכרונות ותחושות. כשמדובר בשבת, אנו טועמים או מריחים או רואים או שומעים דבר־מה, ומיד מוצאים את עצמנו בארץ שַׁבַּתְיָה – כפי שהדסה ואני קוראים לזה – על כל המשמעויות והזיכרונות הדתיים, המיסטיים והחושניים. היום, כשאני נכנס אל המטבח של הדסה ומריח את החלה הנאפית לכבוד השבת, אני מוצא את עצמי מיד במטבחה של אישה אחרת, שהשפעתה עליי הייתה מכרעת כל כך שבלעדיה אולי לא הייתי שומר שבת.

סבתי, אם־אמי, מיני, או "מיינצה" כפי שנקראה ביידיש, הייתה המסד הדתי של ביתנו. בתודעתי היא מתקשרת עם דברים רבים, כמובן, אבל ההכנות לשבת נמצאות במקום גבוה ברשימה. בשמונה שנות ילדותי הראשונות התגוררנו בקומה השנייה בביתה. קראנו לה "באבה", סבתא ביידיש. אחרי שעברנו לבית משלנו, באבה הייתה מבלה את רוב השבתות איתנו. היא הייתה מופיעה

פרק ראשון – ערב שבת: הכנות גשמיות ורוחניות

בפתח ביתנו ביום שישי אחר הצהריים, ערב שבת, עם מגבת מלאה דברי מאפה או סיר מלא במאכל שהכינה בשבילנו. אני יכול כמעט להריח את המאפים – הרוגעלך המתוקים שצורתם כסהר ועוגיות הסוכר הקטנות, המוצקות והנפלאות. פעמים רבות הייתה מביאה לנו חלה יחד עם מרק עוף משובח.

באבה הייתה האמריקנית הפטריוטית ביותר שהכרתי. כמו מהגרים רבים מספור שהיגרו לארץ הזו, היא יכולה הייתה להשוות את אמריקה למקום שממנו באה. שם, היו היא ומשפחתה עניים ונרדפו בגלל דתם; כאן, באמריקה, התקבלה יפה וקיבלה הזדמנויות. אחת החוויות המופלאות ביותר בחייה, סיפרה לי פעם, הייתה כאשר שכניה הנוצרים, בשכונה שתושביה היו ממגוון שורשים אתניים, היו רואים אותה הולכת לבית הכנסת בשבת בבוקר ואומרים, "שבת שלום, גב' מאנגר". באותם רגעים חשבה סבתי מן הסתם שהיא לא בקונטיקט, אלא בגן עדן.

שנים רבות לאחר מכן, בשנת 2000, בשבת הראשונה לאחר שקיבלתי עליי את תפקיד המועמד לסגן הנשיא מטעם המפלגה הדמוקרטית, מצאנו את עצמנו, הדסה ואני וכמה מילדינו, בלאקרוס, ויסקונסין. בשבת בבוקר, בעודנו הולכים לאורך הרחובות הנאים מן המלון שלנו אל בית הכנסת המקומי, יצאו אנשים מבתיהם כדי לאחל לנו שבת שלום. חשבתי על באבה, ועד כמה צדקה בהיותה אמריקנית אסירת תודה ואוהבת את ארצה.

לפני פטירתה ב-1967, בגיל שמונים ושש, עברה לגור בביתנו. המילים האחרונות שאמרה באבה ביום פטירתה עסקו בשמירת השבת וההכנות לשבת. למדתי אז בבית הספר למשפטים באוניברסיטת ייל, ואני זוכר היטב שהתקשרו אליי באותו ערב שבת וסיפרו לי שבאבה חטפה שבץ חמור, ומוטב שאמהר חזרה לסטמפורד. ביום השישי

האחרון לחייה של באבה, כך סיפרה לי אמי מאוחר יותר, היו היא ובאבה במטבח. באבה, שישבה ליד השולחן ללא מעש, אמרה לאמי, "מאשה, תני לי משהו לעשות **לכבוד שבת**" (את המילים האחרונות אמרה בעברית יידישאית). אמי נתנה לה לקצוץ כמה גזרים ובצלים למרק. כשתקף אותה חולייה האחרון, עסקה באבה בקיצוץ ירקות **לכבוד שבת**. היא נפטרה באותו לילה, בשבת – זכות מיוחדת לצדיקים, על פי המסורת.

באותו זמן בחיי התרחקתי משמירת השבת. בסמסטר הראשון שלי כתלמיד לתואר ראשון בייל, הייתי מאוד מודאג מכך שיסלקו אותי מן הלימודים אם לא אצליח. עדיין לא הבנתי שכדי להיות מסולק מייל בגלל ציונים גרועים צריך ממש להתאמץ. בקלות הייתי יכול לנוח משיעורי הבית שלי בשבת, אבל החרדה להצלחה בלימודים, יחד עם הלחץ החברתי שלא להיות שונה, משכו אותי בתוך זמן קצר, והפסקתי לשמור שבת. למרבה האירוניה, המשכתי להניח תפילין ולהתפלל מדי בוקר. מדוע עשיתי את זה ולא את זה? אולי משום שהנחת תפילין הייתה פרטית ואישית, ואילו השבת הייתה פומבית יותר, והפריעה לזרימת החיים החברתיים בסופי השבוע בקולג'.

בשנותיי בקולג' המשכתי לשמור כשרות, אולם כשהגעתי לבית הספר למשפטים, התחלתי לסטות מדרך הישר גם בענייני האוכל. כשאני מביט לאחור על אותה תקופה, משעשעות אותי ומעט מביכות אותי ההבחנות המוזרות שגיבשתי לעצמי. הייתי אוכל עוף או בקר לא-כשרים, אבל לעולם לא עם חלב, כדי לא לערבב מוצרי בשר עם מוצרי חלב. המשכתי להימנע מאכילת חזיר או צדפות וסרטנים, למעט באירוע אחד שנחרת בזיכרוני. מישהו שיכנע אותי לטעום לובסטר ניוברג. אחרי הכול, נימקתי לעצמי, הסרטן הוצא משריונו

המוכר ונעטף ברוטב עשיר, ולכן גם אני וגם אלוהים כבר לא יכולים לזהותו כסרטן. נטלתי מלוא הפה מתבשיל הסרטנים, לעסתי, בלעתי, ומיד מיהרתי אל השירותים, שם הקאתי את כל תכולת קיבתי. אני חושד שהקיבה שלי התהפכה יותר מסיבות תיאולוגיות ופסיכולוגיות מאשר מסיבות גסטרונומיות.

מותה של סבתי ב־1967 סימן את תחילת החזרה שלי לעולם המצוות. ממש מעבר לרחוב שבו התגוררתי במשך יותר משנה בניו הייבן, קונטיקט, היה בית כנסת, אך מעולם לא ביקרתי בו. בשבת שלאחר מותה של באבה, אני זוכר שאמרתי: "ממש מתחשק לי ללכת לבית הכנסת".

האם היה זה בגלל דבריה האחרונים של סבתי, שביטאו בצורה מצמררת כל כך את אהבתה להכנות לשבת? אולי באופן עקיף. אבל במקום הראשון בתודעתי היה החשש שבאבה הייתה החוליה הקושרת אותי אל יהדותם של אבותיי, היהדות ההיסטורית. אם אפרק את החוליה בשרשרת, היא תינתק ותאבד לי ולילדיי אחריי. התחלתי אט־אט לחזור ולפקוד את בית הכנסת באורח סדיר, ולשמור בקביעות את מצוות השבת והדת.

כשאני חושב על ערב שבת, אני חושב גם על סבי, בעלה של באבה. שמו היה יוסף מאנגר. אני קרוי על שמו, ומכאן שמעולם לא הכרתי אותו, שכן יהודים ממוצא אשכנזי קוראים לילדיהם דווקא על שם קרובי משפחה או חברים שהלכו לעולמם. סבא נפטר בגיל ארבעים ושתיים בלבד, כשאמי עוד הייתה ילדה; גם מותו היה קשור קשר מוזר לשמירת השבת.

סבי נכנס לעסקי הסודה בסטמפורד, וכמו מהגרים יהודים רבים באותה תקופה החליט שכדי לפרנס את משפחתו, הוא אינו יכול לוותר על העבודה בשבת. באירופה היה סבא מקפיד מאוד

זמן שבת

במצוות, וב-1922 הגיע סוף-סוף באמריקה לתקופה שבה הרגיש שהוא יכול להרשות לעצמו להפסיק לעבוד בשבת. באותה שנה אירע שחג השבועות, שבחו"ל נמשך יומיים – וחל חמישים יום לאחר תחילת חג הפסח – עמד להתחיל ביום ראשון בערב. כדי להתכונן לחג, הלך סבי לשוק ביום שישי וקנה דג חי, שהמשפחה תכננה לבשל ביום ראשון ולאכול בשבועות. בינתיים, במשך השבת, חי לו הדג באמבט מלא מים בביתם. כך היו הדברים באותה תקופה.

בליל שבת, יום שישי בלילה, הלך סבי לבית הכנסת להתפלל, נרגש מכך שהנה מתחילה השבת הראשונה שאותה הוא עומד לשמור כהלכה בארצו החדשה.

"לעולם לא אחלל את השבת עוד", אמר לאשתו ולילדיו, ובהם אמי, שהייתה אז בת שבע.

הוא היה כל כך גאה, כל כך מרוצה. בשבת בבוקר הלך לבית הכנסת להתפלל ולשמוע את קריאת התורה. לאחר מכן חזר הביתה לסעודת השבת החגיגית, ובמהלכה התלונן באוזני אשתו, סבתי, על כאב בזרועו. זה כנראה לא היה כאב רגיל, משום שהיא אמרה לו שילך לראות את הרופא המקומי, ד"ר נמויטין, במרפאתו – שהייתה בביתו – בין תפילת מנחה אחר הצהריים לתפילת מעריב, לקראת צאת השבת. אמי זכרה תמיד כיצד ליוותה עם באבה וארבעת אחיה את אביה ברחוב, בדרכו חזרה לבית הכנסת לתפילת מנחה. תוך כדי הליכה הוא נשא את בנו התינוק, דודי בן. כשהגיעו לפינת הרחוב, מסר סבא את דודי לסבתי, חצה את הכביש וחייך חיוך רחב, כשהוא ובני משפחתו בירכו זה את זה ב"שבת שלום".

זו הייתה הפעם האחרונה שמשפחתו ראתה אותו בחיים.

10

לאחר תפילת מנחה, בדרכו לרופא, חצה סבי את הכביש ונפגע על ידי אופניים. הוא הוטח אל מסילת הרכבת החשמלית ונחבל קשות בראשו. אולי זו הייתה סיבת מותו, או אולי הכאב בזרועו היה תסמין של התקף לב ממשמש ובא. כך או כך, הוא סיים את אותה שבת, האחרונה בחייו והראשונה אי־פעם ששמר במלואה באמריקה, בבית החולים שבו הלך לעולמו מאוחר יותר באותו לילה.

סבא אמר שלעולם לא יחלל שבת עוד, וכך אכן היה. במשפחתי, סיפור מותו של יוסף מאנגר תמיד מסתיים באמירה האירונית – ואולי המיסטית – שביום ראשון בבוקר, אחרי שחיי סבי הגיעו אל קיצם, הדג שקנה לפני שבת עדיין היה חי לגמרי, שוחה לו באמבטיה בבית המשפחה.

שני הורי אמי הותירו לי אפוא, מחייהם וממותם, מורשת של התכוננות לשבת והתענגות על השבת.

הכנות ותענוגות של קדושה

מכיוון שאסור לנו לבשל בשבת, עלינו להכין את האוכל לפני שהשמש שוקעת. המעשה הזה יוצר תחושת ציפייה. אם הייתם מצפים לאורחת או אורח נכבדים העומדים לבקר בביתכם, מה הייתם עושים? הייתם מבלים שעות לפני הגעתם בהכנות נמרצות. הייתם שואבים את השטיחים. הייתם מסירים את האבק. הייתם שוטפים את הרצפה. הייתם מבשלים או קונים מעדנים ויין טוב. הכול היה מוכן ומסודר הרבה לפני הגעת האורחים.

משמעותיות עוד יותר אפילו הן ההכנות לשבת, מכיוון שאנו מתכוננים, באופן מטאפורי ורוחני, להגעתו של האורח המכובד ביותר בעולם – מלך מלכי המלכים. בשבת אנו מרגישים כאילו אנו מקבלים את אלוהים אל בתינו בהכרת תודה ואהבה. עוצמת

החוויה עומדת, בין השאר, ביחס לעוצמת ההכנות. אנו מכינים את עצמנו מבפנים לא רק בתפילה ובהרהורים עמוקים, אלא גם בעיסוק בדברים הגשמיים. באופן כללי, זוהי גישתה של התורה: הדרך לשינוי העצמי הפנימי שלך – רגשותיך ועמדותיך – היא עשיית פעולה גשמית.

יש מסורת ארוכה המדברת על העניין הזה בהקשר של שבת. הנביא ישעיהו אמר:

> אִם־תָּשִׁיב מִשַּׁבָּת רַגְלֶךָ, עֲשׂוֹת חֲפָצֶךָ בְּיוֹם קָדְשִׁי, וְקָרָאתָ לַשַּׁבָּת עֹנֶג, לִקְדוֹשׁ ה' מְכֻבָּד, וְכִבַּדְתּוֹ מֵעֲשׂוֹת דְּרָכֶיךָ, מִמְּצוֹא חֶפְצְךָ וְדַבֵּר דָּבָר. אָז תִּתְעַנַּג עַל־ה'. (ישעיהו נח, יג-יד)

חכמינו זכרונם לברכה מספרים לנו כי המילים "עונג" ו"כיבדתו" מתייחסות לצמד היבטים של שמירת השבת. אנו **מתענגים** ביום השבת עצמו, אך אנו **מכבדים** אותו באמצעות הכנת בתינו ועצמנו קודם לכן.

ההיבט הגשמי של ההכנות לשבת מקבל חשיבות גדולה עוד יותר בעולמנו המודרני, שבו רבים כל כך מאיתנו כמעט שלא עושים כל עבודה גופנית. עבודות שאינן מלכלכות את ידינו במלאכת כפיים שכיחות כיום יותר ויותר. אנו חיים בעידן המידע, כך שעבודה עם מידע – ישות בלתי־גשמית – גורמת לרבים מאיתנו שלא להתנסות בעמל אמיתי, מן הסוג הישן, במשך מרבית השבוע. יותר בני אדם עובדים כיום עם רעיונות מאשר עם חפצים גשמיים. עבודתי כסנטור עונה ללא ספק לתיאור הזה. אני, אולי יותר מרוב בני האדם, פטור מעבודה גופנית. אך לא כשמדובר בהכנות לשבת.

פעמים רבות, כשאני עוצר בסופרמרקט לקנות פרחים, אני קונה גם כמה מצרכים של הרגע האחרון לפני שבת, או פינוקים למשפחה, אולי קצת עוגיות או שוקולד. כשאני מגיע הביתה, אני מנסה לעזור להכין את הבית לאורחי השבת שלנו. אולי אוציא את המזמרה ואגזום את השיחים בצידי הבית, אעשב את הגינה, אטאטא את הגראז' או את השביל אל החניה. מכיוון שאסור לנו להרתיח מים בשבת, אני תמיד מרתיח את המים לקפה הנמס או לתה, ואז שם אותם במיחם חשמלי כדי שיישארו חמים בשבת. אני מדליק את האורות שאנחנו רוצים שידלקו במהלך השבת ומכבה את אלה שאיננו רוצים, כולל האור במקרר, שאיננו רוצים שיידלק בכל פעם שנפתח את הדלת. ההלכה היהודית מדגישה שאפילו אם יש לאדם עזרה במשק הבית, עליו לעסוק בהכנות לשבת במו־ידיו. האמוראים, רבני התלמוד, שחיו לפני יותר מאלף וחמש מאות שנה בארץ ישראל או בבבל, היו הדוגמה האולטימטיבית למי שעבודתם היא רעיונות ולא מלאכת כפיים. אך כשהגיע הזמן להתכונן לשבת, הם הפשילו את שרווליהם. התלמוד מתעכב בהערכה על פרטי המעשים של אותם חכמים לכבוד השבת. אחד לבש חלוק שחור מיוחד כדי להראות שהוא מוכן להתלכלך. אחר המליח את הדגים. אחרים ליפפו את הפתילות לנרות השמן, הדליקו את הנרות, קצצו את הסלק, ביקעו עצים, הדליקו את האש, או נשאו צרורות אל בתיהם או מבתיהם. פרט בלתי־שגרתי מסופר על החכם רב ספרא, שהיה מבקש את מלאכת חריכת ראשי הבהמות או העופות שעמדו להיאכל בסעודת השבת. הדבר נעשה כדי להסיר שיער או נוצות. המלאכה הזו, מן הסתם, העלתה ריח רע.

הדסה ואני מנסים לאכול אוכל בריא, אבל מרשים לעצמנו חריגות קטנות וטעימות, שאותן אנו שומרים לשבת. זוהי רוח

ה"התענגות" בשבת. ההלכה היהודית אומרת שאדם שידו משגת, צריך "להרבות בבשר ויין... ובתיקון מאכלים רבים וטובים" (שולחן ערוך, רמב).

קניית מזון מיוחד לשבת היא פעילות שמתחילה כבר בראשית השבוע. למעשה, הציפייה לשבת תופסת, במידה זו או אחרת, את כל השבוע. יום השבת הוא יום נפרד וייחודי, אך לעולם אינו רחוק מליבנו וממחשבתנו בששת ימי החול.

סידור התפילה היהודי מורה לנו לומר בכל בוקר, בסוף תפילת שחרית, פרק תהילים שונה. זהו 'שיר של יום', פרק תהילים שהלוויים היו שרים בבית המקדש. "היום יום ראשון בשבת", אנו פותחים ביום ראשון; "היום יום שני בשבת", אנו אומרים ביום שני, וכן הלאה. אנחנו ממש סופרים את הימים לקראת שבת, כמו ילד להוט המונה את הימים עד לחג האהוב עליו, או עד ליום הולדתו. שמאי, אחד מחכמי המשנה נהג לחפש בכל יום בשבוע אוכל משובח כלשהו, כדי לשמור אותו לשבת. הוא פירש את הפסוק מעשרת הדיברות, "זכור את יום השבת לקדשו", כהנחיה לעשות בכל יום בשבוע משהו כהכנה לשבת. אם באחד הימים לאחר מכן היה מוצא מנה טעימה עוד יותר, היה אוכל את זו שכבר הניח בצד ובמקומה שומר את המזון המשובח יותר. מדי יום חזר על המהלך הזה, עד שהגיע לשבת. כך, בכל יום בשבוע, היה משתדל לאכול לכבוד שבת.

ישנן דרכים נוספות רבות, לא אכילות, "לזכור את יום השבת" במשך השבוע. מנהג אחד שלי הוא להניח חומר קריאה שאינו דחוף, אבל אני בהחלט רוצה לקרוא אותו, בתוך תיקייה המסומנת לשם כך. שבת היא הזמן לשמוח ולנוח, אבל גם להרהר – לקרוא ולחשוב. הקריאה אינה אחת משלושים ותשע המלאכות האסורות, אך אם

אעבור, למשל, על פרטי חקיקה מסוימת שהתכוונתי להעלות בסנאט במהלך השבוע הבא, הדבר יוציא אותי, כמובן, מאווירת השבת. בתיקייה שלי "לקריאה בשבת" אני אוסף, לעומת זאת, קטעים שאינם דחופים או קשורים לעבודה – מאמרים ומזכרים שאנשיי העבירו לי או שגיליתי בעצמי בנושאים שנראים לי חשובים, מסקרנים או מעוררי מחשבה. אם יש זמן, אני גם נהנה מקריאת ספר טוב בשבת. גם זה מצריך הכנה – לקנות ולהניח דברים בצד לשבת.

אם כל הדברים האלה נשמעים סתמיים או אפילו שטחיים, ישנו צד נוסף להכנות לשבת שנועד להכין אותנו מבחינה רוחנית לבואו של היום המיוחד. רבותינו לימדו שיום שישי אחר הצהריים, ערב שבת, הוא זמן לחשבון נפש, למחשבה איזה שבוע היה לנו. האם נהגתי כראוי במשפחתי, בחבריי ובעמיתיי לעבודה? האם נהגתי כראוי בעיני אלוהים? זהו זמן חשוב לבחינה עצמית ואפילו חרטה. הספר **משנה ברורה** מתבטא בחריפות בעניין זה. מכיוון שאנו עומדים לקבל את פני המלך, "אין נאה לקבלו כשהוא לבוש בבלויי הסחבות של חלאת העוונות".

בכל יום שישי אחר הצהריים, אם הזמן מאפשר, אני מנסה להתקלח בפעם השנייה באותו יום – ואם יש די זמן, לעשות אמבטיה. אני לובש בגדים מכובסים ונותן לעצמי קצת זמן להתכונן רוחנית לשבת. אחת ממסורות ערב שבת החביבות עליי היא קריאת מגילת שיר השירים, אותו שיר מלא תשוקה על האהבה בין אלוהים לבין בני ישראל.

אולם האמת המרה היא שפעמים רבות, כשהשעון הולך ומתקרב בהתמדה לזמן הדלקת הנרות, הנותנת את האות לכניסת השבת, מעט לפני שקיעת החמה, האווירה טרופה ובהולה. פעם ראיתי מדבקה על פגוש של מכונית, שבה היה כתוב: "תירגעו, עוד

מעט שבת!". אהה! הנה רעיון יפה לשאר ימות השבוע. אבל למעשה, הדבר האחרון שאפשר לעשות כשמתכוננים לשבת הוא להירגע.

ההתכוננות לשבת בשעתיים האחרונות לפני השקיעה ביום שישי עשויה להיות מלחיצה, במיוחד בימי החורף הקצרים, ואם יש לכם ילדים קטנים, הדבר עשוי להעמיד במבחן את שלום הבית שכולנו רוצים ליהנות ממנו. הדסה ואני כבר עברנו את השלב שבו אנו מטפלים בילדינו לפני שבת – ילדינו כבר בגרו, ויש להם ילדים משלהם – ובכל זאת, לא תמיד אנחנו דוגמה ומופת לרוגע כשהשבת מתקרבת.

מסורת אחת של הדסה ושלי היא לטלפן לכל אחד מילדינו ונכדינו בכל מקום שהם בערב שבת, אלא אם כן הם נמצאים איתנו, לאחל להם שבת שלום ולברך אותם לכבוד שבת. כמה מנכדינו רוצים שנשיר איתם את שירי השבת שלמדו בבית הספר, כמו "מי אוהב את השבת".

התחלות בשקיעה

רבים שואלים: "מדוע יום השבת מתחיל עם רדת החשיכה?". בעולם המוכר לנו בימות החול, יש הרואים את תחילת היום בחצות הלילה. בעיני אחרים, היום מתחיל בזריחה – יום חדש, שמש חדשה. בתקופה הקולוניאלית, אמריקנים רבים דבקו באופן החשיבה היהודי על הנושא הזה. על פי ההיסטוריון בֶּנסון בּוֹבּריק, השבת הנוצרית (החלה ביום ראשון) נתפסה אז כמתחילה עם שקיעת השמש במוצאי יום שבת. אחדים מן הנוצרים האמריקנים הראשונים גם סיימו את השבת שלהם כמו שהיהודים, על פי המסורת, סיימו את השבת שלהם – עם הופעתם של שלושה כוכבים ביום ראשון בערב.

מדוע אם כן מתחילה השבת עם השקיעה?

הסיבה הראשונה היא שלוח השנה העברי הוא ירחי־שמשי, כלומר, זהו לוח ירחי המתואם עם הלוח השמשי, כך שהעונה של כל אחד מן החגים נותרת תואמת את הלוח השמשי (בניגוד ללוח המוסלמי, שהוא ירחי בלבד). חג הפסח תמיד יחול באביב, וראש השנה תמיד יחול בסתיו. בלוחות שנה ירחיים, היום מתחיל עם הופעת הירח בלילה. אולם ישנה גם סיבה עמוקה יותר ורוחנית יותר: הלילה נתפס אצל רבים כזמן של מבחן, דאגה ואימה. אפילו המלך שלמה, למרות כל עושרו ועוצמתו, היה מוטרד לעת לילה. ספר שיר השירים מדבר על הפחד בלילות. על מיטתו של שלמה אנו קוראים כי "שִׁשִּׁים גִּבֹּרִים סָבִיב לָהּ, מִגִּבֹּרֵי יִשְׂרָאֵל. כֻּלָּם אֲחֻזֵי חֶרֶב, מְלֻמְּדֵי מִלְחָמָה, אִישׁ חַרְבּוֹ עַל־יְרֵכוֹ מִפַּחַד בַּלֵּילוֹת" (ג, ז–ח). לעומת זאת, עלות השמש היא זמן של הקלה וחדווה: "טוֹב לְהֹדוֹת לַה'... לְהַגִּיד בַּבֹּקֶר חַסְדֶּךָ וֶאֱמוּנָתְךָ בַּלֵּילוֹת" (תהילים צב, ב–ג).

הסבר יפהפה שתיעדו הרבנים במדרש, המפיק לקחים מן המקרא ומוסיף עליו סיפורים, מלמד כי פרק צב בתהילים חובר בידי אדם הראשון. על פי המדרש, אדם נוצר על ידי אלוהים בגן העדן, לאחר מכן חטא ונידון לגירוש מן הגן, וכל זאת ביום אחד – ביום שישי בשבוע, הוא היום השישי לבריאה. כשהשמש ירדה באותו הערב, נמלאו הוא וחווה חרדה. על פי המדרש הזה, אדם מעולם לא חווה אפֵלה לפני כן. הוא הניח שהאור מסתלק מן העולם בגלל החטא שלו. אדם חשש שזהו סופה של הבריאה, סוף העולם. והכול באשמתו. תארו לכם כמה נפחד, כמה אכול אשם וחרטה היה כל אותו הלילה.

אך השמש זרחה שוב בבוקר שלמחרת! נסו לדמיין את ההקלה שחש, את השמחה שלו. עבורו, כמו גם עבורנו, נשאה השמש מסר של תקווה וגאולה. "וכך", כתב הרב הראשי של בריטניה הלורד

יונתן זקס, ״השבת היא הדבר הקרוב ביותר שיש לנו לחזרה לגן העדן״. רבותינו אמרו שאדם הראשון שר את השיר הזה, תהילים צב, כמזמור לבורא, בתודה על התקווה שנתן האל לאנושות, שתמיד יבוא האור בעקבות החושך.

הבורא נתן לנו את השבת במתנה, והוא התכוון שניהנה ממנה. אנחנו מתחילים את היום הקדוש עם חשיכה, כדי שנוכל להעריך עוד יותר את אורה של השבת כשיעלה עליה השחר.

משמעות המספר שבע

מכיוון שהשבת היא היום השביעי, היא מאותתת לנו על בוא החופש, הגאולה והישועה. כפי שציין בפניי ידידי ומורי הרב מנחם גנק, התורה מלאה במספר שבע – מחזורים בני שבעה ימים, שבעה שבועות ושבע שנים. בניגוד לתנועה הטבעית של השמש המגדירה כל יום ולתנועה הטבעית של הירח המגדירה כל חודש, אין סיבה בטבע לכך ששבוע הוא בן שבעה ימים. ברור שיש לאל כוונה חשובה בקביעה כי ששת ימי המעשה ויום המנוחה השביעי שבא אחריהם הם שבוע. בתנ״ך, שבע הוא מילת קוד, או סמל. הוא מסמל את מצב המלאות, או את ההגעה לשלמות. בואה של השבת נועד אפוא למלא ולהשלים את החיים שאנו מנהלים במשך השבוע כולו.

כעבור שבעה שבועות מתחילת חג הפסח מצווה עלינו התורה לחגוג את חג השבועות, המנציח את קבלת עשרת הדיברות בהר סיני. מסענו אל החופש הושלם כאשר קיבלנו את ההוראות האלוהיות לניהול חיים טובים. החופש הרוחני משלים את החופש המדיני והתרבותי. בדומה לכך, מתקיימת שנת שמיטה בכל שבע שנים. שנת היובל נחגגת עם תום מחזור של שבע שנים, שבע פעמים. החגיגות הללו, של שבע כל אחת, מביאות עמן צורות שונות של

יציאה לחירות – הפסקת עבודה, שחרור עבדים ומחיקת חובות. הפסוק החקוק על פעמון הדרור שלנו בפילדלפיה, "וּקְרָאתֶם דְּרוֹר בָּאָרֶץ לְכָל יֹשְׁבֶיהָ", לקוח מספר ויקרא (כה, י), והוא מתאר את שחרור העבדים בשנת היובל.

החופש שבחוק

הבורא מציע לנו חופש בשבת, היום השביעי. אולי זה נראה כפרדוקס, שאל החופש מגיעים באמצעות הקפדה על ההלכות, אבל זהו לקח גדול נוסף מן התנ"ך. שחרורם של בני ישראל מעבדות מצרים היה רק החלק הראשון בחזרתו של הבורא אל ההיסטוריה האנושית. שחרור בלי תכלית וחוק מוביל לעיתים קרובות מדי את בני האדם להשחתה, או לתוהו ובוהו. בני ישראל וכל האנושות קיבלו את שליחותם וייעודם כאשר משה קיבל את התורה מהבורא בהר סיני, כולל המצווה לזכור ולשמור את יום השבת. החופש האמיתי שלנו כבני אדם תלוי בכך שנקבל את האחריות לעבוד את הבורא באמצעות שמירת מצוותיו. מצוות השבת, שאותן נחקור לפרטיהן בפרקים הבאים, אולי נראות במבט ראשון כמעמסה, אך בלעדיהן, יהיה זה בלתי־אפשרי כמעט ליהנות ממתנת המנוחה שמגיעה עם השבת. אתייחס לנקודה הזו באופן אישי: אלמלא הייתה מצווה אלוהית המורה לי לנוח, הייתי חושב על הרבה סיבות טובות להמשיך בשגרת חיי הרגילה ביום שישי בערב וביום שבת. זהו אופיי. אני מכור, למשל, למכשיר הבלקברי שלי.

שישה ימים בשבוע איני עוזב לרגע את אותה חתיכה קטנה של פלסטיק, שבבים וחוטים שמקשרת אותי באורח פלא לשאר העולם ושהופכת אותי, כך אני מקווה, ליעיל יותר, אבל בבירור גוזלת הרבה מזמני ומתשומת ליבי. אילו לא הייתה מצוות השבת מונעת ממני

לשלוח ולקבל דואר אלקטרוני כל היום, כפי שאני עושה בדרך כלל, נראה לכם שהייתי מסוגל לעמוד בפיתוי הזה בשבת? אין סיכוי. בחוקים יש משהו שמשחרר אותנו. ולכן ביום שישי, עם התקרב שעת השקיעה, אני מכבה את הטלוויזיה, את הבלקברי, את המחשב ואת הטלפונים כאחת ההכנות האחרונות לשבת. כל העניין הוא להבדיל בין ששת ימי המעשה לבין היום השביעי, יום המנוחה, וזו כשלעצמה תזכורת לאחד השיעורים הגדולים ביותר שהתנ"ך מלמד אותנו: תורת הבורא מעמידה בפנינו כל הזמן את האתגר להפריד, לבחור, לראות את ההבדל בין נכון לבין שגוי, בין טוב לבין רע, בין שבת מנוחה לבין שבוע העבודה, בין האור לבין החושך.

אורה של השבת

בביתנו, השבת מתחילה באופן רשמי כאשר הדסה מדליקה את שני נרות השבת, מלאכת היצירה האחרונה עד רדת החשיכה. מדוע אור נרות ולא אור חשמל? מדוע צריכה מלאכת היצירה האחרונה בערב שבת להיות יצירת אש? אחת הסיבות היא שהאש היא האור המקורי והאמיתי של הבריאה. סיבה אחרת היא שעם כניסת "שבת המלכה" – הדמות האנושית העתיקה שכבר התלמוד מעניק לשבת, במערכת שבה אלוהים הוא מלך העולם שלנו – אנחנו מזמינים ומכניסים אור עתיק יותר, עדין יותר ונטול שייכות לזמן: אור הנר הרך, הסלחני, במקום האור המודרני, החד והמלאכותי של המחשב, הטלוויזיה ומסך הטלפון.

לכל דור יש פרעה משלו ונוגשי עבדים משלו, המבוססים על מה שמייחד את התרבות של אותה תקופה. ייתכן שפרעה שלנו הוא המכשירים האלקטרוניים – המחשבים, הטלוויזיות, הטלפונים החכמים – שמהפנטים אותנו ושולטים בכל שעה ושעה מחיינו.

עינינו ופנינו דבוקות למסך כזה או אחר במשך זמן רב מאוד מדי יום. אפילו כשאנו חושבים שאנחנו עוסקים בפעילות פנאי, הם פולשים אל תשומת ליבנו, אוחזים בנו בלפיתתם ומפרידים אותנו מבני משפחתנו ומחברינו, ולפעמים מאמונתנו. פעמים רבות מדי הם מראים לנו מציאות חלופית אלקטרונית המלאה בשליליות, בטריוויה, או בשחיתות מוסרית. מכל אלה מציעה השבת לשחרר אותנו למשך עשרים וארבע שעות.

על פי המסורת, את נרות השבת מדליקה האישה שבבית, אבל גם גבר יכול להדליקם אם אין בבית אישה. הדסה מכסה את ראשה במטפחת ואומרת את הברכה, "בָּרוּךְ אַתָּה ה', אֱ־לֹהֵינוּ מֶלֶךְ הָעוֹלָם, אֲשֶׁר קִדְּשָׁנוּ בְּמִצְוֹתָיו וְצִוָּנוּ לְהַדְלִיק נֵר שֶׁל שַׁבָּת". עם הדלקת הנרות, היא מכסה את עיניה בידיה וחושבת קודם כול על ילדינו ונכדינו, ואחר כך על הורינו ויקירינו שנסתלקו מן העולם, ושולחת תפילות לשבת של שלום לכולם.

ואז, לפתע, הבהילות והלחץ נגמרים. שבת עכשיו.

"שבת שלום!", אנו מברכים זה את זו ומחליפים חיבוק ונשיקה של שבת.

ברוכים הבאים לארץ שַׁבַּתִּיָה.

כעת אנו מזמינים אתכם ללכת איתנו לבית הכנסת לתפילת הערב, לקבלת השבת.

זמן שבת

התחלות פשוטות

- הכינו את הבית למנוחת השבת לפי הסגנון שלכם. לפני שיגיע היום המיוחד, קנו פרחים או דאגו שהחדר שבו תיטיבו את ליבכם בסעודה משפחתית יהיה מסודר ופנוי מחפצים מיותרים. אם יש לכם פינת אוכל, אכלו שם, ולא במטבח.
- תכננו קדימה. סעודת ערב, סעודת צהריים, או שתיהן – בשלו וסדרו הכול כדי שיהיה מוכן לארוחה.
- הזמינו לפעמים את המשפחה המורחבת ואת חבריכם לסעודת השבת שלכם; בפעמים אחרות, תנו לארוחה להיות חוויה אינטימית שלכם, רק עם בני הזוג והילדים. אם אינכם נשואים, הכינו את הסעודה עם חבר או חברה קרובים והתענגו זה על חברת זה בבית, במקום לצאת לאכול במסעדה.
- חשבו על מאכל חביב או שניים שתכינו באופן קבוע לשבת השבועית שלכם. עם הזמן יתפתח הקשר בין טעמם וריחם של המאכלים הללו לבין הארוחה המיוחדת שלכם.
- בשבוע שלפני השבת שלכם, נסו לעשות משהו "לכבוד שבת", גם אם – במיוחד אם – יש עדיין שישה, חמישה או ארבעה ימים עד שבת. למשל, קנו מעדן כלשהו או בקבוק יין מיוחד והניחו אותם בצד, כדי להתענג עליהם בשבת.
- שמרו לכם חומר קריאה מהנה ומרגיע במיוחד לשבת.
- בערב לפני כניסת השבת שלכם, קראו בתנ"ך, אולי משיר השירים, או קטעי קריאה יהודיים אחרים המעוררים את הנפש.

22

פרק שני
קבלת שבת:
מזמינים את השבת להיכנס

התפילה ביום שישי בערב

בעודנו הולכים לבית הכנסת לתפילות ליל שבת, ביום שישי בערב, ברצוני לספר על לקח חשוב לחיים שלמדתי משמירת השבת שלי – לקח שהיה עליי ללמוד כדי שאוכל לקבל את מתנת המנוחה.

גם קריירה וגם אמונה

איש מאיתנו אינו צריך לעבוד בכל יום מימות השבוע. רבים חושבים שהם נחוצים לחלוטין בכל רגע ורגע – למשפחותיהם, לעמיתיהם לעבודה, לעצמם, ואולי אפילו לעולם. אם לא אלך לעבודה, הקריירה שלי תיהרס. אם לא אצא לקניות, משפחתי תגווע ברעב. אם לא אלך למכון הכושר, גופי יתנוון.

זמן שבת

האמת היא שאנחנו – והעולם – נסתדר היטב גם אם נפסיק לעבוד או לקנות ונישאר בבית עם בני משפחתנו יום אחד בשבוע. החיים יימשכו. הקריירה שלנו תתקדם. המשפחות שלנו ישגשגו. וזה נכון גם לגבי חברי הסנאט האמריקאי, גברים ונשים שיש להם נטייה חזקה יותר מלרוב בני האדם לחשוב על עצמם כחיוניים, עד כדי כך שלא ניתן להסתדר בלעדיהם. האמת היא שאף אחד מאיתנו אינו חיוני כל דקה בשבוע. הריני מעיד בזאת שלהניח את העבודה בצד ליום אחד בשבוע – זוהי בחירה אחראית, ובסופו של דבר גם יעילה. הלקח הזה, התובנה הגדולה הזו שהשבת מלמדת אותנו, עשויים להעמיד את האדם במקומו וגם לעורר חרדה, כפי שקרה לי, אבל בסופו של דבר זה משחרר.

ניתן לחשוב שאם אדם יחדל בשבת מעבודה ומפעילויות אחרות של ימות החול, הדבר יקשה עליו לקדם את הקריירה שלו ויעכיר את יחסיו עם עמיתים לעבודה. גם אני חששתי מכך. נכון שאחרי שנבחרתי ב-1970 לתפקידי הציבורי הראשון, חבר בסנאט של מדינתי, והתחלתי לסרב להזמנות לאירועים פוליטיים או קהילתיים בשבת, הדבר עורר אצל אנשים תהיות, תסכול ולפעמים כעס. אבל כשהתברר שהסירוב שלי נובע מטעמי דת ושמירת שבת עקבית, התגובה הייתה לא רק קבלה, אלא גם כבוד – ואפילו הערצה. מבין המצוות שאני שומר, השבת קיבלה את החשיפה הפומבית ביותר, משום שהיא מצטלבת עם לוח הזמנים הפוליטי והממשלתי הרגיל. אבל אני סמוך ובטוח שהיא לא השפיעה לרעה על הקריירה הפוליטית שלי, ואני יודע שהיא לא מנעה ממני למלא את חובותיי הממשלתיות. היא כנראה דווקא סייעה לשני הדברים. בכל פעם שיש לי הזדמנות, אני אומר לצעירים מכל הדתות: "תשמעו ממני, יש לכם מזל וזכות לחיות בתקופה שבה אינכם חייבים לבחור בין

החלומות והשאיפות שלכם בחיי החול, בתחום הקריירה, לבין השמירה על אמונתכם הדתית". לפעמים אני חושב שהלקח הזה הוא אחת התרומות הגדולות ביותר שתרמתי אי־פעם לארצי.

עם ההבנה הזו, ליבי וראשי משוחררים מדפוסי עבודה כפייתיים, ואני מוכן לעצור ולקבל את פני השבת, בלי היסוס, אשמה או חרדה.

המשמעות של קבלת הפנים

הקבלת פניהם של אורחים הבאים לביתנו משדרת את ההערכה והחיבה שלנו כלפיהם. לקבלת פנים בפתח הבית יש היבט טקסי. דמיינו שהזמנתם ידידים לביתכם לסעודה חגיגית. הפעמון מצלצל ואתם ניגשים לדלת, פותחים אותה בתנופה ומוצאים את ידידיכם עומדים על שטיחון הכניסה. כולם מחייכים חיוך רחב ואולי מחליפים חיבוקים ונשיקות.

אתם אומרים בהתלהבות: "ברוכים הבאים! כמה טוב לראות אתכם! מה שלומכם?". אתם עוזרים לאורחיכם לפשוט את מעיליהם, ומזמינים אותם לשבת על הספה או הכיסא ולהרגיש בנוח. אולי גם תגישו כיבוד קל. כל אלה הם מנהגים חברתיים טבעיים. בדרך כלל אינכם מכוונים את האורחים הישר אל שולחן האוכל בלי מילות ברכה ושיחה ראשונית. ידידיכם הגיעו כדי לשהות בחברתכם, לא רק כדי לאכול. קבלת הפנים שלכם מזכירה לכולם, בעקיפין, את העובדה הזאת.

אם אורחים אנושיים מתקבלים בעסק גדול כל כך, הגיוני שכאשר אנו מקבלים את רוחו של אלוהים לתוך חיינו ובתינו לקראת שבת, נעשה אפילו יותר כדי לבטא את אהבתנו ואת הכרת תודתנו, וניכנס לאווירה המתאימה למשך הזמן שנבלה יחד, בעשרים וחמש

השעות הקרובות. הרב יוסף דוב סולובייצ'יק, מגדולי הרבנים והוגי הדעות המודרנים, שחי בבוסטון ולימד דורות של רבנים בישיבה יוניברסיטי בניו יורק, ציין כי בשלושת החגים העונתיים בלוח היהודי, שלושת הרגלים שבהם בני ישראל היו עולים לירושלים אל בית המקדש, "אנו נכנסים אל היכלו של הבורא והוא מתייחס אלינו כמלך". אך בשבת, אמר הרב סולובייצ'יק, "כשהוא בא לבתינו כאורח שלנו, הוא מתייחס אלינו לא כמלך, אלא כאב". וכתוצאה מכך, הייתי מוסיף, אנחנו מרגישים יותר קרובים אליו, ואחד לשני.

קבלת השבת היא מוטיב חיוני לחלוטין בסדרי השבת, והוא מתוכנן בצורה יפה להפליא. הטוב ביותר הוא לערוך את קבלת הפנים הזו בצוותא עם אחרים. כשאנחנו שוהים בסטמפורד, אנחנו נאספים יחד עם אחרים בבית הכנסת. ממש לפני כניסת השבת אנחנו נוסעים במכונית לבית הכנסת, משאירים את המכונית שם עד צאת השבת, והולכים ברגל הביתה לאחר התפילות. כשאנחנו בג'ורג'טאון, שם ההליכה לבית הכנסת ארוכה, הדסה ואני, ומי מילדינו שנמצאים איתנו באותה שבת, מקבלים את השבת בבית. אנו אומרים ושרים את התפילות יחד, וזו כשלעצמה חוויה משפחתית מיוחדת.

בליל שבת, עם כניסתנו לבית הכנסת, האווירה מלאה חדווה, כי כאשר נכנסים לבית הכנסת, נכנסים אל תוככי ארץ שַׁבַּתִיָּה. במקום המיוחד הזה, שמחוץ לזמן, טבעי לנו להקביל את פני ידידינו לפני שנקבל את פני השבת. יש תחושה חמימה של רעות, של מפגש מחודש עם חברים טובים שאולי לא ראינו במשך שבוע.

לכל אחד היה שבוע שונה, אבל עכשיו כולנו התרחצנו, התלבשנו ואנחנו מוכנים לקחת חלק במנוחה, בהרהורים ובהתחדשות שמביאה השבת. האווירה לגמרי נינוחה וידידותית. מתפלל אחד בבית הכנסת אמר לי פעם שהקירבה והלבביות מזכירות לו את

תכנית הטלוויזיה הוותיקה **חופשי על הבר**, ואת הבר שבו "כולם מכירים את השם שלך" ואתם מכירים את שלהם.

בבית הכנסת בדרך כלל לא קוראים לי סנטור, אלא ג'ו. בחיים הציבוריים בוושינגטון הבירה, דרגות, מעמד ותארים נחשבים מאוד. אבל בארץ שַׁבַּתְיָה השוויונית יותר, הדברים נראים אחרת. עם הכניסה אל המקום הקדוש, כשהגברים והנשים כולם לבושים לכבוד שבת, אי־אפשר לדעת במה כל אחד עובד בששת ימי המעשה. אדם עשוי להיות שרברב או מוכר בחנות מכולת או רופא או פרופסור או סנטור. כמובן, אם אנחנו מיודדים, אנחנו מכירים את ענייניו ומקצועו של האדם שלפנינו. אך כל ההבדלים האלה נמחים כשמתקרבת השבת. בפני אלוהים, תואר הסנטור שלי אינו נחשב למאומה. אם קוראים לי לעלות לתורה בשבת בבוקר, קוראים לי בשמי העברי המסורתי, "יוסף ישראל בן חנן".

לקבל את פני שבת המלכה

תפילת השבת הראשונה בליל שבת נקראת **קבלת שבת**, וכשמה כן היא – קבלת פני השבת. המנהג לקבל את פני השבת נולד בארץ ישראל במאה השלישית, אצל רבי חנינא. התלמוד מספר שעם שקיעת השמש ביום שישי בערב, היה רבי חנינא מתעטף בבגדיו הנאים ביותר, וקורא למשפחתו ולתלמידיו: "בואו ונצא לקראת שבת המלכה". רב אחר מאותה תקופה בערך, רבי ינאי, היה נוהג להכריז: "בואי, כלה! בואי, כלה!".

מן המנהגים הפשוטים של רבי חנינא ורבי ינאי לפני כמעט אלפיים שנה התפתחו מנהגים מורכבים יותר, יפים ומפעימים, המלווים את כניסת שבת המלכה. בקבלת שבת כיום אנו מקבלים את פני השבת כאילו היינו חתן אחוז כיסופים, ההולך לפגוש את

כלתו. בתלמוד יש מדרש רוחני מלבב על השבת ומערכת היחסים שלה עם שאר ימות השבוע, שישה במספר. במובן מסוים, לכל אחד מן הימים יש בן זוג, מכיוון שהמספר שש הוא מספר זוגי. אך השבת נותרה ללא בן זוג, והתלוננה לפני ריבונו של עולם על שנותרה לבדה. לכן נתן לה הבורא בן זוג: בראשונה בדמות עם ישראל, ולאחר מכן בדמות כל מי שבוחרים לשמור שבת.

כמו יהודים שומרי שבת רבים אחרים, אני אוהב לקרוא ביום שישי אחר הצהריים את מגילת שיר השירים, על תיאוריה הרומנטיים העשירים, האירוטיים לפעמים, של אהבה בין איש לאישה, המייצגת גם את האהבה ההדדית בין הבורא לבין ברואיו.

הרב סולובייצ׳יק התמקד לא רק באהבה ההדדית, המתבטאת בצורה עזה כל כך בשיר השירים, אלא בנימת הגעגוע שלא בא על סיפוקו, השזורה לכל אורכו. בסיפור המסופר בשיר, הרעיה שומעת את אהובה מתדפק על דלתה. אך למרות שהיא כמהה לו ימים רבים, היא מרגישה עייפה ומוצאת תירוצים לא למהר ולקום ממיטתה. כשהיא פותחת סוף־סוף את הדלת, האהוב כבר חמק ונעלם. זהו משל מצמרר, המזכיר לנו שכאשר אלוהים מתדפק על דלתנו, אסור שהיסחי דעת יניאו אותנו מלפתוח את הדלת. כל שבת היא דפיקה על דלתנו. בידי כל אחד ואחת מאיתנו הבחירה אם לפתוח או לא לפתוח את הדלת, כדי לקבל את מלך מלכי המלכים ואת שבת המלכה.

במאה השש־עשרה קם בעיר צפת שבצפון ארץ ישראל חוג מקובלים משפיע. צפת הייתה המקום שבו התכנסה קהילת המקובלים הגדולה ביותר בהיסטוריה היהודית, והקדישה עצמה לגילוי רזי התורה. לאחר גירוש היהודים מספרד הנוצרית ב־1492, מצאו פליטים יהודים רבים מספרד את דרכם למחוזות מזמינים יותר,

תחת שלטון האסלאם, ומשם לארץ הקודש. צפת, שהייתה מרכז סחר, הפכה למוקד החיים היהודיים בארץ ישראל של אותה תקופה.

בין היהודים שהיגרו לצפת היו שני גיסים, רבי שלמה אלקבץ ורבי משה קורדוברו, ורבי יוסף קארו. קארו הוא מחבר ספר ההלכות רב ההשפעה **שולחן ערוך**. על פי המסורת, קארו ואלקבץ חיו ביוון כאשר קארו, בנוכחותו של אלקבץ, שהיה גם עד שמיעה לדבר, חווה התגלות של מלאך שהורה לו לצאת לארץ ישראל. על כן הם שמו פעמיהם לצפת, השוכנת במיקום יפהפה על מדרון מדורג של גבעה תלולה. מאוחר יותר עמד בראש הקהילה הזו העילוי התורני הכריזמטי רבי יצחק לוריא, שנודע בכינוי האריז"ל, או האר"י הקדוש.

בעיר עתיקה זו נמצא כיום רובע אמנים שוקק, אך היא עדיין מרכז של רוחניות יהודית, ומושכת עולי רגל ותיירים רבים מדי שנה. בתחתית הגבעה – בית קברות עתיק ומאובק, בדרך כלל הומה מאמינים, המתפללים ואומרים מזמורי תהילים לפני קברי המקובלים הקדושים בני העיר, שרבים מהם צבועים בכחול. בתי הכנסת הקסומים של המקובלים הללו עודם שם, בצבעיהם הבלתי־שגרתיים. בכמה מהם אף התפללתי. בית כנסת אחד, הנמצא כעת בשימוש חסידי ברסלב, הותיר עליי רושם חזק במיוחד. יש רגע בתפילת שחרית של שבת, שבו אנו קוראים את הכרזתם של המלאכים מספר ישעיהו: "קָדוֹשׁ קָדוֹשׁ קָדוֹשׁ ה' צְבָאוֹת, מְלֹא כָל־הָאָרֶץ כְּבוֹדוֹ" (ו, ג). לקהל המתפללים הזה הייתה מסורת לצעוק את מילות המלאכים – "קדוש, קדוש קדוש!" – בקול ובלהט גדולים כל כך, כמו רעם, שבתחילה הם היכו אותי בהלם, ולאחר מכן מילאו אותי השתוקקות להצטרף לקריאות האמונה הרמות.

מאותם חכמים קדושים – הרבנים אלקבץ, קורדוברו, קארו ולוריא – הגיע המנהג היפה לקבל את פני הכלה, שבת. הם ממש

קיבלו את פניה בחוץ, כאישור להכרזת המלאכים כי "מלוא כל הארץ כבודו". לוריא עצמו לימד:

...שתצא לשדה ותאמר "בואו ונצא לקראת שבת מלכתא"... ותעמוד מעומד במקום אחד בשדה. ואם יהיה על־גבי הר אחד גבוה הוא יותר טוב... ותחזור פניך כנגד רוח מערב ששם החמה שוקעת, ובעת שקיעתה ממש אז תסגור עיניך ותשים ידך השמאלית על החזה ויד ימינך על גבי שמאל ותכוין באימה וביראה כעומד לפני המלך לקבל תוספת קדושת שבת. (שער הכוונות, דרושי שבת, דרוש ד)

תפילת קבלת שבת ביום שישי בערב, המתקיימת בכל שבוע בבתי כנסת ברחבי העולם, כולל השניים שאני פוקד באופן סדיר בקונטיקט ובוושינגטון, אוצרת ומעבירה את העומק הרוחני של המאורות הגדולים הללו מצפת. עבורי, התפילה הזו – בנוסח הפואטי ובמזמורים שובי הלב שלה – הפכה לאחד הרגעים החזקים והמספקים ביותר מבחינה רוחנית בחיַי הדתיים.

סדר התפילה

במסע הזה לאורך השבת, אין זמן לתאר כל תפילה ותפילה. ספרים אחרים עושים זאת היטב. אך כאן אני בכל זאת רוצה לספר בקצרה על המבנה הכללי של תפילת ליל שבת.

התפילה הפותחת

תפילת קבלת שבת מתחילה בשירת פיוט מלא ערגה שחיבר עוד אחד ממקובלי צפת במאה השש־עשרה, רבי אלעזר אזכרי. הפיוט נקרא

ידיד נפש. ר' אלעזר תיאר את מילות הפיוט כ"תפילה לאיחוד ותשוקת האהבה", וכך ללא ספק אני חווה אותו. הנה מילותיו של הבית האחרון:

הִגָּלֶה נָא וּפְרֹשׂ, חָבִיב
עָלַי אֶת סֻכַּת שְׁלוֹמָךְ
תָּאִיר אֶרֶץ מִכְּבוֹדָךְ
נָגִילָה וְנִשְׂמְחָה בָךְ
מַהֵר, אָהוּב, כִּי בָא מוֹעֵד
וְחָנֵּנִי כִּימֵי עוֹלָם

כפי שניתן לראות, אלו אכן מילים של להט, דבקות וכיסופים. הן שואבות אותנו מיד אל תוך עומק השבת, ומהוות קבלת פנים אוהבת לקדוש ברוך הוא, כשהוא נכנס אל חיי השבת שלנו.

שירים לקראת שבת הכלה

לאחר מכן, אנו אומרים או שרים שישה מזמורי תהילים (פרקים צה-צט ולאחר מכן כט), מנהג שגם הוא החל אצל מקובלי צפת, שהיו לובשים בגדים לבנים ויוצאים אל השדות לקראת הכלה, היא שבת. כל אחד משׁשת המזמורים נועד להזכיר את אחד משׁשת ימי הבריאה שהסתיימו בשבת הראשונה.

את הנעימות המסורתיות שמלוות חלק מן המזמורים העירו לחיים בזמן האחרון מנגינות חדשות יותר שהלחין, בין השאר, הרב שלמה קרליבך, רב חסידי כריזמטי שהשפיע עליי בנעוריי. "ר' שלוימה", כפי שכולם קראו לו, לקח את הגיטרה בידו והפך לזמר ולנגן נודד, הלך לכל מקום כדי לפנות אל ליבם של בני האדם, לספר להם סיפורי אמונה ולשיר להם את שיריו המלאים שמחה ורוחניות.

רוב המילים לשירים נלקחו מן התנ״ך, אבל הוא חיבר להם לחנים משלו. בהשתפך עליו נפשו, היה פורץ במחיאות כפיים ובריקודים. הוא היה בין הרבנים והמורים השונים שהפעימו תלמידים ותלמידות בגיל תיכון בסמינרים למנהיגות תורנית של הישיבה יוניברסיטי בשנות ה־50 של המאה ה־20. סמינרים אלו, שנמשכו שבוע והתקיימו פעמיים בשנה, נועדו במיוחד לתלמידים שלמדו, כמוני, בבתי ספר ציבוריים ולא בבתי ספר יהודיים דתיים או רגילים. היינו נאספים למשך שבוע במחנה ישן או באתר נופש בהרי הקטסקיל לחוויה שכולה יהדות – ובעיקר שבת. שררה שם אווירה עילאית, עם הרבה למידה, שירה וריקודים מסורתיים במעגלים. אני זוכר את עצמי באחד המעגלים הסובבים ללא סוף, מסתחרר ומסתחרר במעין חוויה חוץ־גופית כשר׳ שלוימה מוביל אותנו, זועק שוב ושוב את מילותיו של הנביא ירמיהו, ״עוֹד יִשָּׁמַע בְּעָרֵי יְהוּדָה וּבְחֻצוֹת יְרוּשָׁלִַם קוֹל שָׂשׂוֹן וְקוֹל שִׂמְחָה, קוֹל חָתָן וְקוֹל כַּלָּה״ (לג, י–יא).

כשאני חושב היום על אותה שירה נלהבת, שחזרה שוב ושוב על נבואת ירמיהו, מדהים אותי כמה קרובים היינו באותו הזמן, בלי לדעת זאת, להתגשמות הנבואה. פחות מעשור אחר כך, ב־1967, השיבה ישראל לעצמה את ריבונותה על ירושלים, בירתה המדינית והרוחנית העתיקה, כולל מקומו של בית המקדש, שם אפשר לשמוע עכשיו מדי יום ביומו ״קול ששון וקול שמחה״. אני חושב שאת השמחה על שזכינו לראות בעינינו את נבואת ירמיהו מתגשמת חשים באותה מידה עמוקה לא רק יהודים, אלא גם נוצרים.

תפילת קבלת שבת מלאת אקסטזה בנוסח קרליבך, כשהמתפללים שרים ומתנועעים, שרים ומתנועעים, יכולה להימשך הרבה יותר זמן מאשר תפילת ליל השבת האופיינית, האורכת

פרק שני – קבלת שבת: מזמינים את השבת להיכנס

כארבעים וחמש דקות. חוויתי תפילת קרליבך כמה פעמים ברחבת הכותל המערבי בירושלים, השריד האדיר שנותר מבית המקדש. כיום, אלפי יהודים נאספים שם בלילות שבת בתערובת של תפילות שונות, המתנהלות במקביל ויוצרות מה שעשוי להישמע לאחדים כמו קקופוניה, אבל מבחינתי הן ממלאות את הרחבה באנרגיה דתית ובתחושת יחד סוחפות, מרוממות רוח.

שירי השבת הפכו לאחת הדרכים הטובות ביותר עבורי להתחבר אישית לרוחו של היום. תמיד נהניתי לשיר, אבל לשירת המזמורים בפי קהל המתפללים כוח רוחני משל עצמה, והיא תוספת עוצמתית לפרקי הזמן המיועדים לתפילה פרטנית, ציבורית או שקטה בזמן תפילות השבת. חלק מן המנגינות הן ותיקות, ומתחברות לא רק לחוויות הדתיות של ילדותי המוקדמת, אלא גם למאות השנים שחלפו לפני כן. אחרות הן חדשות יחסית, מנגינות מיבול קרליבך או מנגינות מאוחרות יותר, מישראל המודרנית. יש בתי כנסת שבהם חזן מקצועי מנחה את התפילות. בבית הכנסת שלי בג'ורג'טאון אין חזן; בבית הכנסת שלי בסטמפורד לפעמים יש. אני אוהב חזנות טובה, אבל החוויה הדתית פועלת עליי בצורה הטובה ביותר כשכל אחד מן המתפללים מקבל הזדמנות לא רק להאזין להופעה של החזן, אלא להשתתף, כל הקהל, בשירה שמנחה החזן או שליח הציבור. אין ספק ששירת הנעימות היפות של תפילת ליל שבת העשירה עם חבריי היא מן הדברים שמעבירים אותי מששת ימי המעשה לשבת מנוחה, יומו של הבורא.

שיר אהבה לשבת

לאחר פרקי תהילים בא שיר האהבה של רבי שלמה אלקבץ עצמו לשבת, **לכה דודי** ('דודי' משמעו 'אהובי'), שאותו, על פי המסורת,

שרו הרב ותלמידיו כשהלכו בחזרה מן השדות דרך הרחובות היפים, עולים ויורדים בגבעות העיר צפת. כמו **ידיד נפש**, גם בתי השיר הזה רומנטיים ממש כמו שיר השירים. מבחינות רבות, שני השירים מקפלים בתוכם את נושאיה העיקריים של פואמת האהבה הגדולה של שלמה המלך. שתי השורות הראשונות של **לכה דודי** הן:

לְכָה דוֹדִי לִקְרַאת כַּלָּה
פְּנֵי שַׁבָּת נְקַבְּלָה

"דודי" הוא ה', וה"כלה" היא השבת.

פזמון זה מושר שוב אחרי כל אחד מהבתים הבאים, העוסקים בשבת, בקדושת ירושלים, בהבטחה לגאולה ובביאת המשיח. "לכה דודי" הוא מזמור של שבח, שיר אהבה לבורא ולשבתו, וקריאה מעוררת לפעולה.

לקראת הבית האחרון אנו פונים לכיוון מערב, כפי שנהגו לעשות המקובלים בצפת כדי לראות את שקיעת השמש. אבל היום, כשאנו עומדים בתוך בית הכנסת, אנו פונים לעבר דלת ההיכל, הפתוחה לכיוון מערב, ושרים:

בֹּאִי בְשָׁלוֹם עֲטֶרֶת בַּעְלָהּ
גַּם בְּשִׂמְחָה בְּרִנָּה וּבְצָהֳלָה
תּוֹךְ אֱמוּנֵי עַם סְגֻלָּה
בּוֹאִי כַלָּה בּוֹאִי כַלָּה

ובמילים האחרונות, משתחווה הקהל מתוך כבוד, מן המותניים ומעלה, כדי לקבל באופן סמלי את שבת הכלה.

תפילת העמידה

אחרי לכה דודי ממשיכה קבלת השבת לתפילת ערבית, שבמרכזה שני קטעים עיקריים המצויים ברוב התפילות היהודיות: קריאת שמע, כלומר אמירת "שמע ישראל", ותפילת העמידה, הקרויה כך משום שהיא נאמרת בעמידה בפני הבורא בדממה. שתי התפילות האלה מלאות במשמעויות עשירות ועוצמתיות. לכן תשמעו על שתיהן פעמים רבות לאורך הספר הזה. אתאר את קריאת שמע ביתר פירוט כשאעסוק בתפילת שבת בבוקר. בינתיים אציג בקצרה את תפילת העמידה.

תפילת העמידה נאמרת שלוש פעמים בכל יום: בכל אחת מן התפילות היומיות – ערבית (או מעריב), שחרית ומנחה. בשבת, משתנה חלקה האמצעי מתפילה לתפילה (ליל שבת, שבת בבוקר ושבת אחרי הצהריים), וכך משתקפים הרעיונות הייחודיים ועיקרי האמונה שראוי לנו להתמקד בהם בכל אחד משלבי השבת.

תפילת העמידה נאמרת בעמידה זקופה כשהרגליים צמודות. המסורת היהודית מלמדת אותנו שזוהי התנוחה שמאמצים המלאכים כשהם משבחים את בוראם (עיינו ביחזקאל א, ז; על המלאכים הנושאים את כיסא הכבוד אומר הנביא שרגליהם היו "רגל ישרה", כלומר ישרות וצמודות). הדבר נועד להזכיר לנו שיש לנו אחריות ויכולת לשרת ולכבד את אלוהים בדברינו ובמעשינו על פני האדמה, כשם שהמלאכים עושים זאת בשמיים. תפילת העמידה של ימות החול כוללת תשע-עשרה ברכות; בראשונות שבהן יש דברי שבח לאלוהים, לאחר מכן בקשות שהבורא יעזור לנו למלא רבים מן הצרכים שלנו, ולאחר מכן הודאה על חסדיו. ישנה רשימה ארוכה של צרכים אנושיים שמתפללים עליהם בתפילת העמידה – החל מחוכמה ובריאות טובה ועד למזג אוויר נוח ויבול מוצלח.

זמן שבת

תפילות השבת משקפות את כל מהלך ההיסטוריה האלוהית והאנושית – בעבר, בהווה ובעתיד. בליל שבת, במרכז התפילה הנקראת מעריב, נמצאת בריאת העולם עם השבת הראשונה. בתפילת עמידה של קבלת שבת אנו קוראים אפוא את סיפור הבריאה מספר בראשית:

וַיְכֻלּוּ הַשָּׁמַיִם וְהָאָרֶץ וְכָל־צְבָאָם. וַיְכַל אֱלֹהִים בַּיּוֹם הַשְּׁבִיעִי מְלַאכְתּוֹ אֲשֶׁר עָשָׂה... וַיְבָרֶךְ אֱלֹהִים אֶת־יוֹם הַשְּׁבִיעִי וַיְקַדֵּשׁ אֹתוֹ, כִּי בוֹ שָׁבַת מִכָּל־מְלַאכְתּוֹ, אֲשֶׁר־בָּרָא אֱלֹהִים לַעֲשׂוֹת.
(בראשית ב, א-ד)

תפילות הבוקר בשבת מתמקדות בהתגלות בהיסטוריה. הבורא גילה את רצונו בהר סיני כשנתן לנו את עשרת הדיברות ואת התורה, שבה אנו קוראים בשבת בבוקר. ולבסוף, הנושא של תפילת מנחה בשבת אחר הצהריים הוא השבת האולטימטיבית, השבת של ימות המשיח והגאולה.

כאשר מסתיימת תפילת מעריב בליל שבת, נוהגים המתפללים להשתהות בהיכל בית הכנסת או במבואה למשך זמן מה לשיחת רעים חברית לפני שהולכים הביתה. ההשתהות נמשכת זמן רב יותר בחודשי החורף, כאשר השמש שוקעת מוקדם ולכן התפילות מתחילות מוקדם יותר. אך גם אז לא נמשכת ההשתהות זמן רב מדי, משום שסעודת השבת – אותם ריחות נפלאים שכבר שאפנו לקרבנו – ממתינה לנו בבית.

התחלות פשוטות

- בתחילת השבת שלכם, כבו את הטלוויזיה, את המחשב, את הטלפון הסלולרי, או את כולם. רצוי שיישארו כבויים במשך כל השבת, אבל אפילו ערב או אחר צהריים חופשיים מתקשורת אלקטרונית הם ברכה. מתוך כל 'ההתחלות הפשוטות', זהו אולי הרעיון הטוב ביותר לימינו.
- אולי תרצו לקבל את פני השבת בהדלקת שני נרות, כסמל לרצונכם שאורו של האל, והשלום המגיע איתו, ישרו על ביתכם ביום המנוחה הקרב ובא.
- חשבו על ששת ימי השבוע שהסתיים. האם היה זה שבוע טוב לכם ולמשפחתכם? מה אתם יכולים לעשות בשבוע הבא כדי לשפר את היחסים שלכם עם אהוביכם, ידידיכם, עמיתיכם – ואלוהים?
- יותר מדי מחיינו עוברים עלינו במקומות סגורים. כשמגיעה השבת, אם אינכם הולכים לבית כנסת, צאו לחצר האחורית או למרפסת כדי להודות לאלוהים על יום המנוחה. אם אתם חיים בעיר, אפשר לפתוח חלון ולשאוף את האוויר הצלול או לצאת לטיול בפארק.

פרק שלישי

סעודת שבת: מכבדים את הבורא, מברכים זה את זה

ליל שבת בבית

הדסה ואני נהנים מאוד לחלוק את חוויית השבת עם חברים, בין אם הם יהודים דתיים ובין אם אינם דתיים או אינם יהודים. חז"ל אמרו שהכנסת אורחים גדולה "יותר מקבלת פני שכינה". ההוכחה שלהם מן הכתובים היא שאברהם נפנה מן המפגש שלו עם אלוהים כדי לרוץ ולהזמין שלושה עוברי דרכים שייאותו להיות אורחיו (בראשית יח, א-ד). האמת העמוקה יותר היא שקבלת פניהם של בני אדם שנוצרו בצלם אלוהים הרי היא גם קבלת פניו של בוראנו.

הדסה תמיד עורכת שולחן מקסים, במפה לבנה, בכלי החרסינה והכסף הנאים ביותר שלנו, בגביעי כסף ליין הקידוש ובמגש כסף ועליו קרש חיתוך מעץ לבציעת החלות, המכוסות בבד רקום ויפה.

נרות השבת עדיין מפיצים את אורם הזוהר. בכל יום אחר אנו אוכלים על שולחן המטבח, אך בשבת אנו עוברים לפינת האוכל. משפחות יהודיות דתיות כנראה משתמשות בשולחן שבפינת האוכל יותר מאשר רוב בני האדם, הודות לשבת ולחגים היהודיים האחרים.

האווירה בסעודת השבת היא שילוב של הרוחני עם החברתי, של סדר טקסי עם התרועעות בניחותא, וכולה שרויה בשלווה המיוחדת והעוצמתית של השבת. תחושת רוגע נוחתת כבמטה קסם על הבית ובדרך כלל על האנשים שבו, שרק זמן קצר קודם לכן היו אחוזי טירוף ההכנות האחרונות לשבת. באחד הזיכרונות החביבים עליי, כוחה של השבת לחולל שינוי כזה קשור לחברי המנוח, ריצ׳רד (דיק) הולברוק, דיפלומט אמריקאי דגול. דיק היה תמיד חסר מנוחה ומלא מרץ. פעם הזמנו, הדסה ואני, אותו ואת אשתו, קייטי מרטון, לביתנו לסעודת ליל שבת. אני חייב להודות שתהיתי אם יצליח דיק לרסן את חוסר המנוחה שבו בסביבה השבתית. רצה המקרה והיה זה אחד הערבים שבהם נאלצתי להישאר בגבעת הקפיטול להצבעה לאחר כניסת השבת, והיה עליי לצעוד הביתה. הפעם לא ירד גשם, אבל היה חם. כשהגעתי הביתה, היה זה כבר לאחר שעת תחילת הסעודה. הייתי מיוזע ומודאג משום שכולם נאלצו לחכות לי. אבל כאשר נכנסתי בדלת, מיד חשתי את כוחה המרגיע והמדהים של השבת. כולם ישבו סביב לשולחן ופטפטו. וגם דיק הולברוק היה שם, נינוח ורגוע ככל האדם. כאילו הפך למישהו אחר.

במובן מסוים, ליל שבת מזמין אותנו להפוך למישהו אחר. מסורת תלמודית אומרת שבשבת אנו מתברכים בנשמה יתרה, ניחנים ברגישות נוספת, יכולת קבלה ותובנה. אני מאמין שראיתי את הנשמה היתרה הזו אצל ריצ׳רד הולברוק הנמרץ להפליא באותו ליל שבת שנחרת בזיכרוני, ליד שולחן השבת שלנו.

פרק שלישי – סעודת שבת: מכבדים את הבורא, מברכים זה את זה

שבת ניידת

ביסודה, השבת היא אמנם מוסד של בית ושל משפחה, אבל מרשים עד כמה ניתן לחוות את היום ואת רוחו במקומות הבלתי־סבירים ביותר – כמו משרד הסנאט שלי בבניין הארט, מבנה מודרני ורשמי, שלא התברך באופן כללי בתחושת ביתיות. לפעמים, כשהיה עליי להישאר בגבעת הקפיטול בלילות שבת משום שהיו הצבעות גם בליל שבת וגם בשבת, כך שלא התאפשר לי ללכת הביתה, חגגנו הדסה ואני את השבת שם, במשרדי. כמה פעמים הזמנתי עמיתים – יהודים וגם נוצרים – להצטרף אלינו לסעודת שבת מאולתרת, לא סביב שולחן ערוך אלא סביב שולחן הכתיבה שלי במשרד.

הדסה פורשת מפה לבנה; אני אומר את הקידוש – הברכה על היין – על כוס יין כשר שאני תמיד מחזיק בארון שמאחורי שולחן הכתיבה, בדיוק למקרים שכאלה. אנחנו נוטלים את ידינו ואז מברכים את הבורא ובוצעים את הלחם יחד. לפעמים זו חלה, או אולי רק שתי מצות – הנאכלות בדרך כלל רק בפסח – שאותן אני מחזיק גם כן בארון.

השבת הניידת שהותירה עליי רושם יותר מכול הייתה שבת שחגגנו עם אַל וטִיפֶּר גוֹר. בשנות ה־90 היו לנו שבת או שתיים, וגם סדר פסח, יחד עם הזוג גור; אבל ליל השבת הזכור לי ביותר שבילינו יחד היה בתקופת ספירת הקולות החוזרת, שארכה 36 יום, לאחר הבחירות השנויות במחלוקת של שנת 2000. ביום שישי, 7 בדצמבר, פסק בית המשפט העליון בפלורידה לטובתנו, והורה על ספירה חוזרת של הקולות באותה מדינה. כשקיבל סגן הנשיא גור את ההודעה על הפסיקה, מאוחר יותר באותו יום שישי, התקשר אליי וסיפר לי בהתרגשות על החדשות. היינו נרגשים, משום שהאמנו

שאם הקולות האלה ייספרו מחדש, נזכה במדינת פלורידה וננצח בבחירות לנשיאות ארצות הברית.

השעה הייתה חמש־עשרה דקות לפני כניסת השבת. הדסה ואני היינו בביתנו בג'ורג'טאון. בני הזוג גור היו במעון סגן הנשיא במתחם מצפה הכוכבים של צי ארצות הברית, במרחק כקילומטר וחצי. בסוף השיחה סיכמנו, אל ואני, שנדבר למוחרת בערב, במוצאי שבת. כתמיד, אמרתי לו שאם יזדקק לי במהלך השבת, הוא מוזמן לשלוח מישהו לקרוא לי, כפי שעשה בשבת הראשונה אחרי הבחירות, כאשר היינו צריכים לקבל החלטות חשובות על התביעות המשפטיות שלאחר הבחירות, והוא רצה שאשתתף בדיון. כחמש דקות לאחר שסיימנו את השיחה בברכת "שבת שלום", צלצל הטלפון. על הקו היה שוב אל.

"עדיין אין שקיעה, נכון?", שאל.

"נכון", עניתי.

"אז אולי תארזו אתה והדסה את מה שאתם צריכים ותעשו שבת אצלנו בבית", הציע אל. "אנחנו עושים כאן מסיבה לכבוד החלטת בית המשפט, ואתה צריך להיות חלק ממנה". הודיתי לו ואמרתי שנבוא, כמובן. אספנו נרות, יין, חלות, אוכל – כל מה שהיינו צריכים – ומיהרנו החוצה אל הלימוזינה של השירות החשאי שעמדה לרשותנו במהלך מסע הבחירות.

הגענו למעון הרשמי ממש לפני שבת. רוב אנשי המפתח של הקמפיין היו שם, והאווירה הייתה עליזה. כשהגענו, קיבלו אותנו בני הזוג גור בחיבוקים וב"תן כִּיף". טיפר שאלה את הדסה מה הדבר הראשון שעליה לעשות כדי להתכונן לשבת, והדסה אמרה שעליה להדליק נרות. מנהלת הקמפיין דונה ברזיל ואני התחבקנו. היא אישה מאוד טובה, חכמה ובעלת יכולות. היא גם נוצרייה אדוקה, שבחרה

פרק שלישי – סעודת שבת: מכבדים את הבורא, מברכים זה את זה

בכל יום של מסע הבחירות פרק אחד מתהילים לקרוא ולהגות בו, ושיתפה אותי בפרק שבחרה. ראיתי אותה מוקדם יותר באותו יום שישי, והיא סיפרה לי שהיא קוראת את תהילים פרק ל, שבו מופיע הפסוק המחזק "בָּעֶרֶב יָלִין בֶּכִי, וְלַבֹּקֶר – רִנָּה"! כשבירכנו זה את זו באותו ליל שבת במעון סגן הנשיא, אמרנו שנינו, "תהילים ל!", וצחקנו והתחבקנו.

טיפר שאלה אם אני צריך מקום שקט להתפלל בו. אמרתי שכן, והיא הובילה את הדסה ואותי אל הסלון שלהם וסגרה את הדלתות כדי לאפשר לנו פרטיות. פניתי לעבר ירושלים, כמקובל במסורת היהודית, והתפללתי את תפילת קבלת שבת, ולאחר מכן את תפילת מעריב. כשסיימתי, הסתובבתי כדי לצאת מן החדר, וראיתי רקע מפתיע לתפילות השבת שלי, שאיכשהו לא הבחנתי בו בהיכנסי לחדר. מאחוריי, מואר כולו ומקושט יפה, עמד עץ חג המולד של משפחת גור. ללא ספק, הייתה זו שבת באווירה בין-דתית.

לאחר מכן הצטרפנו, הדסה ואני, לקהל שחגג את החלטת בית המשפט בפלורידה. במהלך הערב עזבו רוב הנוכחים כדי ללכת הביתה או להמשיך את החגיגה במסעדה מקומית. רק מעטים, ובהם דונה ברזיל, נשארו לארוחה עם בני הזוג גור ועם הדסה ואיתי. הם שאלו אותנו מה אנחנו עושים בדרך כלל בבית בליל שבת, ורצו שנשתף אותם בחוויה; וכך הנחינו את חברינו לאורך הברכות וזמירות השבת.

טיפר שאלה את הדסה ואותי אם נכון הדבר שאיננו משתמשים בשבת בטלפונים סלולריים או במחשבים, למעט במקרי חירום. כשאמרנו שכן, אמרה, "אל, בוא נכבה את המכשירים האלקטרוניים שלנו. אם מישהו באמת יצטרך אותנו, יידעו איך להשיג אותנו".

זו הייתה סעודה כה שמחה, שלווה ומלאת תקווה. כשסיימנו והגיע הזמן לעזוב, שאל אל אם בדעתנו ללכת הביתה ברגל. אמרנו שכן, והוא וטיפר אמרו שהם יתלוו אלינו. התנגדנו, אבל הם התעקשו; וכך, באותו לילה יפה של דצמבר הלכנו ארבעתנו, כשאנשי השירות החשאי הולכים בעקבותינו בדיסקרטיות ומכוניות אבטחה לפנינו ומאחורינו. יצאנו ברגל מן השער האחורי שלהם לשדרת ויסקונסין, המשכנו בשדרה ואז הגענו לביתנו שליד אוניברסיטת ג'ורג'טאון, קצת יותר מקילומטר וחצי משם.

בלילה ההוא הרגשתי שאני עומד בשערי ההיסטוריה, וגם קרוב מאוד לשני האנשים המצוינים הללו. לפעמים זיהו אותנו עוברי אורח במכוניותיהם, צפרו וצעקו אלינו בשמחה. כשהגענו לביתנו, התחבקנו ואמרנו זה לזה לילה טוב ושבת שלום, ובני הזוג גור נכנסו ללימוזינה שלהם והוסעו הביתה.

הטקסים בשולחן השבת

עכשיו, לאחר שסיפרתי קצת על השבתות הניידות שלנו, אני רוצה לספר על הטקס הקצר שמתקיים ליד שולחן השבת שלנו, לפני הארוחה. בליל שבת ההתמקדות היא במתן כבוד לאלוהים הבורא, אך גם במתן ברכה זה לזה.

ברכה לילדינו

אני מתחיל בברכה לילדינו (וכעת גם לבני ולבנות זוגם, שאותם אנו רואים כילדינו) ולנכדינו. כשילדינו גדלו בבית, ואפילו עכשיו כשהם מבקרים אותנו לשבת, אני עומד ליד כל אחד מהם, לא משנה באיזה גיל, מניח את ידיי על כתפיהם או על ראשם, אומר את הברכה המסורתית ומנשק אותם. כשהם לא נמצאים איתנו ליד שולחן השבת,

פרק שלישי – סעודת שבת: מכבדים את הבורא, מברכים זה את זה

הדסה ואני "משגרים" את ברכתנו אליהם, כאילו דרך לוויין רוחני, מהמקום שבו אנחנו נמצאים למקום שבו הם נמצאים, אומרים את שמו של כל אחד מהם ומזכירים לעצמנו היכן הם והיכן בני זוגם וילדיהם באותו ליל שבת – אם בניו יורק, באטלנטה, בישראל או במקום אחר.

את הברכה לבנינו קוראת לנו המסורת לפתוח באמירה: "יְשִׂמְךָ אֱלֹהִים כְּאֶפְרַיִם וְכִמְנַשֶּׁה" (בראשית מח, כ). אפרים ומנשה היו בניו של יעקב שנולדו במצרים בזמן שאביהם היה מִשנה למלך פרעה. אביו של יוסף, יעקב אבינו, בירך את יוסף שהדורות הבאים יברכו את בניהם באופן הזה. הוא הזכיר דווקא את אפרים ומנשה משום שבניגוד לדורות הקודמים במשפחת יעקב, שהיו מלאים במאבקים בין אחים עוד ממשפחתו של אברהם, אפרים ומנשה הסתדרו יחד יפה. אנו מתפללים שגם ילדינו יהיו כך. בנותינו מתברכות בשם אמותינו המקראיות – שרה, רבקה, רחל ולאה – בתקווה שהן ילכו בעקבות נשים דגולות אלו. מילות הברכה המסורתיות הנאמרות לאחר מכן גם לבנים וגם לבנות הן המילים שאמר הכוהן הגדול אהרון, אחיו של משה, כשבירך את עם ישראל כולו, והן מוכרות לרבים כל כך משום שהן עדיין נאמרות בכנסיות ובבתי כנסת בכל רחבי העולם:

> יְבָרֶכְךָ ה' וְיִשְׁמְרֶךָ. יָאֵר ה' פָּנָיו אֵלֶיךָ וִיחֻנֶּךָּ. יִשָּׂא ה' פָּנָיו אֵלֶיךָ וְיָשֵׂם לְךָ שָׁלוֹם. (במדבר ו, כד-כו)

ברשימת הדברים שיהודים שומרי מצוות עושים בשבת, וכל אדם, בן כל דת, יכול וכדאי שיעשה, הייתי מציב את הברכה למשפחה במקום גבוה. זהו רגע של קשר ואהבה בין הורה לילד, שערכו לא יסולא

בפז. זוהי הצהרה שלא משנה מה קרה במהלך השבוע, ההורה מרגיש מבורך כי יש לו ילד שכזה, והוא מבקש את ברכת אלוהים לאותו בן או לאותה בת. כהורה, אתה יודע שיכולים להיות שבועות שבהם אתה חושב על ילדיך פחות כעל ברכה ויותר כעל בעיה שצריך לפתור. כל הורה יודע על מה אני מדבר, ולא משנה בן כמה הילד. ההשתהות כדי לברך את ילדינו פעם בשבוע גורמת לנו לעמוד ולהעריך עד כמה זכינו שהם ילדינו, ולהזכיר להם את האהבה שלנו כלפיהם. ילדינו הם ללא ספק מתנה יקרה שקיבלנו מן הבורא.

קבלת מלאכי השלום של שבת

לאחר מכן, בפיוט "שלום עליכם" לצד שולחן השבת, אנו מקבלים את מלאכי השבת שיהיו איתנו במשך יום השבת ונפרדים לשלום מן המלאכים של ימות השבוע, שיוצאים מביתנו בליל שבת. המלאכים מחליפים משמרות, כמו שראה יעקב, לפי המסורת, כשיצא מארץ ישראל וחזה בסולם המפורסם שבו מלאכים עולים ויורדים. קבוצת מלאכים אחת ליוותה אותו במסעו בתוך ארץ הקודש, וקבוצה אחרת – מלאכי החול, אולי – כשעמד לצאת בחשש מחוץ לארץ ישראל.

"ברכוני לשלום", אנו מבקשים בשירה זו, "מלאכי השלום, מלאכי עליון, ממלך מלכי המלכים, הקדוש ברוך הוא".

ברכה לנשותינו

לאחר מכן אנו פונים אל רעיותינו ושרים שיר הלל, תודה וברכה הלקוח מן הפרק האחרון בספר משלי. הוא קרוי "אשת חיל", ועל פי המסורת שר אותו לראשונה אברהם אבינו במחווה לאשתו האהובה, שרה. לא אצטט כאן את כולו, אבל מומלץ לעיין בטקסט אם יש לכם

פרק שלישי – סעודת שבת: מכבדים את הבורא, מברכים זה את זה

כמה רגעים (משלי לא, י-לא). הוא מציג תמונה מרשימה של אישה נמרצת שרחוקה מן הדימוי הסטריאוטיפי של נשים מן הזמן העתיק כביישניות ונחבאות אל הכלים, שנותרות תמיד ברקע בשעה שבעליהן מסתובבים בעולם. האישה בפרק לא במשלי לא רק דואגת למשפחתה אלא היא גם יזמית, קונה ומוכרת קרקעות, סוחרת במלאכת כפיה, נותנת כסף לצדקה ומלמדת "תורת חסד" לאחרים. למעשה, בעלה נראה כדמות פאסיבית בהשוואה אליה, יושב בשערים – מרכזי המשפט והמנהל בתקופה המקראית – עם זקני הארץ.

"אשת חיל" הוא מחוות תודה שבעל שר לאשתו, וכך אני חש בכל מאודי כשאני שר אותו להדסה ולבנותינו.

ההעצמה שבברכה

תמצית רוחה של ברכת השבת היא הבעת תודה על משפחותינו והכרה עמוקה בכך שאנו חבים תודה לאלוהים על המתנות שנתן לנו. אולם בברכות לבת הזוג ולילדים מעל שולחן השבת יש גם העצמה אישית, משום שהן מזכירות לנו שכל אחד מאיתנו יכול וצריך לברך אחרים. אולי זה נראה חצוף או מביך לאנשים מסוימים. הם עשויים לשאול: האם הכוח לברך אינו מוגבל לאנשים מיוחדים? לקבל ברכה מצדיק, מקדוש, או מאיש דת – זה מתקבל על הדעת. אבל מסנטור, או מכל אדם אחר, שכמוני, איננו קדוש? האמת היא, שלכל אחד מאיתנו יש כוח לברך אחרים במילותינו ובמעשינו. פעמים רבות בירכו אותי זרים. בירכו ממש. כשהתמודדתי על תפקיד סגן הנשיא בשנת 2000, אנשים רבים היו פונים אליי ומציעים לי ברכה, ואני תמיד קיבלתי את ברכתם בתודה.

סוכן השירות החשאי שנסע עמי באותה שנה והלך עמי בתוך הקהלים המגוונים שאדם פוגש במסע בחירות באמריקה אמר לי: "אף

פעם לא שמעתי כל כך הרבה אנשים אומרים "יברכך האל" למועמד בבחירות ארציות, עד עכשיו". אני תוהה אם עשו זאת משום שידעו שאני דתי, ולכן אעריך את הברכה.

ייתכן, אם כן, שהפן המרומם ביותר של כל הברכות שאנחנו מברכים בליל שבת אצל השולחן הוא ההעצמה הרוחנית המאפשרת לברך מלכתחילה. אף על פי שאינני קדוש, השבת אומרת לי שאני – כמו אהרון, הכוהן הגדול – הנני כוהן בזכות עצמי. כל אדם מסוגל להיות כוהן ולהעניק ברכה. התורה קוראת לבני ישראל "מַמְלֶכֶת כֹּהֲנִים" (שמות יט, ו), עם שקיבל מאת הבורא משימה לברך, לרומם ולשרת אחרים. אבל, כמובן, דבר זה נכון לא רק לגבי יהודים. לכל אדם יש שליחות של כוהן בעולם, ולכן אנחנו יכולים לברך אחרים במילותינו ובמעשינו.

פעם, בחג ההודיה, במהלך ביקור בבית תמחוי, ניגש אליי איש חסר בית, לחץ את ידי ושאל: "סנטור, מותר לי לברך אותך?". אם לומר את האמת, בתחילה הופתעתי, אבל הדברים שלו הזכירו לי אמת גדולה: איש חסר בית ורעב זה, הלבוש בלויים, ניחן ביכולת מעם הבורא לברך אותי באותה מידה שניחנתי אני ביכולת מאת הבורא לברך אותו, והדבר החשוב ביותר היה שהוא ידע שזו האמת.

ברכה על היין

השבת נוטעת בנו את היכולת לחלוק עם העולם לקח חיוני, והדבר ניכר במיוחד בטקס הקידוש, שהוא הכרזה על קדושת השבת הנאמרת על כוס יין לפני הסעודה.

הקידוש הוא עוד שיר אהבה לשבת. מדוע אומרים אותו על היין? בבית המקדש בירושלים ליווה ניסוך היין את שירת מזמורי התהילים, שירי השבח לאלוהים, בפי הלוויים, שהיו עוזריהם של

פרק שלישי – סעודת שבת: מכבדים את הבורא, מברכים זה את זה

הכוהנים. היין מעורר בנו את הרצון לשבח, ועליו נאמר בתנ"ך "וְיַיִן יְשַׂמַּח לְבַב אֱנוֹשׁ" (תהילים קד, טו). הוא יכול לעזור לנו לבטא את הערכתנו ואהבתנו, אם לאלוהים, אם למשפחתנו ואם לבני זוגנו. מקור המילה 'קידוש' הוא כמובן במילה 'קדוש'. הקידוש אינו חגיגה של השתכרות מיין. עניינו הוא הגדרת היין כקדוש, וההנאה משתייתו בלי הפרזה.

מילות הקידוש מדברות בתחילה על בריאת העולם, המוקד הגדול של כל שבת. אנו שרים את הפסוקים מפרק ב בבראשית: "וַיְכֻלּוּ הַשָּׁמַיִם וְהָאָרֶץ וְכָל צְבָאָם. וַיְכַל אֱלֹהִים בַּיּוֹם הַשְּׁבִיעִי מְלַאכְתּוֹ אֲשֶׁר עָשָׂה". ואז אנו אומרים ברכת הודאה על היין: "בָּרוּךְ אַתָּה ה' אֱ-לֹהֵינוּ מֶלֶךְ הָעוֹלָם בּוֹרֵא פְּרִי הַגָּפֶן". לבסוף אנו מברכים את הבורא באופן ישיר על מתת השבת, "זִכָּרוֹן לְמַעֲשֵׂה בְרֵאשִׁית" והמורשת שאותה "הִנְחִילָנוּ", ומסיימים: "בָּרוּךְ אַתָּה ה' מְקַדֵּשׁ הַשַּׁבָּת".

נטילת הידיים

לאחר הקידוש ולפני הברכה על החלה אנו רוחצים את ידינו, אך לא מסיבות תברואתיות. נטילת הידיים היא טבילה חלקית – צורה מצומצמת של הטבילה המלאה במים החיים, שהיא טקס לידה-מחדש יהודי-מסורתי. כמובן, גם נוצרים טובלים במי הטבילה כטקס של לידה רוחנית מחדש. נטילת ידינו מרוממת את מה שעשוי להיות מעשה של יום-יום – הזנה עצמית – למדרגה רוחנית גבוהה יותר. למעשה, הביטוי 'נטילת' ידיים, פירושו המילולי הוא 'הרמה' או 'לקיחה'. במילים אחרות, מטרת הרחיצה איננה ניקיון, אלא קידוש האכילה, תזכורת לעצמנו שעלינו לאכול כדי לחיות, ולא לחיות כדי לאכול. אנו משתמשים בספל בעל שתי ידיות כדי לשפוך מים על כפות ידינו – פעמיים על הימנית ופעמיים על השמאלית – וכשאנו

מייבשים את ידינו במגבת, אנו אומרים את הברכה: "בָּרוּךְ אַתָּה ה' אֱ־לֹהֵינוּ מֶלֶךְ הָעוֹלָם, אֲשֶׁר קִדְּשָׁנוּ בְּמִצְוֹתָיו וְצִוָּנוּ עַל נְטִילַת יָדָיִם". איננו מדברים לאחר הברכה, עד שאנו מברכים את הבורא ואוכלים את החלה, כדי להדגיש כי הנטילה היא הכנה לבציעת הלחם, ואיננו חפצים ששיחת חולין תפריע למעשים המקודשים האלה.

הברכה על הלחם

כולם שבים אל השולחן ומי שמנהל את הסעודה מודה לבורא על מזוננו: "בָּרוּךְ אַתָּה ה' אֱ־לֹהֵינוּ מֶלֶךְ הָעוֹלָם, הַמּוֹצִיא לֶחֶם מִן הָאָרֶץ". לנוצרים הקתולים, נטילת הידיים, אכילת החלה ושתיית היין בוודאי יזכירו את טקס המיסה. דבר זה אינו מקרי כמובן, משום שהמיסה משחזרת את הסעודה האחרונה, שהתקיימה בליל הסדר, ובה בוודאי אמר ישו את הברכות המסורתיות על היין והמצה.

בשולחן השבת שלפנינו, ראש המשפחה מברך לא על חלה אחת, אלא על שתיים. מדוע שתיים? משום שכיכרות הלחם נועדו להזכיר את המָּן שהופיע בשדה כבמטה קסם, מדי יום, כדי להזין את בני ישראל במהלך ארבעים שנותיהם במדבר. המָּן, גורסים אחדים מן החכמים, הוא האוכל שאוכלים גם המלאכים – "זיו השכינה" ממש – אך הוא מקבל מראה חומרי כדי שבני אדם יוכלו לזהותו ולאחוז בו. במדבר, ירד המן בכל יום חוץ מיום השבת. ביום שישי הופיע המן בדרך נס בכמות כפולה. הבורא הורה לבני ישראל לא לצאת החוצה אל המדבר כדי לאסוף מן בשבת, משום שהוא לא יהיה שם, וכי איסוף מזון הוא חילול מנוחת השבת. במקום זאת, עליהם לאפות או לבשל את המן כפי רצונם לפני רדת הערב ביום שישי, מכיוון שגם הבישול יפריע לאווירת השבת. היה זה שיעור באמונה. הבורא אמר להם, כפי שהוא אומר לנו, שאנו יכולים לעצור מעמלנו

פרק שלישי – סעודת שבת: מכבדים את הבורא, מברכים זה את זה

ליום אחד בלי לחשוש שנסבול ממחסור או ממצוקה. הבורא ידאג לנו, כפי שמזכירות לנו שתי החלות.

לסיכום, הפן הטקסי של סעודת ליל שבת למעשה קצר למדי – ברכה לילדינו ולנשותינו, הפיוט לקבלת פני מלאכי השלום של שבת, הקידוש על היין, נטילת הידיים והברכה על הלחם. הגיע הזמן לאכול, לשתות, לשוחח וליהנות זה מזה ומאווירת החמימות והשלום. במהלך הסעודה אני משתדל לומר דבר תורה. אנחנו גם שרים זמירות שבת כדי להוסיף לאווירה החגיגית, אולם הסעודה לעולם אינה אירוע מתוכנן מראש. הנאתנו החברתית, החושית והשכלית היא חלק מן השבת לא פחות מאשר הברכות הפורמליות.

רעיונות שמדברים עליהם סביב שולחן השבת

כשבני המשפחה והידידים יושבים בניחותא סביב שולחן השבת – נהנים מכוס יין, ממעדני הסעודה שהכינה הדסה, מן הרעות ההדדית – אנחנו חולקים בדרך כלל מחשבות וסיפורים על השבת. הנה כמה מהם.

אלוהים כבורא

ברכת הקידוש על היין נאמרת כשכולם עומדים. זוהי אחת הדרכים שלנו להעיד בפומבי כי יש לעולם בורא. אנו עומדים בקידוש משום שלפי ההלכה, עדים לפני בית משפט נדרשים לעמוד בזמן מתן עדותם. באמירת הקידוש, אנו עומדים כדי להצהיר קבל עם ועדה שיש בורא לעולם.

מוזר, אך עדות על קיומו של הבורא עשויה להיות שנויה במחלוקת. פעם, כשהתארחתי בתכנית **פגוש את העיתונות** עם המנחה הנפלא טים רַסֶרט המנוח ופאנל של משתתפים בני דתות

שונות, תיארתי את עצמי כ'בְּרִיאָתָן', מאמין בבריאה. לאחר מכן, אחד מעוזריי התחנן בפניי שלא אשתמש שוב במילה טעונה כל כך. אמרתי שמכיוון שאני מאמין באל, בורא השמיים והארץ, נראה לי נכון לתאר את עצמי כך, ואשתמש במילה הזו שוב כשהדבר יהיה מתאים.

אני יודע שיש כאלה הרואים את הקיום האנושי כמקרה, תוצר של כוחות טבע הפועלים את פעולתם באופן עיוור, תהליך בלתי-מונחה ללא הכוונה או משמעות. נקודת מבט כזו יכולה להותיר בני אדם בלי כל מצפן שיכוון אותם. השבת, לעומת זאת, מציעה דרך שיכולה לעזור לנו להתמקד באמיתות ובערכים נצחיים מתוך תחושת תקווה. התורה מלמדת כי העולם הזה נברא מתוך כוונה ועם תכלית, סדר ואמות מידה מוסריות. רבותינו מלמדים שהשבת הייתה פסגת מעשה הבריאה של האל. ולכן השבת מובדלת כזמן של שביתה ממלאכה, שבו בני האדם יכולים לבטא את הערכתם לאל על הבריאה ועל חייהם, זמן שבו הם יכולים להשתמש בכוחותיהם הרוחניים כדי להתקרב זה לזה ואל הבורא. כשאנו זוכרים שיש בורא שיצר את היקום, שעיצב במתכוון את המגוון הבלתי-נדלה של החיים ונח בשבת קוסמית, זיכרון זה קובע את אמות המידה שלפיהן עלינו לחיות את חיינו: להשתדל לחקות את התנהגותו של הבורא ולמלא את חיינו שלנו במשמעות, בשמחה ובתכלית. שמירת השבת היא דרך נהדרת לאשש ולחזק את האמונה הזו במשך יום אחד בכל שבוע.

ברית עולם

השבת אינה רק יום שאנו שומרים כמצווה. היא גם ברית: "וְשָׁמְרוּ בְנֵי־יִשְׂרָאֵל אֶת־הַשַּׁבָּת, לַעֲשׂוֹת אֶת־הַשַּׁבָּת לְדֹרֹתָם, בְּרִית עוֹלָם" (שמות לא, טז). ברית היא הסכם הדדי, שותפות בין צדדים. ברית

פרק שלישי – סעודת שבת: מכבדים את הבורא, מברכים זה את זה

השבת מזכירה לנו שזכינו לקבל הזמנה מהבורא להשתתף בבריאה האלוהית, ושנקראנו לרומם את העולם ולתקנו. טבען של בריתות שהן משנות את מעמדנו כשאנו נכנסים לתוכן. התורה קובעת כיצד יכול מעמדנו להשתנות עם הברית הראשונה – ברית המילה. אברהם אבינו היה הראשון שקיבל אותה מהבורא, שאמר לו: "וְאַתָּה אֶת־בְּרִיתִי תִשְׁמֹר, אַתָּה וְזַרְעֲךָ אַחֲרֶיךָ לְדֹרֹתָם" (בראשית יז, ט). ממש כשם שילד יהודי נכנס בבריתו של אברהם אבינו ביום השמיני לחייו והברית נותנת לו מעמד חדש, כך שומרי השבת מחדשים את ברית השבת עם הבורא מדי סוף שבוע, ומשנים גם הם את מעמדם.

השבת נועדה לכולם

ברצוני להדגיש שוב כי אמנם שמירת השבת הייתה חשובה לשמירה על קיומו של העם היהודי לאורך הדורות, אך השבת ניתנה כמתנה מאלוהים לכולם. לעומת זאת, שמירת כשרות והנחת תפילין בתפילת שחרית ייחודיים יותר לחוויה היהודית. אספר לכם סיפור הממחיש את ההבדל.

פעם אחת, בשנות ה־90, ג'ון מקיין ואני היינו במטוס בדרך לבוסניה, לבקר את כוחותינו במסגרת משלחת של סנטורים. ג'ון ישן במושב המקביל אליי, מצידו השני של המעבר. אור השמש העיר אותי, ואני הנחתי את התפילין שלי והתעטפתי בטלית כדי להתפלל שחרית. הבחנתי בג'ון פוקח את עיניו לרגע ומביט בי, ומיד עוצם אותן שוב. לאחר רגע קלט את מה שראה, ועיניו נפקחו לרווחה.

"איפה אני? מה הולך כאן!" פלט.

"ג'וני", אמרתי לו, "אני רק אומר את תפילת שחרית". הסברתי בקצרה על התפילין ועל הטלית, והוא השיב, "אה יופי, כי לרגע, ג'ואי, חשבתי שמתי והגעתי לגן עדן".

לא יכולתי להתאפק ואמרתי: "זה אומר הרבה עליך כאדם, ידידי: אתה חושב שכשתגיע לגן עדן תראה שם הרבה יהודים מתפללים!".

מכל מקום, תשובתו של ג'ון מראה שהנחת התפילין היא דבר שרוב האנשים אינם מכירים.

השבת שונה מאוד. היא נועדה לכולם, והיא במיוחד מאוד **אמריקנית**. אני לא מקבל תגובה מופתעת שכזו מג'ון כשאני שומר שבת באחת הנסיעות שלנו, משום שרעיון השבת מוכר לו ולרוב בני האדם. למעשה, ג'ון כבר למד להכיר היטב במשך השנים את המוזרויות והדרישות החריגות הכרוכות בנסיעה עם יהודי שומר שבת, ונראה שהוא נהנה מהדהירות המטורפות שלנו כדי להביא אותי ליעד זר כלשהו לפני שקיעת החמה ביום שישי; הוא נהנה להקניט אותי על כך. והוא לא היחיד. אל גור אמר לי לפני הבחירות ב-2000 שאם ננצח, הוא ישקול להשיב ליום ראשון מעמד של שבת מסורתית יותר בחייו ובבית הלבן. הוא התבדח על כך שייתן לי "לנהל את החנות" בימי ראשון, כדי שהוא יוכל לשמור את השבת בדרכו, ואילו הוא "ינהל את החנות" בימי שבת, בזמן שאני שומר את השבת שלי.

שמירת שבת בהיסטוריה האמריקנית

למעשה, ישנו תקדים לנשיא אמריקני הנוטל "חופש" בימי ראשון. השבת מילאה תפקיד בפוליטיקה הנשיאותית ובממשל האמריקני במשך זמן רב. בבחירות של שנת 1828, שנודעו לשמצה בגלל ההכפשות המרובות שליוו אותן, האשימו אנשי מפלגתו של אנדרו ג'קסון את ג'ון קווינסי אדמס בחילול שבת. זאכרי טיילור סירב לקיים את ההשבעה לתפקידו ביום ראשון, משום שביום זה שובתים.

פרק שלישי – סעודת שבת: מכבדים את הבורא, מברכים זה את זה

מילארד פילמור שם קץ למנהג המאפשר למבקרים שיש להם עניין לטפל בו להגיע לבית הלבן בימי ראשון. הוא הורה לצוותו שאין להפריע את מנוחת השבת שלו, ונימק זאת הן בתועלות הרוחניות והן בתועלות הבריאותיות של המנהג. פרנקלין פירס לא עסק בענייני המדינה ביום השבתון, ולא היה מוכן אפילו שיפתחו את הדואר שהגיע.

בבית הלבן של ג׳יימס ק׳ פּוֹלְק, הייתה הגברת פולק ידועה בהקפדתה על שמירת יום השבתון. פולק עצמו פגש מבקרים רשמיים ביום ראשון רק כשעניינים דחופים מאוד היו מונחים על הכף, כמו מניעת מלחמה עם בריטניה בגלל המחלוקת על טריטוריית אוֹרֶגוֹן. נשיאים גם נזהרו בעניין שמירת השבת של הכפופים להם, אפילו בתקופת מלחמה. בזמן מלחמת האזרחים הוציא הנשיא לינקולן פקודות כלליות לצבא ולצי שיש לכבד את מנוחת השבת עד כמה שניתן. כך עשה בזמן מלחמת העולם הראשונה גם הנשיא וילסון, שהיה פרסביטריאני אדוק ושומר שבת. טדי רוזוולט, שהיה מן הסתם חובב המרחבים הגדול ביותר שהתגורר בבית הלבן, לא היה יוצא לצוד או לדוג בימי ראשון.

בנוסף לנשיאים ששמרו שבת, שמרו אותה גם רבים מבני הציבור האמריקני. אלקסיס דה טוקוויל, האציל הצרפתי שסייר באמריקה ב־1831, נדהם מן הדתיות של העם האמריקני, שאותה ראה כתנאי מקדים חשוב לחירות. במיוחד שם לב עד כמה נפוצה שמירת יום השבתון, ואמר שאפילו ב״עיר אמריקנית גדולה״ משתררים בכול רוגע ושקט עם פרוֹש יום ראשון, ונמשכים לכל אורך היום: ״אם תלך ברחובות בשעה שבה היית מצפה ממבוגרים ללכת לבתי העסק שלהם ומצעירים לשעשועיהם, תמצא עצמך בבדידות עמוקה״. רק ביום שני, עם הנץ החמה, התעוררה העיר.

ברוב המדינות היו חוקים מפורטים נגד חילול שבת. לא תמיד הם נאכפו בהקפדה, אך החוקים הללו, שכונו "חוקים כחולים", ביטאו את אמונתה של הארץ שבכיבוד השבת טמון ערך בעל חשיבות כלל-קהילתית. במושבות ולאחר מכן במדינות – במקומות שונים זה מזה כמו וירג׳יניה, מרילנד וניו יורק – אפשר היה לחטוף קנס בגובה עשרים או שלושים דולר בגין יציאה לנסיעה, ניהול עסקים, ציד, השתתפות במרוץ סוסים, או, במדינת ניו יורק, "פקידת בתי משתה" – כלומר, הליכה לבר – בימי ראשון. ישנם היסטוריונים הסוברים שהחוקים נקראו "כחולים" בגלל צבע הנייר שעליו הודפסו לראשונה במדינת האם שלי, קונטיקט, ב־1665.

כתובע הכללי של מדינת קונטיקט בשנות ה־80, הייתה לי הזכות להילחם על שימור שרידיהם האחרונים של אותם חוקים. פעם אחת הופעתי בתיק שהגיע לבית המשפט העליון של ארצות הברית, ועמד בצומת שבין השבת לבין החוקה. תיק **עזבון המנוח תורנטון נגד חב׳ קאלדור** משנת 1984 עסק באדם נוצרי, דונלד תורנטון, שעבד ברשת חנויות כלבו, ומשום שהיה פרסביטריאני, רצה ליטול יום חופש בימי ראשון. לאחר שהחוקים הכחולים של קונטיקט בוטלו, הקשה עליו מנהל החנות לעשות זאת. השאלה הייתה אם חוק המדינה, שדרש מן המעסיקים להמשיך ולהתחשב ברצון הדתי של העובדים שלא רצו לעבוד ביום ראשון, מפר את התיקון הראשון לחוקה, האוסר על "מיסוד הדת". אני מצטער לומר שבית המשפט פסק לטובת קאלדור, נגד דונלד תורנטון.

כיום, בכל ארצות הברית, החוקים הכחולים נעקרו כמעט לחלוטין. נדיר למצוא בית עסק גדול סגור בימי ראשון. למיטב ידיעתי, רק רשתות ארציות ספורות נוהגות כך. אחת מהן היא מסעדת המזון המהיר המתמחה בעופות, "צ׳יק־פיל־אֵיי", שהוקמה

פרק שלישי – סעודת שבת: מכבדים את הבורא, מברכים זה את זה

בידי נוצרי אדוק, טרואט קאת'י. אחרת היא הובי לובי, שהקים דיוויד גרין. ברכת האל עליהם ועל כל האחרים הסוגרים את עסקיהם כדי לכבד ולשמור את השבת.

מה שרציתי לומר בסקירה היסטורית קצרה זו הוא שגילוי השבת מחדש והחזרתה לחיינו משמעם החזרה של חלק ממה שירשנו כאמריקנים. אינני אומר שנוכל להחזיר את החוקים הכחולים הישנים, אך איני מהסס לומר לכל אמריקני או אמריקנית: אני מקווה שתגלו מחדש את השבת באופן שיהיה משמעותי עבורכם.

סיום מתוק

לסיום השיחה והארוחה של ליל שבת אנחנו שרים כמה זמירות – שירי שבח וחגיגה שמככבים בכל אחת משלוש סעודות השבת. פיוטים ושירים אלו מושרים במגוון מנגינות שנאספו לאורך מסעם של היהודים בהיסטוריה – נעימות מספרד, מגרמניה, ממזרח אירופה, מאמריקה, ועכשיו גם מישראל.

הנה בית מתוך אחת מזמירות ליל שבת האהובות עליי, 'צור משלו':

הַזָּן אֶת עוֹלָמוֹ, רוֹעֵנוּ, אָבִינוּ,
אָכַלְנוּ אֶת לַחְמוֹ וְיֵינוֹ שָׁתִינוּ.
עַל כֵּן נוֹדֶה לִשְׁמוֹ וּנְהַלְלוֹ בְּפִינוּ
אָמַרְנוּ וְעָנִינוּ: אֵין קָדוֹשׁ כַּאדֹנָי.

אנחנו מסיימים בברכה שלאחר הסעודה – ברכת המזון. זוהי למעשה סדרת ברכות המושרות בכל מיני מנגינות, אך היא מצווה מן התורה: "וְאָכַלְתָּ, וְשָׂבָעְתָּ, וּבֵרַכְתָּ אֶת־ה' אֱלֹהֶיךָ עַל־הָאָרֶץ הַטֹּבָה אֲשֶׁר נָתַן־

לָךְ" (דברים ח, י). המילים הפותחות את הברכה הן: "בָּרוּךְ אַתָּה ה' אֱ-לֹהֵינוּ מֶלֶךְ הָעוֹלָם הַזָּן אֶת הָעוֹלָם כֻּלּוֹ בְּטוּבוֹ בְּחֵן בְּחֶסֶד וּבְרַחֲמִים, הוּא נֹתֵן לֶחֶם לְכָל בָּשָׂר כִּי לְעוֹלָם חַסְדּוֹ".

בזאת תמה סעודת השבת באופן רשמי, אך העונג לא תם. ישנה מצווה אחת שעדיין יש לקיים – מצווה מיוחדת שנתן הבורא לנשים ולבעליהן ליהנות ממנה יחד. קראנו שירה מלאת רגש. מעט יין השרה עלינו רוגע. שולחן האוכל מואר באור נרות. האווירה היא כמעט אווירה של "דייט" שתכננו הבורא וחז"ל. בפרק הבא, ארחיב על מה שמתרחש לאחר מכן, עד כמה שיתירו לי גבולות הטעם הטוב וצנעת הפרט.

פרק שלישי – סעודת שבת: מכבדים את הבורא, מברכים זה את זה

התחלות פשוטות

- לפני שתשבו לסעודת השבת שלכם, ברכו את ילדיכם בכל ברכה שנראית לכם מתאימה. צרו מגע פיזי עם ילדיכם, הניחו את ידיכם על ראשם או על כתפיהם. אם הילדים נמצאים ברשות עצמם, חשבו עליהם ובקשו מאלוהים לברך אותם בכל מקום שהם.
- הודו לאלוהים על המזון באמירת ברכה, אם מתוך טקסט מוכן או בדברים היוצאים מלבכם. אולי תרצו להודות לאלוהים גם **לאחר** הסעודה ולא רק לפניה.
- שירו עם המשפחה או אפילו לבדכם. השבת היא זמן אידיאלי למוזיקה – לא מן הסוג המופק אלקטרונית, אלא מילים ומנגינות נלבבות של מזמורים לאלוהים שרק בני אדם יכולים לחלץ מקרבם.
- השבת היא ההזדמנות שלנו להרהר בשאלה כיצד משתקפות המטרות של הבריאה האלוהית בעולם שסביבנו. הקדישו מחשבה לבריאת החיים והטבע וכל היקום בידי אלוהים – לא כרעיון מופשט המנותק מן המציאות היום־יומית שלנו אלא כעובדה שניתן לצפות בה: "הַשָּׁמַיִם מְסַפְּרִים כְּבוֹד־אֵל, וּמַעֲשֵׂה יָדָיו מַגִּיד הָרָקִיעַ" (תהילים יט, ב).

פרק רביעי
שקיעה, זריחה:
אינטימיות אנושית ואלוהית

ליל שבת ושבת בבוקר

לפני זמן מה פרסם מגזין חדשות ארצי כתבת שער על נישואין באמריקה, ודיווח כי בין 15 ל-20 אחוזים מן הזוגות הנשואים מקיימים יחסי אישות פחות מעשר פעמים בשנה. אצל זוגות נשואים שחייהם כוללים שמירת שבת על פי המסורת, תדירות נמוכה שכזו תהיה נדירה, ואף מנוגדת למצוות הדת.

זו הסיבה לכך שיום אחד במסע הבחירות של שנת 2000, כשהייתי במיאמי, גרמתי שלא במתכוון להדסה להסמיק בפומבי. היה זה יום שישי, לאחר שלא נפגשנו במשך כל אותו שבוע, כי כל אחד מאיתנו נסע למקום אחר במסגרת מסע הבחירות המשותף של אל גור ושלי. תכננו לבלות את השבת יחד במלון בדרום פלורידה,

אבל לפני כן עמדה להתקיים עצרת גדולה במיאמי, באותו יום שישי אחר הצהריים.

כשעליתי על הבמה וראיתי אותה, היא נראתה ממש יפהפייה. "או, לא ראיתי את הדסה כל השבוע", אמרתי, עושה בכוונה הצגה לקהל, "אני כבר מת לבלות איתה את השבת". נתתי לה נשיקה גדולה. הקהל השמיע קריאות ותרועות ומחא כפיים. היא חייכה והסמיקה, והצלמים תפסו תמונה נהדרת שלנו יחד. יכול להיות שאפילו היו כמה יהודים שומרי מצוות בקהל באותו אחר צהריים, שהבינו את המטען הרומנטי הנלווה לליל שבת; וזו הייתה הסיבה שהדסה הסמיקה כל כך.

בני אדם בימינו עסוקים ולחוצים כל כך, ולא פלא שהאינטימיות הזוגית נפגעת. התורה והחכמים שפירשו אותה צפו כנראה את המציאות הקדחתנית הזו, ולכן השבת נותנת לזוגות דחיפה נוספת, לוודא שתהיה ביניהם קירבה לפחות פעם בשבוע. אני ממהר להדגיש: זה המינימום, לא המקסימום.

מצווה גאונית

המצווה על זוגות נשואים לקיים יחסי אישות בשבת היא הגיונית גם מבחינה מעשית וגם מבחינה דתית, ואפילו מבחינה מיסטית. חלק גדול מן התפאורה והבימוי של ליל שבת משרה אווירה רומנטית: קריאת מגילת שיר השירים מלאת התשוקה, היין, הנרות, השולחן הערוך, כולם לבושים יפה ונראים במיטבם, ועם זאת רגועים ואינם ממהרים לשום מקום. זהו מתכון גאוני שנרקח במיוחד לצורך איחוד מחודש.

אבל ההברקה האמיתית היא, אולי, שלדידם של שומרי שבת, השבת אינה נתונה לבחירה, אלא היא ציווי. וכך גם האינטימיות

פרק רביעי – שקיעה, זריחה: אינטימיות אנושית ואלוהית

בשבת. קל לזוגות למצוא את עצמם מניחים לדברים אחרים להפריע להם להיות יחד – דברים **דחופים** לכאורה, כמו להישאר במשרד עד מאוחר או לענות לאימיילים, שבעצם אינם חשובים עד כדי כך. לפעמים הנישואים והאינטימיות הזוגית זקוקים לכללים הטקסיים והמחייבים שהשבת מביאה.

"אִם... קָרָאתָ לַשַּׁבָּת עֹנֶג", אומר הנביא ישעיהו, "אָז תִּתְעַנַּג עַל־ה׳" (ישעיהו נח, יג-יד). זו אינה הבטחת שווא. חכמינו שאלו את עצמם על איזה "עונג" דיבר הנביא. בתשובה, הם מביאים את המסורת העתיקה האומרת שישעיהו דיבר, בין השאר, על יחסי אישות.

אחד הפירושים על ההלכה, ספר **משנה ברורה**, מזכיר לבעלים להיזהר שלא להתרשל במילוי המצווה הזו. בערב שבת, מייעץ הספר, צריך הבעל להקפיד להראות לאשתו חיבה יתרה ולהימנע ממריבה. לרבנים הייתה אפילו דעה באשר למאכלים המעוררים את החשק המיני! הם המליצו על שום קלוי ועל עדשים מבושלות אך נטולות מלח.

עד כמה המאכלים הללו אכן פועלים את פעולתם – אינני יודע. אולם העניין הוא שגברים ונשים אינם צריכים להתייחס להתייחדות האינטימית ביניהם כאל דבר מה אקראי, התלוי בגחמה, במצב הרוח או בנוחות. כמו בכל מה שנוגע לשבת, עלינו להעניק לתענוגות שבחיינו, אלה המקיימים את החיים, את תשומת הלב ואת הקדימות הראויות להן.

מחשבה על יחסי הקירבה שלנו עם אלוהים

מעבר לקשר הגופני, ישנו קשר עמוק יותר בין חיי האישות של זוג נשוי לבין השבת. מערכת היחסים בין בני זוג היא שיקוף ארצי

של היחסים האינטימיים בינינו, בני האדם, לבין אלוהינו. למעשה, המילה קירבה, המתארת את היחסים בין איש לרעייתו, משמשת פעמים רבות, הן בקהילה היהודית והן בקהילה הנוצרית, לתיאור יחסי האהבה בין אלוהים לאדם.

בתורה, אלוהים מבהיר כי הוא משתוקק לאהבת ילדיו.

המשכן, שהוא האוהל שבו עסקו בני ישראל בעבודת האל במדבר אחרי שיצאו ממצרים, נקרא **אוהל מועד**, כלומר, אוהל ההתוועדות, המפגש. מאוחר יותר קיבל המשכן צורה ארכיטקטונית של מבנה קבע, בדמות המקדש הגדול שבנה שלמה בירושלים. המקום המקודש שבתוך תוכו, קודש הקודשים, נקרא לפעמים **זבול**. הרב יוסף דוב סולובייצ׳יק ציין כי המילה ׳זבול׳ משמשת גם לציון החדר האינטימי והפרטי ביותר שבבית, שבו איש ואשתו ישנים ונהנים זה מזה.

הבורא ובני ישראל נכנסו בברית ״נישואיהם״ למרגלות הר סיני. על פי הרב סולובייצ׳יק, הסיבה שמשה ניפץ את הלוחות הראשונים של עשרת הדיברות הייתה משום שהם היוו מתנה בעלת תוקף משפטי, כמו טבעת נישואין, שנתינתה הייתה מסמלת רשמית את ביצוע הנישואין. כאשר ירד משה בהר והלוחות בידיו, נחרד לראות את בני ישראל עובדים לעגל הזהב. אילו היו הנישואין מתרחשים כבר, הייתה עבודת האלילים הזו בבחינת מעשה של ניאוף רוחני. כדי להציל את בני עמו מחטא כבד כל כך שירבוץ על נשמותיהם, לימדנו הרב סולובייצ׳יק, שבר משה את הלוחות ובכך מנע מן הנישואין להיחתם באותו שלב. מאוחר יותר, ״נישאו״ הבורא ובני ישראל, במובן הרוחני, לאחר שבני ישראל עשו תשובה והבורא סלח להם על עבודת האלילים שלהם.

השבת היא כמעין שחזור שבועי של אותם נישואין – יום נישואין הנחגג חמישים ושתיים פעמים בשנה.

חדר השינה הזוגי הוא החדר הפרטי ביותר בבית, ועל כן הסיור שלנו בארץ שבתיה חייב לעצור לפני דלת חדר השינה, ולהתחדש לאחר כמה שעות. כפי שאומרים בקולנוע, "נחתוך" לסצנת הבוקר.

שבת בבוקר – רגעי שלווה בבית

הנה זרחה השמש על וושינגטון או על סטמפורד, והאור מסתנן מבעד לחלונות. שבת בבוקר.

כמעט כל דבר בשבת שונה מבששת הימים האחרים. אבל דבר אחד שאינו משתנה הוא המילים הראשונות שאני אומר כשאני מתעורר בשבת בבוקר. למדתי אותן כשהייתי ילד קטן בבית הספר הדתי, ומאז אמרתי אותן בכל בוקר בחיי. זוהי תפילה שנקראת על שם שתי המילים הראשונות שבה: מודה אני. התפילה קצרה ביותר: "מוֹדֶה (מוֹדָה) אֲנִי לְפָנֶיךָ מֶלֶךְ חַי וְקַיָּם, שֶׁהֶחֱזַרְתָּ בִּי נִשְׁמָתִי בְּחֶמְלָה, רַבָּה אֱמוּנָתֶךָ". וזהו; רק המילים המעטות האלה, אבל הן משמיעות, כדבר הראשון בכל בוקר, אמירות גדולות על החיים ועל האמונה.

ההלכה היהודית מעודדת אותנו לקום בכל בוקר ברגשי תודה לבורא ו"להתגבר כארי" לקראת הבורא.

לא אוכל לומר שאני מתעורר כמו אריה בכל בוקר, אבל אני יכול לומר לכם שמעולם לא מצאתי דרך טובה יותר לפתוח כל יום אלא בהודאה לבורא על ששמר את נשמתי בגופי, ונתן לי את כל ההזדמנויות שמביא יום חדש בחיים.

אמנם המילים הראשונות שאני מוציא מפי הן זהות בשבת ובכל יום אחר, אך הדבר הבא שאני עושה הוא שונה.

אחד מתפקידיי החביבים עליי בביתנו (הדסה אולי תאמר שזהו אחד התפקידים היחידים שיש לי בבית) הוא לבשל את הקפה שהיא ואני שותים מדי בוקר. אבל אף פעם לא בשבת.

בשבילי, בין הטעמים המיוחדים של שבת נמצא גם טעמו של קפה נמס. אולי אתם חושבים שטעמו של הקפה הנמס נחות מטעמו של קפה מבושל. אני מסכים. אבל בשבת, יתרונו הוא שהוא שונה. כשהדסה ואני קמים בכל יום אחר בשבוע, אני מכין קפה במכונת הקפה שלנו. בשבת, איני יכול להפעיל את מכונת הקפה. שנינו שותים קפה נמס שאנו מכינים מן המים שהרתחתי מראש ביום שישי אחר הצהריים, ונשמרים חמים במיחם החשמלי.

לכן הקפה הנמס הפך עבורי לאחד מן הטעמים המיוחדים של שבת. בימות השבוע האחרים, ארוחת הבוקר שלי, בעצת ידידי ד"ר ניקולס פֶּריקוֹן, היא קופסת שימורי סלמון־ים איכותי מן האוקיינוס השקט. בשבת אנחנו אוכלים ארוחה שונה, קצת פחות ממושמעת: מעט דגנים בחלב, או עוגיות, או יוגורט עם פירות, או בַּבְּקָה – עוגת שמרים עשירה שמקורה במזרח אירופה, ממולאת בשכבות נדיבות של שוקולד או קינמון. כמו עוגיית המַדלֶן של פרוסט, המאכלים האלה בארוחת הבוקר מיד מעלים בדעתי את השבת.

ששת הבקרים האחרים בשבוע בדרך כלל בהולים ועתירי פעלתנות: להתעמל, להתפלל, ולרוץ לעבודה. אני עדיין נהנה מן העונג המיושן שבקריאת עיתונים, אבל ברוב הבקרים אני חייב לרפרף על העיתונים ולבדוק מהר את עדכוני החדשות בקינדל או בבלקברי שלי. בשבת, הבלקברי והקינדל מחוץ לתחום, ולהדסה ולי יש זמן להתעכב על העיתונים. באביב ובקיץ אנחנו פותחים

פרק רביעי – שקיעה, זריחה: אינטימיות אנושית ואלוהית

את הדלתות ויוצאים עם הקפה שלנו החוצה, אל החצר הקדמית בוושינגטון או אל המרפסת בסטמפורד, ונהנים מן המראות והצלילים של המרחב הפתוח. אנחנו מדברים על מה שקראנו בעיתון או על דברים שקרו במשך השבוע ולא הספקנו לספר זה לזה. אלה הנאות קטנות, אך משמעותיות.

בשבת, עשיתי לי מנהג אישי לא לענוד שעון יד כלל. איני עונד שעון כדי שלא אביט בו כל הזמן לבדוק מה השעה, כפי שאני עושה בששת הימים האחרים. זוהי דרכי האישית להזכיר לעצמי ששבת היא מעבר ללחצי הזמן הרגילים של ימות החול; ובכל זאת, באופן פרדוקסלי, השבת גם מסודרת לעילא – במיוחד באמצעות הסדר הטבעי של שקיעת החמה, זריחתה ושקיעתה.

למעשה, רעיון הזמנים הקבועים מראש הוא מאושיות היהדות. השבת נכנסת בכל שבוע ברגע מוגדר בדיוק רב, הנקבע על פי שעת שקיעת השמש. זה יכול להיות 5:16 או 6:45 או 7:22 בערב ביום שישי. בדקו בעיתון המקומי שלכם, בעמוד שבו מופיע מזג האוויר – שעת הדלקת הנרות היא בדיוק 18 דקות לפני השקיעה (מרווח ביטחון שקבעו חכמינו כדי ששומר המצוות לא ימתין עד לרגע האחרון ואז אולי יחמיץ את המועד). המספר 18 שווה לערך הגימטרי של המילה "חי". איחור אינו אופציה.

שבת בבוקר – האינטימיות של התפילה בציבור

בכל בית כנסת מחליטה קהילת המתפללים מתי תתחיל התפילה בשבת בבוקר, זמן קבוע מדי שבוע, וזה הזמן שבו מגיעים לתפילה. בבתי כנסת רבים בארצות הברית מתחילה התפילה בתשע בבוקר, והתפילה נמשכת כשלוש שעות. בשני בתי הכנסת שבהם אני מתפלל

לרוב, בוושינגטון ובסטמפורד, ישנו גם מניין תפילה מוקדם שאני נהנה להגיע אליו משום שהוא פחות פורמלי, קטן יותר וזריז יותר (התפילה נמשכת רק שעתיים), וכך מסיימים מוקדם, ויש זמן ליהנות מיום המנוחה.

בשבת בבוקר מגיעים לתפילה יותר אנשים מאשר בכל יום אחר בשבוע – זהו זמן מיוחד לאינטראקציה חברתית, וגם לאינטימיות. בזמן שהדסה ואני הולכים מביתנו לבית הכנסת, אם דרך קמפוס אוניברסיטת ג׳ורג׳טאון, כשאנחנו בוושינגטון בשבת, ואם דרך רחובות סטמפורד בקונטיקט, אנו רואים חברים ושכנים בדרכם לבית הכנסת. אנחנו מברכים אלה את אלה בידידות. אנשים שואלים לשלום משפחתנו, איך היה השבוע שלנו, ומה חדש אצלנו.

ההגעה לבית הכנסת בשבת בבוקר היא איחוד שבועי גדול של כל שוכני ארץ שבתיה שבינינו. חלק מן האינטראקציה החברתית נמשך גם אחרי שמגיעים לבית הכנסת, והדבר גורר לעיתים דיבורים תוך כדי התפילה. אף פעם לא ראיתי תופעה כזו אצל ציבור מתפללים יהודי לא־אורתודוקסי או בבתי תפילה לא־יהודיים. אמנם רוב הזמן מוקדש לתפילה, אך לפעמים הנוכחים משוחחים במשך חלקים מן התפילה שבהם האיסור לדבר פחות חמור. למשל, מרגע שמתחילה התפילה בשבת בבוקר, יש רק תפילה, בלי שיחות צדדיות, במשך כשלושים וחמש עד ארבעים דקות. במשך שתי התפילות העיקריות (קריאת שמע ותפילת העמידה) ובזמן קריאת התורה, ההתמקדות בתפילות ובקריאה היא מוחלטת. אך לאחריהן, וביניהן, יש נטייה לשוחח על דברים שאינם קשורים לתפילה, אם שיח חברתי ואם שיח רציני.

למען האמת, הדבר אינו עולה בקנה אחד עם ההלכה. ספר ההלכות העיקרי, **השולחן ערוך**, אומר בבירור שהשהות בבית הכנסת

נועדה לתפילה, ולא לפטפוט. אולם חוסר ההיענות לדרישה הזו איננו תופעה עכשווית בלבד. ישנו תיעוד קדום, אפילו מימי הביניים, של רבנים המסבירים לקהילותיהם כמה חשוב להימנע משיחה בזמן התפילות, ממש כמו שחלק מן הרבנים כיום צריכים להסות את חברי בית הכנסת שלהם שוב ושוב. הנטייה הזו לשיחת רֵעים בין קטעי תפילה המצריכים ריכוז היא אולי תוצאה של השילוב בין תפילת ציבור לתפילת יחיד במסורת התפילה היהודית. יש תפילות ששרים אותן, פחות או יותר ביחד. אך תפילות רבות נאמרות בלחש או בקול על ידי כל אחד מן המתפללים לחוד, במה שעשוי להישמע לאוזנו של מבקר כקקופוניה, אך לגבי דידי זוהי שיחה אישית שאני מנהל עם אלוהים בתוך קהל של אנשים שכולם עושים את אותו הדבר. התוצאה, גם אם אינה מסודרת, היא מנחמת, וקהילתית, ואישית. ואולי היא גם מעודדת את השיחה הנינוחה שמתנהלת במהלך חלקים אחרים, פחות תובעניים, של התפילה.

יש שתי סיבות נוספות, פשוטות, לשיחה־שאיננה־תפילה בתוך בית הכנסת. האחת היא שאנחנו מחבבים זה את זה, והשנייה היא שהתפילה בשבת בבוקר מאוד ארוכה. אחד מחבריי המתפללים בסטמפורד, ביל מֶייֶרס, מחזיק בכיסו כרטיס, וכשמישהו מנסה לדבר איתו כשהוא מתפלל, הוא מראה לו אותו. על הכרטיס כתוב: "סליחה שאינני משיב, אני מדבר עם אלוהים".

ציינתי קודם שיש לי חבר האומר שכשהוא נכנס לבית הכנסת בליל שבת, ההרגשה היא כמו להיות בבר בסדרת הטלוויזיה **חופשי על הבר**. לפעמים, כשאני מגיע לבית הכנסת, אני מרגיש כאילו אני נכנס לתוך גרסה מודרנית של אֲנַטֶבְקָה, העיירה הבדיונית הקטנה ברוסיה שבה התרחש המחזמר **כנר על הגג**. אוסף הדמויות בבית הכנסת נותן תחושה של עיירה. באנטבקה היו טוביה החולב,

לייזר וולף הקצב ומוטל החייט – חיי היום־יום שלהם היו שזורים אלה באלה מתוך קירבה גדולה. בבית הכנסת שלי היום ישנם מארק הרופא, ג'ים העיתונאי וג'ו הסנטור. חלק מן החברויות האלה ממשיכות הלאה, להתייעצויות מקצועיות. בבית הכנסת, ג'ו עשוי להתלונן בפני מארק על כאב בברך, ובתשובה יתלונן מארק בפני ג'ו על ההצבעה של ג'ו בעניין המלחמה בעיראק.

ויכולים גם להיות ריבים אישיים. ג'ים העיתונאי, שפעם היה כותב על ג'ו דברים מאוד חיוביים, התחיל לאחרונה לכתוב על ג'ו דברים שג'ו חושב שאינם הוגנים. ועכשיו, במקום לברך זה את זה בברכת "שבת שלום!" לבבית כשהם חולפים זה על פני זה במדרגות, ג'ו וג'ים רק מהנהנים לשלום. אתם בוודאי זוכרים שדברים כאלה קרו גם באנטבקה.

במחזמר **כנר על הגג**, היו בעיירה כמה טיפוסים מוזרים – ממש כמו בבית הכנסת שלנו. הכנר עצמו, התופס עמדה על גגות ומנגן בכינורו, הוא אחד מהם. בבית הכנסת שלי בוושינגטון, יש לנו חבר מיוחד – שולם דוביד וינוגרד – שיכול היה להתאים בקלות לאנטבקה. לשולם דוביד יש זקן, ובבית הכנסת הוא חובש כובע שחור ומעיל קטיפה שחור. הוא ידוע בדבקותו הדתית, באישיותו יוצאת הדופן ובשנינותו המופלאה. במהלך מסע הבחירות שלי לסגנות הנשיאות בשנת 2000, הוא הדאיג בהתחלה את סוכני השירות החשאי שבחוליית השמירה שלי. ההרגל שיש לו ולי כבר יותר מחמש־עשרה שנה תפס אותם לא מוכנים. בשלב מסוים בתפילת שבת בבוקר, כשפותחים את ארון הקודש כדי להחזיר את ספר התורה שממנו קראנו, והקהל שר את המילים "עץ חיים היא למחזיקים בה", שולם דוביד תמיד ניגש אליי וכורך את זרועו סביב

כתפיי. יחד אנחנו מתנדנדים קדימה ואחורה תוך שירת שיר השבח לאלוהים. אנחנו שני האנשים היחידים בבית הכנסת שנוהגים כך.

כאשר מישהו כל כך "לא שגרתי" כמו שולם דוביד מגיע קרוב כל כך למועמד לסגנות הנשיאות, מתערערת שלוותם של סוכני השירות החשאי. לפני שנוצרה אי־נעימות לכל המעורבים בדבר, הסברתי להם שזה בסדר. הוא חבר ואינו מסוכן.

פעם שאלתי אותו מדוע הוא עושה זאת כל שבת, והוא ענה במהירות, בישירות, ובאופן מפתיע: "אהבת ישראל".

אני חושב שזו הייתה הדרך שלו לומר שעבורו, כמו עבור רבים אחרים, בית הכנסת הוא כמו משפחה מורחבת גדולה או עיירה קטנה עם מגוון חברים, שבכל זאת שלובים יחד כקהילה. לבני אדם אכפת זה מזה והם מחבבים זה את זה. מובן שאין זה ייחודי ליהודים. ראיתי דברים דומים בכנסיות נוצריות, ואני מניח שכך הדבר גם בדתות אחרות. למעשה, כפי שבוודאי ידוע לכם, ישנו קשר סטטיסטי בין חברות בקהילה דתית לבין בריאות טובה יותר וחיים ארוכים יותר. כך עולה משפע של מחקרים שנערכו במקומות כמו האוניברסיטה של פיטסבורג, האוניברסיטה של שיקגו ואוניברסיטת דיוק. תזונה טובה, פעילות גופנית ותפילה בקהילה משפיעים השפעה חיובית, שניתן למדוד אותה, על תוחלת החיים הצפויה שלנו.

אני משער שהסיבה לכך, בין היתר, היא שבקהילה, בני אדם שמים לב מה קורה זה עם זה. אם מישהו נעדר מבית הכנסת בשבת או מן הכנסייה ביום ראשון, חבריו תוהים מה לא בסדר, והם יבררו מה קרה. זוהי האהבה של חבר קהילה אחד לחברו, כפי ששולם דוביד וינוגרד ודאי יאמר.

זמן שבת

סידור התפילה היהודי

ספר התפילות היהודי, הסידור, הוא טקסט עתיק שנמצא בתהליך מתמשך של כתיבה ועריכה במשך יותר מאלפיים שנה, וזהו אחד ההסברים לאורכן של התפילות. על פי הרמב"ם, תפילה מדי יום היא אחת מתרי"ג (613) המצוות שנתן הבורא לעם היהודי בתורה. התפילה היא אחת הדרכים המשמעותיות ביותר שבהן אנו מייצרים קירבה אינטימית עם הבורא. במקור, יכלה התפילה ללבוש כל צורה שהמאמין חפץ בה. בעת העתיקה התפילה הייתה ספונטנית לחלוטין, ושולבו בה מרכיבים של שבח לבורא, בקשה לחון את המתפלל במתנותיו ובחסדו, והודאה על טובו.

אולם במשך תקופות ארוכות של גלות, החל בגלות בבל, החלו היהודים לאבד את מיומנותם הלשונית בתפילה, במיוחד בתפילה בעברית. משום כך תיקנו החכמים הגדולים שחיו באותה תקופה תפילה בסיסית וקבועה, תפילת העמידה, שנאמרה שלוש פעמים ביום – בבוקר, אחר הצהריים ובערב – כאשר הפעמיים הראשונות מקבילות לקרבנות שהיו מוקרבים בכל יום בבית המקדש בירושלים.

בשבת, כמו בימים מקודשים אחרים, ישנה תפילה נוספת, תפילת מוסף, לאחר תפילת שחרית, בדיוק כפי שהיה קרבן מוסף בבית המקדש.

מכיוון שסידור התפילה הוא ספר עבה, הוא עלול להרתיע. רבים מן הפוקדים את בית הכנסת בקביעות מרגישים חובה לומר כל מילה בכל תפילה, אבל אני שואב עידוד מחכמי הדורות הקודמים, שיעצו: "אחד המרבה ואחד הממעיט ובלבד שיכוון לבו לשמיים". חשוב יותר להבין ולהתכוון לכל מילה שאומרים בתפילה מאשר להזדרז לומר את כל מה שמופיע בסידור, בלי להבין את כוונת המילים או לחוש את רוח התפילה. פעם שמעתי רב בן-זמננו אומר

72

לקהלו שאם הם אינם מבינים את העברית היטב, עדיף שיתפללו באנגלית. "אלוהים", אמר הרב, "יבין את התפילות שלכם בכל שפה שבה הן ייאמרו".

תפילה על הנשמה

מכל המילים בסידור התפילה היהודי, בין המשמעותיות ביותר עבורי, ואני מניח שגם עבור רבים אחרים, הן מילות הברכה הקרויה 'מודה אני', שאותה תיארתי בפניכם קודם לכן. זוהי התפילה הקצרה שאנו אומרים בבית כשאנו מתעוררים.

עוד ברכה יפה, שאותה אומרים בבית הכנסת ממש בתחילת תפילת שחרית בשבת ובכל יום, דומה בנימתה לברכת מודה אני. ברכה זו, 'ברכת נשמה', מביעה הכרה בכך שהאל אינו רק בורא העולם והמין האנושי, אלא גם מי שמעניק חיים לכל אדם, שמפיח נשמה בכל אחד מאיתנו. מילות הברכה הזו לקוחות הישר מן התורה בספר בראשית (ב ,ז): "וַיִּיצֶר ה' אֱלֹהִים אֶת־הָאָדָם עָפָר מִן־הָאֲדָמָה, וַיִּפַּח בְּאַפָּיו נִשְׁמַת חַיִּים, וַיְהִי הָאָדָם לְנֶפֶשׁ חַיָּה".

לכן המילים 'נשמה' ו'נשימה' כרוכות זו בזו. אנו נושמים כי יש בנו נִשמת חיים, כפי שמבהירה הברכה.

אֱ־לֹהַי, נְשָׁמָה שֶׁנָּתַתָּ בִּי, טְהוֹרָה הִיא.
אַתָּה בְרָאתָהּ, אַתָּה יְצַרְתָּהּ, אַתָּה נְפַחְתָּהּ בִּי,
וְאַתָּה מְשַׁמְּרָהּ בְּקִרְבִּי,
וְאַתָּה עָתִיד לִטְּלָהּ מִמֶּנִּי,
וּלְהַחֲזִירָהּ בִּי לֶעָתִיד לָבוֹא.
כָּל זְמַן שֶׁהַנְּשָׁמָה בְּקִרְבִּי
מוֹדֶה אֲנִי לְפָנֶיךָ,

זמן שבת

ה' אֱ-לֹהַי וֵא-לֹהֵי אֲבוֹתַי,
רִבּוֹן כָּל הַמַּעֲשִׂים אֲדוֹן כָּל הַנְּשָׁמוֹת.
בָּרוּךְ אַתָּה ה', הַמַּחֲזִיר נְשָׁמוֹת לִפְגָרִים מֵתִים.

חשבתי רבות גם על ברכת 'מודה אני' וגם על ברכת 'נשמה'. בעיניי, הן מכילות אמיתות יסוד על המוצא האלוהי שלנו, על הרצון החופשי שניתן לכל אחת מנשמותינו "הטהורות", ועל ההבטחה לחיי נצח, כפי שאומרת ברכת 'נשמה', "לעתיד לבוא".

ברכת 'נשמה' היא דוגמה מושלמת לתפילה שאני קורא לאט ופעמים רבות באנגלית משום שהיא מדברת אליי כל כך. אף פעם איני רוצה לומר אותה בחיפזון. למעשה, כשמישהו שאל אותי לפני כמה זמן איזה רגע רוחני בחיי נחרת בזיכרוני יותר מכול, חשבתי על התפילה הזו, ועל הפעמים שבהן ראיתי נשימה ראשונה נכנסת לגופו של תינוק, ונשימה אחרונה עוזבת את גופו של אדם מבוגר. אלה היו הרגעים הרוחניים ביותר בחיי.

הראשון היה לידתה של בתנו הצעירה, חני, והשני היה מותה של אמי, מרשה.

חני נולדה בבית החולים ייל בניו הייבן בחודש מארס 1988. הייתה זו הפעם הראשונה שבה הורשיתי להישאר בחדר הלידה כדי לצפות באחד מילדיי נולד. הגענו לבית החולים כשהדסה סובלת מצירים, אך מלבד זאת חשה בטוב. אני זוכר את האחות אומרת לנו, "אני כל כך שמחה לראות אותך מגיעה. את נראית במצב תקין. כל הלילה היו לי רק מקרי חירום".

אחר כך התקינה את המוניטור העוברי על בטנה של הדסה, ומשלא הצליחה למצוא את פעימות הלב של העובר, מיד נכנסה למצב חירום. היא הכתה על לחצן ששיגר אזעקה, וצעקה: "החייאה!"

פרק רביעי – שקיעה, זריחה: אינטימיות אנושית ואלוהית

חבל הטבור של התינוקת שלנו נכרך סביב צווארה – סיבוך חמור, אין צורך לומר, אם לא מטפלים בו מיד. ורק כמה רגעים לפני כן אמרה האחות שהיא שמחה לראות אותנו, כי לא הגענו אליה במצב חירום!

בעזרת הרופאים והרבה לחיצות של הדסה (וכמובן, עם עזרה רבה מהבורא), הגיעה הלידה. לפתע, באורח פלא, הייתה תינוקת. אני זוכר שחשבתי: **תינוקת שלמה, יפה. איזה נס.** כשהיא נשמה את נשימתה הראשונה ובכתה את בכייה החזק הראשון, חשבתי על ברכת הנשמה, והרגשתי שחזיתי באלוהים נופח באפה של חני "נשמת חיים".

כעבור שבע-עשרה שנה, ראיתי את נשמת החיים עוזבת את גופה של אמי בת התשעים.

היה זה ביוני 2005. אימא נאבקה כמעט שישה חודשים בסרטן דם מסוג מיילודיספלזיה. היה ברור שחייה על פני האדמה עומדים לבוא אל קיצם. חני הייתה לקראת יציאה למחנה קיץ שבו הדריכה. היא ידעה שסבתא, שהייתה קרובה אליה מאוד, כנראה לא תהיה עוד בין החיים כשתשוב, ולכן באה איתנו לבית החולים להיפרד. שוחחנו כולנו שיחה טובה, וכשהגיע הזמן ללכת, ניגשה חני לנשק את סבתה והחלה לבכות. אמי, שהייתה חלשה מאוד באותו יום, הזדקפה בכיסאה ואמרה, "אוי חני, מתוקה, אני יודעת למה את בוכה. אבל בבקשה אל תבכי. למדתי שלכל דבר בחיים יש התחלה ויש סוף, כולל החיים עצמם. היו לי חיים נהדרים. התברכתי במשפחה נפלאה וידידים נהדרים. אז אל תבכי, חני".

אמי עשתה את מה שהתבקש באותו רגע בצורה יפה כל כך, ונראה שהיא חיזקה ועודדה את חני, שהפתיעה את כולנו כשאמרה: "אני רוצה להיות לבד עם סבתא". יצאנו כולנו מן החדר. במשך

רבע שעה הן דיברו לבדן. אני סבור שאמי – כמו אם קדומה מן התנ"ך – נתנה לחני משימות כלשהן לבצע בחייה. אבל אינני יודע בדיוק על מה דיברו. הסוד הזה שמור עם חני.

בשבוע שלאחר מכן הלך מצבה של אמי והחמיר, וכך גם כאביה. לפני כן הצליחה בדרך כלל לצחוק על הכאב ולהתגבר עליו. בשנותיה האחרונות סבלה מדלקת פרקים חמורה כל כך שאפילו לבישת הגרביים בבוקר כאבה לה, אך היא בדרך כלל צחקה על כך. באופן טבעי, הייתה לה גישה חיובית. אבל לא כעת.

"ג'וזף", אמרה לי ביום שישי, 24 ביוני, "בפעם הראשונה אני מתפללת לבורא שייקח את הנשמה שלי מגופי".

מאוחר יותר באותו יום שישי, לפני כניסת השבת, נכנסה אמי לתרדמת.

אחרי יומיים, ביום ראשון בלילה, 26 ביוני, נענה אלוהים לתפילתה. הייתה זו הפעם הראשונה שבה ראיתי אדם נפטר. במקרה הזה, היה מותה של אמי שלו בעבורה ומלא משמעות עבורי ועבור שאר המשפחה שנאספה סביבה בביתנו בסטמפורד.

התבוננו בה נושמת, שואפת ונושפת, שואפת ונושפת. הנה עכשיו לאט יותר, שאפה עמוקות, ונשפה. אחר כך עוד שאיפה עמוקה. ואז נשפה שוב. ואז חדלה נשימתה, בשקט ובשלווה. יכולתי כאילו לראות את נשמת חייה עוזבת את גופה.

מערך התפילות המיוחדות לשבת, כפי שציינתי, קשור קשר קרוב לשלושת נושאי היום (הבריאה, ההתגלות והגאולה). הנושא הראשון, הבריאה, החל כשאלוהים נפח נשמת חיים באדם הראשון, ונמשך בכל פעם שתינוק מתחיל את חייו. כשאני אומר את ברכת 'נשמה' בתפילת שחרית של שבת, מתעצמות ההבנה שלי וההערכה שלי לכך שכל החיים הם מאת הבורא.

התחלות פשוטות

- אם אתם נשואים, ובמיוחד אם יש לכם ילדים קטנים שנוטים לכלות את מרציכם, אל תשכחו לפנות בשבת שלכם זמן לרומנטיקה ולאינטימיות זוגית. התלבשו יפה, היו בשלווה. לא צריך לצאת החוצה בשביל ערב של בילוי זוגי!
- כשאתם מתעוררים למחרת בבוקר, מיד כשאתם פוקחים את העיניים ולפני שאתם יוצאים מן המיטה, אמרו תודה לאלוהים על מתנת החיים שנתן לכם.
- בשבת שלכם, אם אתם אוהבים קפה, שתו אותו בהנאה בבית בבוקר יחד עם יקיריכם, במקום לחטוף קפה מסחרי בדרך החוצה. זה לא חייב להיות קפה, כמובן, אבל נסו לחשוב איך לשלב טקסים פשוטים, מהנים, ביום המנוחה שלכם, כדי לייצר את האווירה הייחודית והנינוחה של שבת.
- אולי תרצו להסיר את שעון היד שלכם בשבת. אל תחששו מפני איחורים. החובה העיקרית שלכם היום איננה להגיע בזמן כדי לרצות בני אדם אחרים, אלא לשבות ולנוח, ובכך לכבד את אלוהים ולעשות את רצונו.

פרק חמישי

תפילות הבוקר:
ברית הייעוד

תפילות בוקר שבת

אני יודע שרבים מכם, קוראי הספר הזה, אינם מכירים את המסורות והטקסים של התפילות היהודיות. לכן, כשנתקלתי לאחרונה בסיפור על תפילה יהודית מפי אורח אחד שחווה אותה, חשבתי שאולי כדאי לספר זאת שוב כאן, כחלק מחוויית השבת המשותפת שלנו.

תצפית מן המאה התשע־עשרה

לפני יותר ממאה שנה ביקר צרפתי צעיר בשם אֶמֶה פַּלְיֵיר (Aimé Pallière) בבית כנסת בעיר הולדתו, לְיוֹן. לפלייר, שהיה אז בתהליך ההכשרה להיות כומר קתולי, לא היה שום ניסיון קודם עם היהדות. לאחר מכן כתב פלייר ספר אוהד ופוקח עיניים, שבו תיאר בצורה מקסימה את העמקתו ברעיונות יהודיים: **המקדש הנעלם**.

השנה הייתה 1892 כשפַּלְיֶיר בן ה־17 נכנס יחד עם חבר לבית כנסת ברציף טִילְסִיט (Quai Tilsitt) בליון. אותו יום היה למעשה יום כיפור, לא שבת, אך את המראה שראו השניים, כמעט בדיוק, ניתן לראות כיום מדי שבת בכל בית כנסת בעולם. הקהל עמד על רגליו ופניו מזרחה לעבר ירושלים. כל אחד מהגברים היה עטוף בטלית שהקיפה את כתפיו וירדה על גבו – בד לבן ועליו פסים שחורים, בדוגמה שנקבעה על פי תיאולוגיה מיסטית, ובקצותיו אגודות חוטים, או ציציות, קשורות בצורה מיוחדת המזכירה את המספר 613, שהוא מספר המצוות הכתובות בתורה. פַּלְיֶיר רשם בספרו הבחנות מעניינות ביותר.

ראשית, הוא הבין שלא את **הדת** היהודית פגש, אלא את **העם** היהודי החי. מה שידע על היהודים לפני כן הסתכם פחות או יותר במה שהכיר מן התנ"ך עם איורי התחריט של דוֹרֶה. העם הזה היה לגביו מושג מופשט עתיק, אך כעת נתגלה לו כשילוב של העכשווי עם הנצחי. חכמי ישראל קוראים למושג הזה **כנסת ישראל** – קהילת ישראל, ישות קולקטיבית, בחלקה מציאותית ובחלקה וירטואלית, הכוללת את כל היהודים שאי־פעם חיו ושאי־פעם יחיו, בכל מקום בעולם; משפחה ענקית ומגוונת שנמצאת במערכת יחסים מיוחדת עם אלוהים.

שנית, פַּלְיֶיר הבחין שכולם נראו כממלאים תפקיד של **כוהן דת**. בוודאי היה רב במקום כלשהו וגם חזן. אך כל אדם בבית הכנסת היה עטוף בטלית והתפלל בקול, מה שיצר רושם עז של "כהונה קולקטיבית".

ולבסוף, הבחין הצרפתי הצעיר בתחושה של **המתנה** או **ציפייה** לדבר מה: "נראָה לי שהאסיפה הזו הייתה בציפייה למשהו שעומד לקרות. למה הם מצפים? שאלתי את עמיתי". גם לחבר לא היה

מושג. פַלְייֶר הסיק מאוחר יותר שהאנשים בקהל לא המתינו אלא לביאת המשיח, ל"תיקון העולם", אותה הבטחה שהתנ"ך היהודי רווי בה. נשוב לעניין זה בהמשך.

רציתי לשתף אתכם בהבחנותיו של פַלְייֶר משום שהן הפתיעו אותי, והזכירו לי שהסיור שאני מציג כאן מושפע מן הניסיון, החזון והמחשבות שלי, שכולם מוגבלים. בוודאי יהיו לכם תגובות משלכם כשנמשיך להתקדם ביום השבת, וזה, לדעתי, דבר טוב מאוד.

את הפרק האחרון סיימנו עם קטעי ההקדמה של תפילת השבת, הכוללים את ברכת 'נשמה'. החלק הבא, תפילת שחרית, עמד בדיוק להתחיל. ואילו כעת, משתנים האווירה והקצב של התפילה. עד עכשיו, התפילות היו אישיות. כולם אמרו בשקט את פרקי התהילים המקדימים את התפילה, ויוצרים צליל המהום משותף. לפעמים ההמהום הופך להמולה, כשמאן דהוא מתוך הקהל אומר בספונטניות את אחת השורות שבפרקי התהילים בקול רם יותר.

קריאת התעוררות לתפילה

כל זה מסתיים בקריאת התעוררות לתפילה מפי החזן שעל הבימה. הקריאה היא "בָּרְכוּ", והיא מבוססת על קטע מספר נחמיה:

וַיָּקָם עַל־מַעֲלֵה הַלְוִיִּם... וַיִּזְעֲקוּ בְּקוֹל גָּדוֹל, אֶל־ה' אֱלֹהֵיהֶם. וַיֹּאמְרוּ הַלְוִיִּם... קוּמוּ בָּרְכוּ אֶת־ה' אֱלֹהֵיכֶם, מִן־הָעוֹלָם עַד־הָעוֹלָם, וִיבָרְכוּ שֵׁם כְּבֹדֶךָ (ט, ד–ה)

כיום, בבית הכנסת שלנו, החזן משתחווה וקורא לנו לתפילה במילים דומות: "בָּרְכוּ אֶת ה' הַמְבֹרָךְ". אנחנו עונים, תוך שאנו משתחווים גם כן: "בָּרוּךְ ה' הַמְבֹרָךְ לְעוֹלָם וָעֶד".

זוהי אחת מכמה פעמים שבהן תראו השתחוויה בבית הכנסת בשבת. איננו יורדים על ברכינו או קדים בכריעת ברך, אך לא תמיד זה היה כך. בבית המקדש, אלו שבאו לעבוד את הבורא השתחוו אפיים ארצה, כשכל גופם שרוע על הרצפה כסימן הכנעה בפני הבורא. לאחר חורבן המקדש הגבילו רבותינו את הנוהג הזה לפעמים אחדות במהלך תפילות ראש השנה ויום הכיפורים, בגלל אווירת היראה הגדולה שאופפת את הימים האלה. כפי הנראה, לא רצו הרבנים שבבתי הכנסת שקמו לאחר חורבן המקדש, יכרעו וישתחוו באותה תדירות כמו בבית המקדש עצמו, אולי כדי ליצור חסך שיעורר את ההשתוקקות והכיסופים לראות את בית המקדש נבנה מחדש. לכן, בזמן הקריאה הזו לתפילה, כמו ברגעים אחרים בתפילת השבת, אנו פשוט כופפים קלות את הברכיים ומטים את הגוף קדימה.

השבת היהודית המסורתית אינה דומה לשבת של הפוריטנים מניו אינגלנד בימים עברו, שהיו מבלים את כל היום בתפילה. אך התפילה היא עניין מרכזי בחוויית השבת היהודית.

אחרי הקריאה לתפילה, מהלך סדור ופשוט מוביל לשתי התפילות המרכזיות בליטורגיה היומית של היהדות, קריאת שמע ותפילת העמידה, שאותן הזכרנו בתיאור סדר התפילה של ליל שבת. כעת אספר קצת יותר על כל אחת מן התפילות הללו, ועל המחשבות שהן מעוררות בי.

קריאת שמע

קריאת שמע, הקוראת לנו לשמוע, אינה תפילה אופיינית של תחינה או הבעת תודה, אלא אמירת קטעים מן התורה שמכריזים באופן ברור ונחוש על אמונה באל האחד. קריאת שמע מתחילה בהכרזה:

"שְׁמַע, יִשְׂרָאֵל: ה' אֱלֹהֵינוּ, ה' אֶחָד" (דברים ו, ד), ולאחריה שלושה קטעים מן התורה.

קריאת שמע היא אחד מקטעי ההגות הראשונים שילדים יהודים לומדים, ומן הקטעים האחרונים שיהודים מבוגרים אומרים לפני מותם. זוהי אחת התפילות היהודיות העתיקות ביותר, ששורשיה עוד בזמן בית המקדש.

הקטעים הבאים בקריאת שמע לקוחים מתוך ספר דברים (ו, ה–ט ואחר כך יא, יג–כא). מהם אנו לומדים שמטרתנו בחיים חייבת להיות לאהוב את הבורא ולעבוד אותו בכל לבבנו ובכל נפשנו, וללמד את מצוות הבורא לילדינו.

בעיניי, תמיד היה משמעותי ומרגש שקריאת שמע, הנאמרת בכל יום בבתי כנסיות בכל העולם, היא אותה תפילה שאמר ישו בארץ ישראל לפני אלפיים שנה.

אחד הסופרים התקרב ושמע אותם מתווכחים, כראותו שישוע השיב להם היטב, שאל אותו: "איזוהי המצווה הראשונה מכול?" ענה ישוע: "הראשונה היא 'שמע ישראל ה' אלוהינו ה' אחד, ואהבת את ה' אלוהיך בכל לבבך ובכל נפשך ובכל שכלך ובכל מאודך'. זוהי המצווה הראשונה במעלה. (מרקוס יב, 28–30).

המילים הללו מן הברית החדשה הן אחת הסיבות לכך שפתחתי פעם את דבריי בוושינגטון, באסיפה של 'נוצרים מאוחדים למען ישראל' (Christians United for Israel), ארגון שהקים ידידי הכומר ג'ון הֵייגִי, בשלוש מילים מוכרות מספר בראשית: "אֲנִי יוֹסֵף אֲחִיכֶם" (בראשית מה, ד).

זמן שבת

בקטע האחרון של קריאת שמע (במדבר טו, לז-מא) אנו מוזהרים שלא לתור אחרי לבבנו ואחרי עינינו, שבאופן טבעי יטו אותנו מדרך הישר, אלא להיות "קְדֹשִׁים לֵאלֹהֵיכֶם – אֲנִי ה' אֱלֹהֵיכֶם, אֲשֶׁר הוֹצֵאתִי אֶתְכֶם מֵאֶרֶץ מִצְרַיִם לִהְיוֹת לָכֶם לֵאלֹהִים".

את המילה "שמע" נהוג לתרגם ברוב הסידורים, וגם בחלק מגרסאות התנ"ך באנגלית, כ-hear. אבל בתרגום של סידור קורן באנגלית, שנעשה בידי הרב הראשי של בריטניה לשעבר, הלורד יונתן זקס, המילה "שמע" מתורגמת כ-listen. ההסבר של הרב זקס לבחירה בתרגום זה מאלף:

תירגמתי אותה כאן כ-listen [הקשב] ולא hear כפי שמקובל, משום שהקשבה היא פעילה, ואילו שמיעה – סבילה. קריאת שמע היא קריאה לפעולה של השכל והנפש, להרהר באחדות ה', להפנים אותה ולאשש אותה.
רוב הציוויליזציות הן תרבויות של העין. היהדות, המאמינה באל הבלתי-נראה שנמצא מעבר ליקום, היא ציוויליזציה בעיקר של האוזן.

מילותיה של קריאת שמע מזכירות לנו גם את הסיכונים הכרוכים בהסחת הדעת או ההשחתה שעלול לגרום מראה העיניים. כפי שכתוב בקטע האחרון: "וּזְכַרְתֶּם אֶת־כָּל־מִצְוֹת ה', וַעֲשִׂיתֶם אֹתָם, וְלֹא־תָתוּרוּ אַחֲרֵי לְבַבְכֶם וְאַחֲרֵי עֵינֵיכֶם, אֲשֶׁר־אַתֶּם זֹנִים אַחֲרֵיהֶם" (במדבר טו, לט). יש כאן לקח חשוב לשבת, משום שהשבת היא יום שבו יש לנו הזדמנות להקשיב לאנשים באופן שונה מכפי שאנחנו מקשיבים להם בשאר השבוע. התרבות החילונית המודרנית שלנו היא מאוד חזותית, פעמים רבות בדרכים לא-בריאות. עינינו שקועות כל הזמן בטלוויזיה,

במשחקי וידאו, במחשב, באימיילים, באתרי אינטרנט, במסך הטלפון. אנשים רבים כיום מבלים את כל ימיהם באינטראקציה עם מסכים. אפילו אם התמונות שאנו רואים ראויות ומיטיבות – וכמובן שלא זה המצב – עדיין, מערכת יחסים בלעדית כל כך עם מסך יוצרת בידוד חברתי. היא מנתקת אותנו מחברת בני אדם אחרים, מאינטראקציה מנומסת ומשיח חברותי.

השבת כופה עלינו לנתק את עינינו מן הזרם הדיגיטלי ולהצטרף מחדש אל עולם הטבע, שבו התקשורת מושתתת בעיקר על קולות אנושיים מדברים ואוזניים אנושיות קשובות. הגאונות שבשבת נעוצה בכך שהיא מגבילה אותנו מלעשות פעילויות מסוימות, ובכך משחררת אותנו להתעמק בפעילויות אחרות, ובהן שיחות – שיחות גדולות עם אלוהים, ושיחות פחות כבירות עם בני משפחתנו וחברינו.

חכמינו הקדומים היו כל כך משוכנעים בחשיבות **הדיבור, ההקשבה והמענה**, שבמשך מאות שנים הם חייבו מורים ותלמידים לקיים את הלימודים בעל־פה. הם ממש אסרו על חיבור ספרים שבהם ייכתבו דעותיהם ושיחותיהם של הרבנים, וכך יצרו מסורת יהודית של תורה שבעל־פה המסבירה ומיישמת את התורה. אולם כאשר היהודים מצאו את עצמם גולים מארץ ישראל ומפוזרים בכל רחבי התפוצות, הם שכחו בהדרגה את מסורות אבותיהם. בשלב זה התירו הרבנים להעלות את התורה שבעל־פה על הכתב, והיא מה שמוכר לנו היום כמִשנה, התלמוד והמִדרש.

בשבת אנו משחזרים את תרבות המילים המדוברות. אפשר כמובן לקרוא בשבת, וכך גם אני עושה. אך יותר מן הקריאה, שהיא עצמה יכולה לבודד, יפה השיחה עם בני אדם אחרים. דגש זה על הדיבור בניגוד לראייה מתבטא, כפי שתוכלו לראות בזמן שהקהל

אומר את קריאת שמע, בהנחת היד על העיניים. כך עושה כל מתפלל כשהוא חוזר על הצהרת האמונה הזו.

חשוב במיוחד לדבר עם ילדינו בשבת, כפי שמורה לנו קריאת שמע:

> וְהָיוּ הַדְּבָרִים הָאֵלֶּה, אֲשֶׁר אָנֹכִי מְצַוְּךָ הַיּוֹם, עַל-לְבָבֶךָ. וְשִׁנַּנְתָּם לְבָנֶיךָ, וְדִבַּרְתָּ בָּם בְּשִׁבְתְּךָ בְּבֵיתֶךָ וּבְלֶכְתְּךָ בַדֶּרֶךְ, וּבְשָׁכְבְּךָ וּבְקוּמֶךָ. (דברים ו, ו-ז)

שימו לב שוב לדגש על ההוראה באמצעות דיבור וניצול כל הזדמנות שעשויה להיווצר, אם בבית ואם בעולם שבחוץ, לדבר עם ילדיכם על אהבת הבורא ועל החיים על פי תורתו. כשאנחנו במכונית עם ילדינו, למשל, אנו מתפתים באופן טבעי להקשיב למוזיקה או לחדשות. מכיוון שהשבת אוסרת עלינו לנהוג ולהשתמש בצלילים אלקטרוניים, אנחנו חייבים לדבר; וכשאנו מדברים, אנו מגיעים בסופו של דבר לשיחה עם הילדים.

הרב זקס מפרש בצורה רלוונטית ונפלאה את ההנחיה בקריאת שמע "ושיננתם [את ערכי התורה ומצוותיה] לבניך":

> החינוך אינו באחריות בתי הספר בלבד, אלא גם באחריות ההורים. ביהדות, ההורים הם המחנכים, הבית הוא מסגרת הלימוד, והחינוך הוא שיחה בין הדורות. אלשיך [רב חכם בן המאה השש-עשרה שחי בצפת] מקשר את הפסוק הזה לפסוק הקודם לו ("ואהבת את ה'"): כיצד נלמד את ילדינו? נראה להם את מה שאנו אוהבים.

דברו, אם כן, עם ילדיכם, מהרגע הראשון שבו הם מסוגלים להקשיב, על אהבת הבורא ועל איך שהוא ברא את העולם ואת כל אשר בו.

נכדתי, מאדי, למדה כפי הנראה את השיעורים האלה היטב מפי הוריה, בֶּקָה וגֶ'ייקוב. פעם אחת בזמן הרחצה, כשהייתה בת שנתיים, אמרה לה אמה שיש לה "טוסיק" חמוד מאוד, ומאדי השיבה, "זה בגלל שאלוהים ברא לי את הטוסיק".

אני אסיר תודה לארבעת ילדיי על שהקשיבו ולמדו, ועל הדרך שבה הם חיים. כולם מכניסים את השבת לחייהם, ועכשיו גם לחיי ילדיהם. כולם בונים חוליות חזקות בשרשרת ההיסטוריה והייעוד היהודיים, שחששתי שתתנתק כאשר סבתי, באבה, נפטרה.

זה מזכיר לי פירוש מיוחד לקריאת שמע ששמעתי פעם בדרשה. בתורה, יעקב אבינו נקרא גם ישראל. על כן, אמר הרב, כשאנחנו קוראים "שמע ישראל, ה' אלוהינו, ה' אחד", אפשר לשמוע את המילה "ישראל" כמכוונת לא לעם ישראל, אלא לישראל אבינו. אפשר לדמיין שאלה הן המילים שאמרו בני יעקב לאביהם, ישראל, בסיום חייו, וכך הבטיחו לו שגם הם מאמינים בבורא ואוהבים אותו כפי שהוא עצמו האמין ואהב, והם ימשיכו לאהוב אותו ולעובדו. אין ספק שהדבר הזה גרם ליעקב להרגיש טוב מאוד. בכל פעם שאנו אומרים כיום את קריאת שמע, סיכם הרב, אנו נותנים את אותה הבטחה להורינו ולהוריהם, וכך אחורה עד לישראל, יצחק ואברהם. זהו בוודאי מסר מרגיע שאני מקבל בכל פעם שאני שומע את ילדיי או נכדיי אומרים את קריאת שמע, או רואה אותם חיים באופן שמבטא עד כמה הם מאמצים את הקריאה הזו לאהוב את הבורא ולעבדו.

אמנם בקריאת שמע לא מופיעה המילה "ייעוד", שבה אתמקד להלן כדי להסביר את תפילת העמידה, אך היא מאמצת במפורש את

ההבטחה שנתן הבורא לאברהם, ליצחק וליעקב, שייעוד צאצאיהם הוא להיות בארץ ישראל. בברכות המקדימות את קריאת שמע אנו אומרים: "אור חדש על ציון תאיר, ונזכה כולנו במהרה לאורו". וגם: "והביאנו לשלום מארבע כנפות הארץ, ותוליכנו קוממיות לארצנו".

בפסקה השנייה של קריאת שמע ישנה הבטחה שהתוצאה הסופית של אהבת הבורא ועבודתו תהיה "לְמַעַן יִרְבּוּ יְמֵיכֶם וִימֵי בְנֵיכֶם עַל הָאֲדָמָה אֲשֶׁר נִשְׁבַּע ה' לַאֲבֹתֵיכֶם לָתֵת לָהֶם – כִּימֵי הַשָּׁמַיִם עַל־הָאָרֶץ" (דברים יא, כא).

תפילת עמידה

אחרי קריאת שמע וכמה ברכות מעבר, מתעצמת תפילת שחרית של שבת לקראת אחד מרגעי השיא שלה. הגיע הזמן ל'עמידה'. הקהל קם ונעמד זקוף ככל שאפשר, בהשראת אותו חזון מיחזקאל א, ז שבו עומדים מלאכי אלוהים ולהם רגל ישרה. לפני תחילת התפילה בלחש אנו פוסעים שלושה צעדים אחורה ואז שלושה צעדים קדימה, כדי להזכיר לעצמנו שאנחנו ניגשים אל מלך מלכי המלכים. אנו נכנסים למרחב קדוש. את דברינו אנו אומרים בניע שפתיים בלבד, ובאופן ישיר, כפי שהדגימה לנו חנה כאשר התפללה לילד בספר שמואל א, א, יג: "וְחַנָּה, הִיא מְדַבֶּרֶת עַל־לִבָּהּ: רַק שְׂפָתֶיהָ נָּעוֹת, וְקוֹלָהּ לֹא יִשָּׁמֵעַ".

כזכור לכם, ה'עמידה' – הנאמרת בכל אחת מן התפילות – מכילה שלושה חלקים: שבח, בקשה והודיה. כפי שהסברתי בפרק השני, במוקד תפילת עמידה של שבת בבוקר נמצאת התגלות הבורא בהיסטוריה כשנתן לנו את עשרת הדיברות ואת התורה. רוב החלק האמצעי של תפילת עמידה בשחרית הוא ציטוט של קטעים מספר שמות על מעמד הר סיני ועל מתן תורה, תוך התמקדות במצוות שמירת השבת.

פרק חמישי – תפילות הבוקר: ברית הייעוד

אני רוצה להרחיב בדברים על ביטוי מפתח בעמידה של שחרית בשבת, משום שאני חושב שהוא יסביר בצורה טובה את השבת ואת השקפת העולם הנובעת ממנה. הפיסקה הראשונה של החלק האמצעי בעמידה של שבת בבוקר נפתחת כך:

יִשְׂמַח מֹשֶׁה בְּמַתְּנַת חֶלְקוֹ
כִּי עֶבֶד נֶאֱמָן קָרָאתָ לּוֹ....
וּשְׁנֵי לֻחוֹת אֲבָנִים הוֹרִיד בְּיָדוֹ
וְכָתוּב בָּהֶם שְׁמִירַת שַׁבָּת.

בסידור של רבי דויד דֶה סוֹלָה פּוּל מופיע תרגום המפרש בצורה יצירתית, ולדעתי מאוד משמעותית, כמה מן המילים האלה. במקום לתרגם את הביטוי "מתנת חלקו" כמתנה שנפלה בחלקו של משה, הוא מתרגם כי משה שמח בחלק שניתן לו במתנה, כלומר ב**ייעוד** שהוענק לו.

זה חשוב לי, משום שאני מאמין שהמילה **ייעוד** נמצאת בלב החוויה הדתית היהודית.

לחיות תוך מימוש הייעוד שלנו

תפילת העמידה בשחרית של שבת מזכירה לנו את מעמד הר סיני, אך בה בעת היא גם מאתגרת אותנו לשקול כיצד אנחנו בוחרים לממש, או לא לממש, את הייעוד האלוהי בחיינו. כאשר משה הוריד את לוחות הברית מהר סיני, הוא הביא לא רק את עשרת הדיברות, "מתנת חלקו", אלא את הייעוד האנושי. התגלותו של אלוהים הייתה הדרך שלו לומר לנו שעדיין אכפת לו מן העולם שברא (כפי שנזכר בתפילת ליל שבת) ומן ההתנהגות שלנו. בשבילנו, זוהי גם המפה

האלוהית המכוונת אותנו אל מה שאנו יכולים להיות – מה **שנועדנו** להיות, אישית וקולקטיבית – אם נעקוב אחר המפה. קולקטיבית, היא יכולה להוביל אותנו לימות המשיח או לחיי נצח, תלוי בדת ובאמונות שבהן אתם אוחזים. אישית, היא יכולה להוביל אותנו לחיים טובים יותר, הודות להשראה שהיא נוסכת בנו לממש את כל הפוטנציאל שניתן לנו.

האם אני מאמין שיש לאלוהים תכנית לכל אחד מאיתנו? ובכן, אני בהחלט מאמין שהערכים שניתנו מסיני הם תכנית שכל אחד מאיתנו נקרא ללכת לאורה. ואני מאמין שאלוהים לא רק ברא את העולם והסתלק. אני מאמין שהוא ממשיך לפעול בעולם, ושכל אחד מאיתנו יכול להיות שותף של אלוהים בפעולתו, אם נבחר במצוותיו ובערכיו כייעודנו. בזמנים שונים בחיי קיבלתי השראה, מוטיבציה וחיזוק מן האמונה הזו, ומן האמונה שהייתה לאחרים בייעוד שלי.

זה התחיל לפני שנולדתי. סבתי, באבה, היגרה לאמריקה מאירופה, מאזור בהרי הקרפטים שנמצא היום באוקראינה. האדמו"ר שעמד בראש החסידות שסבתי השתייכה לה היגר גם הוא לניו יורק, ואחת לשנה היה מגיע לקונטיקט כדי לראות את סבתי ועוד מחסידיו. שם משפחתו היה הורוביץ. באחד הביקורים האלה הוא שאל את אמי, שהייתה נשואה כבר שלוש שנים, מדוע עדיין אין לה ילד. "היא מתקשה להיכנס להריון", אמרה לו באבה ביידיש.

אז בירך הרב הורוביץ את אמי ואמר: "בקרוב תהרי ותלדי בן שיהיה מנהיג העם". הילד, אם תהיתם, היה אני.

שמעתי את הסיפור הזה (מאמי ואבי, שניהם לגמרי לא־משוחדים) בילדותי; לפעמים תהיתי איזו השפעה הייתה לו עליי ועל הבחירות המקצועיות שלי. אך אני ממהר להוסיף שאינני אומר שהבורא בחר אותי להיות מנהיג. תמיד אהבתי את תשובתו של

לינקולן לקבוצה של כמרים שביקרו בבית הלבן כדי לומר לו שהם בטוחים שאלוהים עומד לצד הצפון במלחמת האזרחים. לינקולן ענה שאי־אפשר לדעת בוודאות מה דעתו של אלוהים, ולכן איננו יכולים להיות בטוחים שאלוהים עומד לצידנו. אבל אנחנו יכולים וחייבים לעמול קשה כדי להיות לצידו של אלוהים.

ב־1980, אחרי כהונה של עשר שנים בסנאט של מדינת קונטיקט, התמודדתי לקונגרס והפסדתי, ואז התחככתי פעם נוספת ברעיון הייעוד. בבוקר שלאחר יום הבחירות קיבלתי טלפון מהאב ג׳וזף דיליון, הכומר של כנסיית סנט בְּרֶנְדַן הקתולית בשכונה שבה גרתי בניו הייבן. האב דיליון ואני הפכנו לידידים טובים בשנים שבהן הייתי הנציג שלו בסנאט של המדינה והוא היה, כפי שקראתי לו, ״הכומר הקהילתי שלי״. הוא התקשר אליי בבוקר שלאחר ההפסד בבחירות ואמר, ״ג׳ו, אני יודע שאתה בוודאי מרגיש מעורער הבוקר. אבל האמן לי בבקשה, אלוהים שומר אותך למשהו מוצלח יותר״.

אינני יכול לתאר כמה גדולה הייתה המשמעות של המילים הללו עבורי באותו בוקר. שנתיים לאחר מכן, כשנבחרתי לשמש כתובע הכללי של קונטיקט, התקשר האב דיליון בבוקר שלאחר מכן כדי לברך אותי ולומר לי שהוא מקווה שמעולם לא פקפקתי באמונתו ב--- כן, בייעוד שלי. ושש שנים אחר כך, כשנבחרתי לסנאט של ארצות הברית, שוב התקשר האב הטוב, והפעם פשוט צחקנו וצחקנו והסכמנו שאלוהים הוא טוב מאוד!

חונכתי על שני דברי חכמה של רבותינו שנראים לי רלוונטיים כאן. האחד הוא שכשאגיע לשערי גן העדן, לא ישאלו אותי אם במשך חיי הייתי טוב כמו משה רבנו, אלא אם הייתי טוב כמו שג׳ו ליברמן יכול היה להיות. השני הוא ממסכת אבות שבמשנה: ״רַבִּי טַרְפוֹן אוֹמֵר, הַיּוֹם קָצֵר וְהַמְּלָאכָה מְרֻבָּה, וְהַפּוֹעֲלִים עֲצֵלִים, וְהַשָּׂכָר

הַרְבֵּה, וּבַעַל הַבַּיִת דּוֹחֵק" (ב, טו). אבל, הוא גם היה אומר (משנה אבות, ב, טז): "לֹא עָלֶיךָ הַמְּלָאכָה לִגְמוֹר, וְלֹא אַתָּה בֶן חוֹרִין לִבָּטֵל מִמֶּנָּה".

שיחה בלתי־צפויה

אני רוצה לשתף אתכם בחוויה בלתי־צפויה (אם כי יהיו כאלה שיגידו שהיא "נועדה" לקרות) שהייתה לי בשנת 2008 סביב מושג ה"ייעוד".

היה זה אחר צהריים של יום ראשון בחודש ספטמבר במלון וֶסטין במרכז פילדלפיה, שם התכוננה המושלת שרה פֵּיילין, שהתמודדה על סגנות הנשיאות, לעימות שלה, שעמד להתקיים ביום חמישי באותו שבוע – תקופה קשה מבחינתה בבחירות לנשיאות של 2008. התבקשתי להיות שם כדי לעזור בהכנות, לאחר שהכרזתי על תמיכה במועמדותו לנשיאות של ידידי ג'ון מקיין, והיה לי ניסיון בעימותים כמתמודד על סגנות הנשיאות. את שרה פיילין כבר פגשתי בוועידה הרפובליקנית במיניאפוליס והתרשמתי מהנאום החזק והאפקטיבי שנשאה עם קבלת המועמדות.

כשהגעתי אל ההכנה לעימות, שהתנהלה בסוויטה צפופה במלון, שאלו כמה מאנשי הצוות של מקיין את המושלת שאלות אפשריות בעימות. ראיתי שרה פיילין שונה מאוד מזו שראיתי במיניאפוליס. היא נראתה עייפה ולא מרוכזת. תשובותיה היו מקוטעות או מבולבלות. החלק הראשון של הריאיון המביך שלה לקייטי קוריק זה עתה שודר, ותהיתי אם ביטחונה העצמי קרס. כמה מאנשי הצוות של מקיין ומובילי מסע הבחירות שלו היו באותה סוויטה צפופה, בהם המנהלים, ריק דייוויס וסטיב שמידט, והם היו מודאגים בעליל. אחד מהם הודיע על הפסקה, ורובנו עזבנו

את החדר. נשארו רק המושלת וידידתה, ראש המטה שלה לשעבר מאלסקה, קריס פֶּרי. בחוץ, במסדרון, צוות הקמפיין של מקיין היה בפאניקה בגלל ביצועיה של פיילין. הם הבינו שהיא עייפה מן העיסוק האינטנסיבי במסע הבחירות. מישהו אמר שהיא בוודאי מתגעגעת לתינוק שלה, טריג. נשקלה האפשרות להטיס אותה לחוות משפחת מקיין באריזונה כדי שתמשיך להתכונן לעימות שם, ולהביא את בעלה והתינוק כדי שיהיו איתה.

באמצע אותו רגע של "מה נעשה עכשיו", פנה אליי סטיב שמידט ואמר: "סנטור, לך יש משהו במשותף איתה שלאף אחד אחר מאיתנו אין. שניכם דתיים. בבקשה תיכנס לשם ותדבר איתה, או אולי תתפלל איתה".

זו הייתה גישה יהודו־נוצרית נהדרת, משום שאף על פי ששרה פיילין היא נוצרייה מובהקת ואני יהודי מובהק, שמידט הבין שעשוי להיות קשר מיוחד בינינו, משום ששנינו מאמינים ושנינו שומרי מצוות. הוא צדק. לאורך כל חיי הרגשתי פעמים רבות קשר בין־דתי שכזה בין מאמינים. הוא חוצה אמונות וזרמים דתיים.

רציתי לסייע למסע הבחירות של מקיין ועל כן לפיילין; אבל להתפלל עם אדם שבקושי הכרתי – זה נראה מלאכותי. לכן נכנסתי לחדר ההכנה לעימות שבו ישבה המושלת פיילין עם קריס פרי ופשוט שאלתי: "מה שלומך?".

"בסדר", היא אמרה. "אבל לא הייתי במיטבי היום".

פיילין הרגישה שכמה מאנשי צוות מסע הבחירות של מקיין לא התייחסו אליה יפה, והיא ידעה שהם מודאגים מביצועיה כמועמדת.

"גברתי המושלת", אמרתי, "את ואני, שנינו אנשי אמונה. אנחנו מאמינים שרוב הדברים קורים בגלל סיבה. את **בוודאי** נמצאת כאן מסיבה כלשהי".

היא צחקה ואמרה שזה בדיוק הדבר שעליו חשבה. "אחרת", אמרה, "איך אני יכולה להסביר מדוע וכיצד אני כאן בתור המתמודדת על סגנות הנשיאות של ארצות הברית?".

שאלתי אותה אם היא מכירה את הסיפור התנ"כי על אסתר המלכה, הנערה היהודייה שנהייתה למלכת פרס בדיוק בזמן שבו המן הרשע, משרי המלך, זמם להשמיד את העם היהודי. כפי שציפיתי, היא אמרה שהיא מכירה את הסיפור היטב ואוהבת אותו.

בתחילה, כשנודע לאסתר המלכה על המזימה, היא התייאשה וחששה לפנות אל המלך לעזרה. היא הרגישה שאין בידיה הכוח להציל את עמה. אחר כך אמר לה דודה, מרדכי, שהיא חייבת לחשוב על **ייעודה**. "וּמִי יוֹדֵעַ אִם־לְעֵת כָּזֹאת הִגַּעַתְּ לַמַּלְכוּת?" (אסתר ד, יד). אסתר התנערה מספקותיה ונקטה פעולה, התעמתה באומץ עם המן והצליחה לשכנע את המלך להציל את עמה. היא החליטה במה היא בוחרת ומימשה את ייעודה.

"את נמצאת ברגע של ייעוד אישי", אמרתי לפיילין. "קיבלת הזדמנות גדולה, ואת צריכה לבחור אם תתפסי אותה ותגשימי את ייעודך, או לא. אז תהיי עצמך, ותאמיני, ואלוהים ילווה אותך לאורך הדרך הזו".

"המילים האלה מאוד משמעותיות בשבילי עכשיו", אמרה שרה.

"אני שמח לשמוע", השבתי. "אם יש לך שתי דקות, יש לי עוד מחשבה שעלתה בדעתי".

"אתה מוזמן להישאר כמה שאתה יכול", אמרה קריס, העוזרת האישית שלה. "זו השיחה הטובה ביותר שהייתה לנו כל היום".

בדיוק באותה תקופה קראתי מסה יפהפייה של הרב סולובייצ'יק, **קול דודי דופק**. הכותרת לקוחה משיר השירים. בשיר השירים, כפי

שכבר סיפרנו, כאשר דופק אלוהים על דלתה של אהובתו, היא מתעצלת ומרוכזת בעצמה ודוחה את פתיחת הדלת. כאשר היא פותחת לבסוף, הוא כבר חמק־עבר, והשאיר את שניהם שבורי לב. הרב סולובייצ׳יק מעלה **בקול דודי דופק** את הרעיון שישנם זמנים בחייו של כל אדם – ובחיי כל קהילה ואומה – שבהם מגיעה הדפיקה על דלתנו, שבהם ההזדמנות, או הייעוד, מגיעים אל טווח השגתנו, והאתגר שלנו הוא להיענות לדפיקה לפני שההזדמנות תחלוף וייעודנו יחמוק ויעבור.

הרב סולובייצ׳יק ממשיך ומציע תובנה עמוקה, שאותה סיפרתי למושלת פיילין באותו יום: יש הבדל בין הבריתות שבהן נכנס עמנו אלוהים. הראשונה היא ברית הגורל, שאינה דורשת את השתתפותנו הפעילה. אלוהים בחר בבני ישראל על סמך היותם צאצאי אברהם אבינו, שליבו, כפי שנאמר בתפילה, היה ״איתן״ בעיני אלוהים. צאצאיו של אברהם היו ביחסי ברית עם אלוהים מתוך גורל. זוהי ברית הגורל.

אולם ישנה גם ברית הייעוד, והיא שונה מאוד. כאשר בני ישראל עמדו למרגלות הר סיני, הם ביטאו בצורה פעילה את הסכמתם להצטרף בעצמם לאלוהים, על ידי קבלת עשרת הדיברות והתורה: ״כֹּל אֲשֶׁר־דִּבֶּר ה׳ נַעֲשֶׂה וְנִשְׁמָע״, כך ענו ואמרו (שמות כד, ז). הם קיבלו את ייעודם. הייעוד, שלא כמו הגורל, מצריך בחירה. לאלוהים אולי יש ייעוד שהוא מועיד לכל אחד מאיתנו, אבל הוא מותיר בידינו את ההחלטה אם נענה לדפיקתו על דלתנו. ברית הגורל היא מה שאנחנו. ברית הייעוד היא מה שאנחנו יכולים לעשות מעצמנו.

עשיתי כמיטב יכולתי להעביר לשרה פיילין את הרעיון הזה באותו יום ראשון אחר הצהריים. ״זה הרגע שלך״, אמרתי לה.

זמן שבת

"השתמשי בכל היכולות שלך כדי לנצל את ההזדמנות הזו לממש את ייעודך".

ואני מאמין שהיא עשתה זאת.

עניינה של ההתגלות במעמד הר סיני, שהיא המוקד שלנו בתפילת שחרית של שבת, הוא הייעוד. היא לא עוסקת במי שאנחנו. היא עוסקת במה שנועדנו להיות ובאופן שבו שמירת המצוות שקיבל משה מהאל בהר סיני יכולה לעזור לנו להגשים את ייעודנו. המצוות אומרות לנו כיצד לחיות, ובכך נותנות לנו את השליחות שלנו, אם נבחר לקבל אותה: לשפר את העולם שברא האל, ואפילו להביא אותו לשלמות. צמד המילים 'תיקון עולם' הפך לביטוי המסכם את מטרת חייהם של יהודים רבים. הרעיון מופיע בקטע הקרוי 'עלינו לשבח', החותם כל תפילה יהודית, במשפט: 'לתקן עולם במלכות שדי'. זהו הייעוד שלנו כפרטים וכציוויליזציה. אותי לימדו שבני ישראל הפכו לעם לא כאשר יצאו מעבדות לחירות, אלא כאשר קיבלו את התורה במעמד הר סיני – משום שקבלת התורה נתנה להם את הסיבה לקיומם, את ייעודם הלאומי. ערכים אלו עצמם נותנים לכל אחד מאיתנו ייעוד אישי. אבל ייעוד אינו מאפשר גישה פאסיבית. הוא לא מתממש אלא אם מחליטים לעבוד כדי שהוא יתממש.

המצווה לשמור את השבת היא חלק ממעמד הר סיני ולכן, בעיניי, היא נמצאת בלב הייעוד שלנו. אולם גם השבת לא נכנסת לחיינו באופן אוטומטי. עלינו להחליט להכניס אותה, לתפוס את אותו חלק מן הייעוד שלנו. וזה יכול להיות קשה.

מצידנו, כדי לקבל את מתנת המנוחה שאלוהים מציע לכולנו, עלינו להתחזק ולהתגבר על כוחות ההתנגדות הטבעיים בחברה התחרותית שלנו. אלה עשויים להגיע בדמות לחץ חברתי לא להיות

פרק חמישי – תפילות הבוקר: ברית הייעוד

"שונים", או בדמות אנשים אחרים שרוצים שנלך איתם בשבת לסרט או לקניות, או בדמות עמיתים שעובדים בשבת. דרושה רוח עצמאית, רוח שצריך לפתח במודע, כדי לעמוד בלחץ להיות כמו כולם.

מתוך השמירה שלי על מצוות הדת, ובכלל זה שמירת השבת, למדתי שזה בסדר להיות שונה, והדבר הקל עליי להיות שונה גם בחיים הפוליטיים שלי, כשאמונותיי לקחו אותי לכיוון הזה. כשאדם בוחר את דרכו שלו – בתחום הדת, בתחום הפוליטיקה או בכל מה שיעשה – לא זו בלבד שהוא מרגיש טוב יותר, אלא שגם אנשים אחרים בדרך כלל מכבדים אותו על בחירתו. ואם הם לא מכבדים, נו, מותר להם, בדיוק כפי שמותר לכם לעשות את מה שאתם מאמינים שהוא זכותכם וייעודכם.

כעת נשוב לבית הכנסת. בינתיים סיים הקהל את תפילת העמידה בלחש, והחזן שר קטע מיוחד מאוד הנקרא 'קדושה'.

בזמן 'קדושה' אנו שרים את מילות השבח לאלוהים, היוצאות מפי המלאכים בחזון ישעיהו. המילים המוכרות הללו נשמעות גם במיסה הקתולית ובטקסים רבים של הכנסייה הפרוטסטנטית.

קָדוֹשׁ קָדוֹשׁ קָדוֹשׁ ה' צְבָאוֹת
מְלֹא כָל־הָאָרֶץ כְּבוֹדוֹ. (ו, ג)

עדיין בעמידה זקופה ככל יכולתנו, כשהרגליים צמודות, אנו מתרוממים על קצות הבהונות בכל פעם שאנו אומרים את המילה "קדוש", כאילו אנו מנסים להצטרף למלאכי מרום. הטקסט המרכזי של הקבלה, **ספר הזוהר**, מדבר על המילים "מלוא כל הארץ כבודו" באופן הנוגע ישירות לדיון בעניין הייעוד שניהלנו קודם. לדברי ספר הזוהר, המילים הללו מלמדות אותנו שלבני האדם יש כוח פלאי להיות

זמן שבת

כמו המלאכים ולהביא את קדושת האל אל הארץ, אם רק נאהב את אלוהים ונעבוד אותו. וכך באמת יוכל כל העולם להיות מלא את כבוד הבורא.

הקדושה מכינה אותנו גם לשחזור מעמד הר סיני, שבו אנו קוראים בציבור את פרשת השבוע מן התורה מדי שבת בבוקר. מן הגבהים הנשגבים של תהילה לבורא בחברת המלאכים, אנו פונים לפגוש אותו עצמו באופן מוחשי יותר במילותיה של התורה.

מעמד הר סיני של תפילת בוקר שבת – הרגע שבו מתגלים אלינו דברי אלוהים – הגיע.

התחלות פשוטות

- אם אתם הולכים לבית הכנסת בשבת, אולי תחפשו קהילה קרובה מספיק כדי שתוכלו ללכת לשם ולחזור הביתה ברגל. שחררו את עצמכם מן המכונית! אם אתם נוהגים בכל זאת, כבו את הרדיו. כדאי ליהנות מזמן שקט לחשוב או לדבר עם משפחתכם.
- אם אינכם שייכים לבית כנסת, חפשו מקום כזה שבו תרגישו נינוחים ומרוצים. הקשיבו ללב. אותנטיות היא דבר שאפשר לזהות אותו, אפילו לפני שאנו מתחברים במישור התיאולוגי או הפילוסופי. התפללו לבדכם בכל זמן שמתאים לכם, אך חפשו גם הזדמנויות להתפלל בציבור.
- נצלו את יום השבת שלכם ללמוד בעצמכם את דברי אלוהים ולדבר עליהם. למעשה, אפילו בלי לדבר על התנ"ך או על כתבי קודש אחרים, השתדלו ליצור אינטראקציה אישית עם בני אדם אחרים ביום המנוחה. השבת אינה זמן להתחפר בביתכם ולהרהר בדממה. זהו יום לאינטראקציה עם בריותיו של האל.
- חשבו על השאלה: מהו הייעוד שלי? איזו תכנית מיוחדת יש לאלוהים בשבילי, איזו שליחות בחיים הוא מציע לי ומזמין אותי לבצע?

פרק שישי
קריאת התורה: כבוד לדבר הבורא

שבת בבוקר

כשמגיע הזמן לקריאה בתורה באוזני הציבור בשבת בבוקר, מגיעה התפילה לשיא טקסיותה ותפארתה. במהלך החלק הזה של תפילת הבוקר נקראים כמה מן המתפללים לקחת חלק פעיל, וההזמנה להשתתף היא כבוד גדול.

הוצאת ספר התורה

בזמן ההכנות לקריאה, הקהל עומד על רגליו ושלושה מתוכו ניגשים אל חזית ההיכל. הראשון פותח את הפרוכת ואת הדלתות של ארון הקודש, שהוא תא או גומחה בקיר הקדמי, המזרחי, ובו נמצאים ספרי התורה. השני מוציא את ספר התורה מארון הקודש. ספר התורה אינו ספר מודפס. הוא מגילה, כפי שהיה בימי קדם; מגילה מקלף מיוחד

שעליה נכתבו מילותיהם של חמשת חומשי התורה בדיו מיוחדת על ידי מומחה מיוחד הנקרא סופר סת"ם. גובה הקלף הוא כמטר אחד, והוא כרוך ומהודק סביב שני מוטות עץ, וכולו מכוסה בבד קטיפה רקום ובראשו, כמו מלך, כתר עשוי כסף. כשארון הקודש נפתח, הקהל שר בתחילה את המילים מספר במדבר שאמר משה כאשר ארון הברית יצא למסעותיו במדבר:

> וַיְהִי בִּנְסֹעַ הָאָרֹן, וַיֹּאמֶר מֹשֶׁה: קוּמָה ה׳, וְיָפֻצוּ אֹיְבֶיךָ וְיָנֻסוּ מְשַׂנְאֶיךָ מִפָּנֶיךָ. (י׳, לה)

לאחר מכן באים דברי ישעיהו בשיר ניצחון:

> כִּי מִצִּיּוֹן תֵּצֵא תוֹרָה, וּדְבַר־ה׳ מִירוּשָׁלָםִ. (ב, ג)

בזמן שארון הקודש עדיין פתוח, האדם המחזיק את ספר התורה מוסר אותו לאדם שלישי, הפונה אל הקהל; יחד אנחנו אומרים תפילה יפהפייה בארמית שלקוחה מספר הזוהר. התפילה נקראת על שם שתי מילותיה הראשונות, בְּרִיךְ שְׁמֵהּ ("ברוך שמו"), והיא מבוססת על האמונה הקבלית שכאשר ארון הקודש נפתח להוצאת ספר התורה, נפתחים גם שערי השמיים, ואהבתו ורחמיו של אלוהים מתעוררים למראה המחויבות המתמדת שלנו לקרוא ולשמוע את דברו. התפילה עצמה היא אישית ומשתפכת, כדרכם של המקובלים.

לאחר מכן, האדם המחזיק את ספר התורה שר את מילות קריאת שמע: "שמע, ישראל, ה׳ אלוהינו, ה׳ אחד", והקהל חוזר בשירה רמה על הצהרה עזה זו של אמונה באל האחד. וכך, בתפילות הספורות האלה, לפני שספר התורה נפתח והקריאה מתחילה, אנו

פרק שישי – קריאת התורה: כבוד לדבר הבורא

חוזרים הישר אל יסודות דתנו, מאשרים בפומבי את אמונתנו באל האחד ובאמיתות דברי תורתו, שניתנו ברוח הקודש.

כעת ארון הקודש סגור, והאדם הנושא את ספר התורה עובר איתו דרך הקהל. המתפללים ניגשים לנשק את מעיל הספר או מושיטים את סידור התפילה או ציציות הטלית שלהם כדי לגעת בו, ואחר כך משיבים אותם אל שפתיהם.

חזיתי בטקס הזה פעמים רבות כל כך, עד שהפסקתי לראות בו משהו מיוחד. אבל האמת היא שזהו טקס מרשים ומרגש. הטקס שבו נישא ספר התורה דרך הקהל, המרעיף עליו כבוד ואהבה, עשוי להזכיר לכם מראות של פסלים או סמלים דתיים נישאים בתוך קהל מעריצים בני דתות אחרות. זוהי תובנה רלוונטית וחשובה משום שלפי אמונתנו, המילים הכתובות על הקלף ניתנו ברוח הקודש. כך אפשר להסביר מדוע דבק ביהודים הכינוי "עם הספר". כפי שכתב הרב זקס:

מאז מעמד הר סיני, מוגדר העם היהודי על ידי הספר: התורה. ממש כפי שהתורה נמצאת במקום מרכזי בחיים היהודיים, כך גם הקריאה בתורה נמצאת במקום מרכזי בתפילה בבית הכנסת.

עם סיום התהלוכה, מונח ספר התורה על דוכן קריאה עוטה כיסוי, שבחלק מבתי הכנסת, כמו בית הכנסת שלי בג'ורג'טאון, ממוקם על בימה מוגבהת לפני ההיכל, סמוך לארון הקודש; באחרים, כמו בבית הכנסת שלי בסטמפורד, הוא נמצא יותר מאחור, במרכז הקהל. כתר הכסף של ספר התורה ומעיל הקטיפה שלו מוסרים, והספר נפתח במקום שבו מתחילה הקריאה של אותו שבוע.

על פי המסורת היהודית, ראשיתו של המנהג לקרוא בתורה בציבור היא בציווי מפי משה עצמו. המנהג נקבע מחדש בתקופת

זמן שבת

גלות בבל על ידי עזרא הסופר, במאה החמישית לפני הספירה, ונמשך מאז מדי שבת לאורך תקופת בית המקדש השני, חורבנו בידי הרומאים, והגלות הארוכה שהגיעה לאחר מכן.

חכמינו חילקו את חמשת חומשי התורה לפרשות שבועיות, כך שכל התורה, מחומש בראשית ועד חומש דברים – מבריאת העולם ועד מות משה רבנו – נקראת לפי הסדר, שנה אחר שנה. הקריאה מסתיימת ומתחילה מחדש בכל סתיו, בשמחת תורה, החג שמיד אחרי סוכות.

קריאת התורה

כל קריאה שבועית מתחלקת לשבעה קטעים (שוב אותו מספר חשוב ומוכר). לפני שקוראים כל אחד מן הקטעים, אחד מן המתפללים עולה לתורה כדי לברך את הבורא: "בָּרְכוּ אֶת ה' הַמְבוֹרָךְ". והקהל משיב, "בָּרוּךְ ה' הַמְבוֹרָךְ לְעוֹלָם וָעֶד". ואז מכריז מי שכובד בעלייה זו: "בָּרוּךְ אַתָּה ה' אֱ-לֹהֵינוּ מֶלֶךְ הָעוֹלָם אֲשֶׁר בָּחַר בָּנוּ מִכָּל הָעַמִּים וְנָתַן לָנוּ אֶת תּוֹרָתוֹ, בָּרוּךְ אַתָּה ה' נוֹתֵן הַתּוֹרָה".

הראשון מבין שבעת האנשים הנקרא לעלות לתורה הוא תמיד כוהן, צאצא של הכוהן הגדול הראשון, אהרון, אחי משה. צאצאיו של אהרון לדורותיהם כיהנו במקדש בירושלים. העולה השני הוא תמיד לוי, צאצא של הלוויים שסייעו לכוהנים. אף על פי שבית המקדש נחרב לפני כאלפיים שנה, צאצאי הכוהנים והלוויים זוכים ראשונים בכבוד לעלות לתורה, מתוך הוקרה להיכל הקודש שחרב. השושלת המשפחתית היא החשובה; לא משנה אם אתה אחד החברים העשירים או המוכשרים ביותר בקהילה או אחד העניים והדלים ביותר: אם נולדת למשפחת כוהנים או לוויים, תיקרא ראשון ושני. אני, חרף היותי חבר הסנאט של ארצות הברית, אם בוחרים בי כאחד

מן השבעה, אעלה שלישי, לכל היותר, משום שאיני צאצא של אהרון או של לוי, אלא רק אחד מבני ישראל.

ושוב שבע

לחלוקת הקריאה בפרשת השבוע לשבע קריאות קצרות יותר ניתנות שתי סיבות מעניינות. הראשונה, כך נאמר בתלמוד, היא ששבע היה מספר היועצים של מלכי יהודה (על פי ירמיהו נב, כה). אחד מתפקידי היועצים הללו היה ללמוד את התורה ולהסבירה למלך, שעליו מצווה המקרא לכתוב לעצמו עותק של ספר התורה כולו ולהחזיקו לצידו כל העת. המסר החשוב במצווה זו היה שהמלך אינו יכול לחוקק חוקים שיתאימו לדעותיו האישיות. כל מה שעשה צריך היה להתבסס על התורה, חוקי הבורא, שתמיד נמצאים מעליו. המלך חייב לעבוד את הבורא, המחוקק האמיתי. אך המלך, כמו כולנו, נזקק לעזרה כדי להבין מה כוונתה האמיתית של התורה בדבריה, הסתומים לא פעם. על כן מינה כל מלך שבעה יועצים מלומדים שפסקו בענייני חוק ומוסר. בהיותם שבעה, כאשר הצביעו בעניין מסוים, תמיד הייתה תוצאה ברורה. הרב סולובייצ׳יק מלמד שמספר העולים לתורה הנקראים לברך את הבורא זהה למספר יועציו של המלך, כדי להזכיר לנו לחשוב על התורה ועל פירושיה בידי חכמינו כעל יועצים אישיים שלנו.

הסיבה השנייה והמובנת מאליה לכך שקריאת התורה מחולקת לשבעה חלקים היא שישנם שבעה ימים בשבוע. יש מי שמנהגם האישי הוא לקרוא וללמוד אחד מן הקטעים בכל יום בשבוע לפני שבת, ולהתעמק ברלוונטיות של אותו קטע לאותו יום בחייהם.

מסורת עשירה של פירושי המקרא שחיברו חכמי ישראל במשך מאות שנים התפרסמה לאחרונה באנגלית, וכעת קוראים ולומדים

אותה יותר ויותר נוצרים, לא רק יהודים. לפני זמן מה, למשל, גיליתי שידידי ועמיתי לשעבר בסנאט, סם בְּרַאוּנבֶּק מקנזס, קיבל עותק של התורה עם פירושים, שהוציאה לאור הוצאה היהודית. סם, שהוא קתולי אדוק, חש שהפירושים לתורה מן העת העתיקה, מימי הביניים ומן העת החדשה, מרתקים ומעשירים. נהנינו לשוחח על התובנות שעלו מהם.

מילותיו של אלוהים ממש

הקלף שעליו כתובים דברי התורה הוא, כמובן, אמצעי בלבד. המילים הכתובות עליו הן החשובות. מכיוון שאנחנו מאמינים שהן מילותיו של אלוהים, אזי כשאנו מקשיבים לקריאת התורה בבית הכנסת, בקול ובנעימת הטעמים, או לומדים את דברי התורה לפני או אחרי התפילה, איננו רק מאזינים לסיפור ומשוחחים עליו. אנחנו גם מתקרבים לאמת האלוהית.

כפי שכתב הרמב"ם בעיקרי האמונה שלו:

אֲנִי מַאֲמִין בֶּאֱמוּנָה שְׁלֵמָה שֶׁכָּל דִּבְרֵי נְבִיאִים אֱמֶת.
אֲנִי מַאֲמִין בֶּאֱמוּנָה שְׁלֵמָה שֶׁנְּבוּאַת מֹשֶׁה רַבֵּנוּ עָלָיו הַשָּׁלוֹם הָיְתָה אֲמִתִּית וְשֶׁהוּא הָיָה אָב לַנְּבִיאִים, לַקּוֹדְמִים לְפָנָיו וְלַבָּאִים אַחֲרָיו.
אֲנִי מַאֲמִין בֶּאֱמוּנָה שְׁלֵמָה שֶׁכָּל הַתּוֹרָה הַמְּצוּיָה עַתָּה בְיָדֵינוּ הִיא הַנְּתוּנָה לְמֹשֶׁה רַבֵּנוּ עָלָיו הַשָּׁלוֹם.

אני מצטט מתוך עיקרי האמונה העתיקים האלה כדי להמחיש נקודה שנמצאת בלב הפועם של אמונתי וגם, כך אני יודע, בלב אמונתם של עוד מיליוני אנשים ונשים רבים – יהודים, נוצרים ואחרים.

אנו מאמינים באמיתות התנ"ך, ולגבינו, האמת הזאת נותנת מענה לשאלות גדולות על החיים ועל המוות, שאלמלא כן לא היינו יכולים להשיב עליהן.

כדוגמה לכך אתייחס לשאלה הגדולה, כיצד הגענו לכאן, עולמנו ואנחנו. האם היה זה פרי המקרה או פרי תכנון? התשובה שלי, על סמך תצפיות והיקש, מגולמת בסיפור הנפלא על הרב הזקן והתלמיד הצעיר שהתנצחו בשאלת התהוותם של הארץ ומעטפת החיים אשר עליה, אם נוצרו ביד המקרה או ביד מכוונת. אמר הרב: "יש לי פגישה אז אני מוכרח ללכת, אבל בוא בבקשה לביתי בשעה חמש אחר הצהריים, ונמשיך בדיון".

בשעה חמש בדיוק הקיש התלמיד על דלת בית רבו. אשת הרב קיבלה אותו וביקשה ממנו להמתין בחדר האורחים. משהתיישב התלמיד, משכה את עינו תמונת נוף גדולה ויפה ובה הרים, נחלים, עצים, פרחים, חיות ואנשים.

הרב נכנס לחדר ההמתנה ובירך את התלמיד הספקן, והלה קרא, "הרב, אני מאוד מתרשם מן התמונה הזו. מיהו הצייר?".

"למעשה", אמר הרב, "לא היה צייר. עבד כאן צַבָּע, ובטעות התהפך מגש הצבעים שלו, והתמונה הזו היא התוצאה".

"לא ייתכן, הרב", אמר התלמיד. "אתה בוודאי מתבדח".

והרב, כמובן, ענה: "אתה לא מצליח להאמין שהתמונה היפהפייה הזאת נוצרה במקרה ובכל זאת אתה טוען שהעולם שלנו, שהוא הרבה יותר יפה, נוצר במקרה".

אני מסכים עם הרב.

כשאני רואה את הסדר, היופי והתחכום האדירים של היקום הטבעי והעולם האנושי, פשוט אינני מסוגל להאמין שכל זה קרה סתם כך במקרה. דברי התורה המתארים את הבריאה שברא אלוהים

מבטאים את אמונתי ונותנים לה תוקף של ממש, משום שאני מאמין ב"אמונה שלמה", כפי שניסח זאת הרמב"ם, שהתורה היא אמת.

ליישם את התורה בחיים

כשספר התורה עובר סביב אולם בית הכנסת, כשהוא "קם" ו"נוסע", תנועתו מסמלת משהו חשוב. להתגלות הבורא אלינו יש היבט נצחי ובלתי־משתנה. אולם יש לה גם צד אנושי דינמי. היא **נמצאת בתנועה**. התורה נמצאת, במלוא מובן המילה, כפי שניתן לראות בתהלוכה סביב אולם בית הכנסת, בידינו, והיא מסמלת, עבורי, את העובדה שאנחנו שותפים לבורא ביישום ערכי התורה בחיינו ולאורך ההיסטוריה.

שותפות זו ניכרת בכבוד שאנו רוחשים הן למילותיו של הבורא והן למסורות ולהלכות שנמסרו מדור לדור. החוקים הספציפיים לגבי שמירת השבת הם המחשה מצוינת לשותפות בין אלוהים לאדם. כשקוראים את עשרת הדיברות הישר מן התורה, קשה לצייר בדיוק כיצד אמורה להיראות השבת שמוזכרת בדיבר הרביעי. אלוהים בחר לקמץ בפרטים, אך לפי המסורת שלנו, הוא לימד את משה רבנו מה פירוש לשמור ולזכור את השבת, וחכמי התלמוד חברו לאלוהים כשותפיו והמשיכו משם. קודם לכן דיברנו על שלושים ותשעה סוגי המלאכות היוצרות שחכמינו החליטו שהן מהוות את איסור התורה על מלאכה בשבת. אבל, כמובן, את הקטגוריות האלה היה צריך להגדיר ולהסביר כהלכות שבני אדם יוכלו להבין, והיה צורך להחיל אותן על מצבים אמיתיים שמתעוררים מדי שבת. בתלמוד נמצא התיעוד המקורי של המהלך הזה. תהליך הפרשנות ההלכתית מתנהל במשך מאות שנים, עד ימינו אנו ממש. מלאכת הבנת התורה ויישומה בחיינו לעולם לא תמה.

דבר זה נכון לא רק לגבי ההיבט החוקי של התורה, כלומר ההלכות, אלא גם לגבי הצדדים הפילוסופיים והרוחניים שלה. בספרו, **ספר התניא**, לימד רבי שניאור זלמן מלאדי שבכל שנה בראש השנה, תחילת השנה היהודית, אור חדש של הבנה בוקע אלינו ומאפשר לבני האדם להאיר ולהבין רעיונות בתורה שקודם לכן היו חשוכים ונסתרים. התורה היא נצחית ובלתי־משתנה, אבל הבנתנו אותה מעמיקה ומתרחבת כל הזמן. אני יכול לספר לכם שכמעט בכל שבת בבוקר אני מגלה בפרשת השבוע משהו שלא ראיתי או הבנתי לפני כן, אף על פי שאני קורא את פרשות התורה שוב ושוב זה עשרות שנים.

זו הסיבה לכך שבתי הכנסת אינם רק בתי תפילה, אלא גם בתי לימוד – בתי מדרש. בשני בתי הכנסת שלי יש קבוצות של שיעורי תורה לפני ואחרי תפילת שבת בבוקר ותפילת מנחה של שבת. בבוקר, אחרי קריאת התורה, הרב נושא דרשה עשירה, המבוססת בדרך כלל על פרשת השבוע, שבה נעסוק עוד מעט.

אמי נהגה לספר לי סיפור מימי ילדותה, המעיד רבות על לימוד התורה ועל כמה הוא התקדם בדורות האחרונים, והפך לנגיש יותר לגברים ולנשים מכל רקע. אימא זכרה שראתה את אמהּ, סבתא שלי, יושבת בבית הכנסת הישן בסטמפורד, לבושה בשמלתה השחורה החגיגית ביותר ובכובע הפילבוקס השחור שלה, וקוראת את פרשת השבוע לנשים שישבו סביבה. היא קראה מתוך תרגום של התורה ליידיש, שהיה פופולרי בין הנשים שלא הבינו את העברית שבה נקראה התורה בציבור. שם הספר היה "צאנה וראינה", ביטוי הלקוח מן הפסוק בשיר השירים: "צְאֶנָה וּרְאֶינָה בְּנוֹת צִיּוֹן בַּמֶּלֶךְ שְׁלֹמֹה, בָּעֲטָרָה שֶׁעִטְּרָה לּוֹ אִמּוֹ בְּיוֹם חֲתֻנָּתוֹ, וּבְיוֹם שִׂמְחַת לִבּוֹ" (ג, יא). במשמעות האלגורית שהמסורת היהודית מייחסת לשיר

השירים, הפסוק מזמין את הנשים להביט לא במלך שלמה, אלא בבורא בכבודו ובעצמו, ביום שבו נתן הבורא את עשרת הדיברות ואת התורה על הר סיני. כך שבשמו של אותו תרגום ליידיש של התורה, נאמר הרבה על יחסי האהבה בין הבורא לאדם ועל המרכזיות של התורה באותם יחסים.

פעם אחת שאלה אימא את אמה מדוע הנשים האחרות צריכות שהיא תקריא להן את פרשת השבוע. מדוע אינן קונות עותק משלהן של **צאנה וראינה** וקוראות בו בעצמן?

"אה", ענתה באבה, "הן תמיד שוכחות את המשקפיים שלהן". כעבור שנים הבינה אימא שבאבה שמרה על כבודן של אותן נשים. האמת הייתה שהן לא ידעו קרוא וכתוב. הן הבינו יידיש, אבל לא ידעו לקרוא את השפה.

עבורי, הסיפור המשפחתי הזה מזכיר לא רק איזה אדם טוב הייתה סבתי, אלא גם עד כמה חשוב היה לימוד התורה להמשכיות היהודית, ועד כמה התפתחה האוריינות היהודית והעברית בדורנו. בקהילות יהודיות מסורתיות כיום, עצם הרעיון שנשים לא תוכלנה לקרוא ולפרש את הכתובים מן העברית לא יעלה על הדעת.

שנים לאחר מכן סיפרה אמי את הסיפור על סבתי שהקריאה את התורה ביידיש לנשים האחרות בסעודה חגיגית שאליה הוזמנה כאורחת הכבוד של מדרשת נשמת, מדרשה ישראלית ללימודי יהדות לנשים. היא השתמשה בסיפור הזה כדי להזכיר לכולם את האחריות המוטלת על ההורים לחנך את ילדיהם, כנאמר בפרקי קריאת שמע. אימא גם הדגישה כי הורים בימינו מצליחים למלא את החובה לחנך את בנותיהם הרבה יותר מכפי שהצליחו בזמן אמה ובזמנה. למען האמת, בתנו הצעירה חני בילתה שנה פורייה מאוד בלימודים בנשמת.

פרק שישי – קריאת התורה: כבוד לדבר הבורא

תפילה לרפואת החולים

בין קטעי הקריאה בתורה, בתי כנסת רבים – וגם שלי – עושים הפסקה לצורך תפילה מאוד אישית (ובכל זאת ציבורית) להחלמת החולים. תפילה זו מביאה את הדאגה העכשווית והאינטימית אל מרכזה של קריאה עתיקה ונעלה. התפילה נאמרת באמצע קריאת התורה, משום שאנו מאמינים ששערי שמיים פתוחים ורחמי הבורא מתעוררים כאשר קוראים בתורתו. אין זמן מוצלח יותר לתפילה למען בני משפחה או חברים שחלו.

בבתי כנסת מסוימים, בעיקר הקטנים שבהם, הרב או החזן קוראים את התפילה בקול רם; וכאשר מגיע הזמן לומר את שמו של האדם, הם מסתכלים על הקהל שמסביבם, ואנשים קוראים לעברם את שמות החולים. אחר כך הרב או החזן חוזרים על השמות בקול רם. בבתי כנסת אחרים, גדולים יותר, התפילה נאמרת בקול, והרב או החזן מפסיקים כשמגיע הזמן לאמירת שמות החולים, וכל מתפלל אומר את השם או השמות בשקט. דרך אגב, השמות הנאמרים הם השמות העבריים, אם הם ידועים, כולל שם האם – ולא שם האב, כפי שנהוג בדרך כלל – למשל, מיכאל בן רבקה. השימוש בשם האם ולא בשם האב נחשב כמסוגל יותר לעורר רחמי שמיים. אפשר לומר את השם הלועזי של החולה, אם שמו העברי אינו ידוע, או אם האדם שמתפללים בעבורו אינו יהודי או שאין לו שם עברי.

אני מאמין בתפילה. כפי שנאמר בתהילים קט״ז, א-ב: "אָהַבְתִּי כִּי-יִשְׁמַע ה' אֶת-קוֹלִי, תַּחֲנוּנָי. כִּי-הִטָּה אָזְנוֹ לִי, וּבְיָמַי אֶקְרָא". על כן, כאשר אני שומע שאנשים שאני מכיר או קרוביהם חולים, אני מתפלל להחלמתם, בשבת וגם בכל יום בתפילת השחרית שלי. אני מחזיק בראשי רשימת שמות של אלו שאני מתפלל בעדם. אם אני נתקל במי מהם, אני שואל מה שלומו ומספר לו שאני מתפלל עבורו,

ובדרך כלל מוסיף, "אני מתפלל להחלמתך, תום, אבל עם כל אמונתי בתפילות, אני בטוח שלא תפסיק ללכת לרופא".

בעניין התפילות הללו הושפעתי מאוד מתובנה של הרב סולובייצ'יק, שלימד כי אם מכירים מישהו חולה ולא מתפללים להחלמתו, זהו מעשה שלא ייעשה, ממש כמו לראות ברחוב מישהו שלא מרגיש טוב ולא לעצור ולסייע לו, ולו רק כדי לקרוא לעזרה רפואית. זוהי הרוח שלאורה מתנהלות התפילות לרפואת החולים בקריאת התורה בשבת בבוקר. למנהג לומר את השמות בקול יש היבט מעשי, והוא להודיע לציבור מי לא חש בטוב, בתקווה שידיעה זו תוביל את החברים להתקשר לאותו אדם או לבקר אותו.

כאשר מסתיימת הקריאה בתורה, שני חברים נוספים נקראים לעלות. האחד – שרצוי שיהיה כשיר גופנית – פותח את ספר התורה כך שלפחות שלושה טורי כתב נגלים, ואז מניף את התורה מעלה, מעל לראשו אם הוא מסוגל לכך, כדי שהקהל יוכל לראות את מילות התורה. אז שרים כולם:

וְזֹאת הַתּוֹרָה אֲשֶׁר־שָׂם מֹשֶׁה לִפְנֵי בְּנֵי יִשְׂרָאֵל, עַל פִּי ה' בְּיַד מֹשֶׁה.

וכך, לאחר קריאת התורה – כמו שעשינו לפניה – אנו מכריזים על אמונתנו בכך שהמילים שזה עתה שמענו הן המילים שאמר האל למשה. המגביה, שספר התורה בידיו, מתיישב, בדרך כלל על כיסא נאה לפני הקהל, והאדם השני שנקרא גולל את הקלף, מכסה את הספר במעיל הקטיפה ושב ומניח עליו את כתר הכסף.

קריאת ההפטרה

האדם האחרון שנקרא לומר את הברכה לפני קריאת החלק האחרון של פרשת השבוע מכובד גם בקריאת ההפטרה, שהיא קטע מן הנביאים שנקרא לאחר קריאת התורה.

לפני כמה שנים, כשהייתי באולם המרכזי העליון בבית הכנסת שלי בסטמפורד והקהל עמד לשמוע את ההפטרה, שמעתי קול מאחוריי אומר, "סנטור, אנחנו צריכים שתרד למטה. יש מקרה חירום רפואי". הרמתי את ראשי וראיתי את ארווין נידוֹבֶּר, אחד מידידיי וחבר קהילה כמותי, כשמראהו רציני והוא לוחש בכובד ראש. בדרך כלל ארווין נתון במצב רוח טוב. כמעט בכל בית כנסת שהתפללתי בו כיסיו היו מלאים סוכריות בהישג יד כדי לחלק לילדים ולמבוגרים שחפצו בכך. ארווין הוא מחלק הסוכריות בסטמפורד. אבל באותו רגע הוא נראה מאוד רציני. האומנם? הבטתי בו בתמיהה. אם היה נזקק לרופא, הרי היו רופאים רבים בבית הכנסת.

ואז נתן בי ארווין מבט מלא משמעות, וניצוץ הבליח בעיניו: "אנחנו צריכים אותך מיד כדי שתעזור לחלק את התרופה". סוף־סוף קלטתי. מלבד היותו שומר אוצר הסוכריות של בית הכנסת, היו בידי ארווין גם המפתחות לארון המשקאות החריפים. בתוך רגע נעמדתי על רגליי, והלכתי בעקבותיו למטה אל אולם האירועים הקטן, כדי לחלק מן התרופה לעצמי.

בבתי כנסת אורתודוקסיים רבים, בזמן קריאת ההפטרה, כשדברי הנביאים – ישעיה או ירמיה או יחזקאל הגדולים – ממלאים את ההיכל, נהגה קבוצה של מתפללים לעזוב בשקט (והיו שקיוו, גם באין רואה) כדי להקדים ולומר קידוש, בדרך כלל על כוסית של

ויסקי סינגל מאלט. במקומות רבים קיבלו אותן חבורות לא־בדיוק־סודיות את הכינוי 'קידוש קלאב'.

באותו אירוע מסוים בסטמפורד, כאשר ארווין זימן אותי ל"מקרה החירום הרפואי", ירד הרב למטה בעקבות העבריינים, פתח את הדלת בתנופה וגער בנו: "איזו חרפה! פשוט לא ייתכן שתעשו את זה בזמן התפילה וקריאת ההפטרה. במקרה הטוב, זה זלזול".

כשמבטו נח עליי, מחזיק בידי כוסית פלסטיק חד־פעמית מלאה בוויסקי חום־זהוב, עזב הרב את החדר.

מאוחר יותר באותו בוקר הוא התנצל בפניי.

"לא, כבוד הרב", אמרתי, "אני זה שחייב לך התנצלות. אתה צדקת".

וכמובן, הוא צדק. לא היה שום תירוץ. ההסבר היחיד שאני יכול לתת הוא שנערים מתנהגים כנערים, אפילו כשהם נערים קשישים יותר, וכשמדובר בקידוש קלאב, לפעמים גם נערות מתנהגות כנערות, במיוחד בזמן טקסים דתיים שאורכם שלוש שעות.

זמן לא רב לאחר מכן זכתה בעיית הקידוש קלאב, שהלכה והתרחבה, לגינוי חד־משמעי מצד ארגון הגג של הקהילות האורתודוקסיות, האורתודוקס יוניון (OU). הארגון הורה לבתי הכנסת שלו לסגור את חבורות הקידוש קלאב, כמו הסוכנים הפדרליים שסגרו פאבים בתקופת היובש בארצות הברית.

אני שמח לספר לכם שפרק אפל זה כבר הסתיים בשני בתי הכנסת שאני פוקד בקביעות ואף ברוב בתי הכנסת באמריקה (אם כי לא בכולם). כעת אנחנו נשארים במקומותינו באולם בית הכנסת כשמתחילה ההפטרה, קריאת דברי הנביאים.

למנהג לקרוא בציבור מן הנביאים בשבת בבוקר יש שורשים תיאולוגיים ופוליטיים כאחד. הוא החל במאה השנייה לפני הספירה, כאשר המלך הסלווקי אנטיוכוס (המלך שנגדו מרדו המכבים בסיפור חנוכה) הוציא צו שאסר על קריאה בתורה בציבור בשבתות, כדי להגביל את היהודים בשמירת מצוותיהם ולפגוע בזהות היהודית. ראשי הרבנים של התקופה צייתו ללשון הצו המלכותי, אך לא לרוחו. במקום הקריאה בתורה, שנאסרה, הם הנהיגו קריאה מדברי הנביאים שהזכירה ברוחה או בתוכנה את הפרשה מן התורה. אחרי שבוטל האיסור והחלו שוב לקרוא בתורה, נמשך המנהג לקרוא מן הנביאים עד ימינו אנו. אך ההפטרה הנקראת בכל שבוע עדיין נבחרת משום שיש לה קשר כלשהו לנושא המופיע בפרשה של אותו השבוע.

הנביאים משוררים ברהיטות על החזרת כל המוסדות מימי התנ"ך, הנראים לנו כה רחוקים היום, על כנם. למשל, ההפטרה שאנו קוראים בשבת שחלה בראש חודש לקוחה מן הפרק האחרון בספר ישעיהו. היא מתארת בצורה מרגשת את שיבת עם ישראל לציון, איך אומות העולם יעזרו ויקבלו בברכה את הקמתה המחודשת של קהילייה יהודית בארץ הקודש, איך ישיב האל את הכוהנים למקדש, איך השבת תהיה נקודת המוקד של אמונה כלל-עולמית מחודשת בבורא: "וְהָיָה מִדֵּי־חֹדֶשׁ בְּחָדְשׁוֹ וּמִדֵּי שַׁבָּת בְּשַׁבַּתּוֹ, יָבוֹא כָל־בָּשָׂר לְהִשְׁתַּחֲוֹת לְפָנַי, אָמַר ה'" (ישעיהו סו, כג).

הקריאה בנביאים מזכירה לנו שאנו בתקופת מעבר בהיסטוריה. אנחנו בדרך למקום טוב יותר. היום איננו היום הגדול, הייעוד שהבורא חוזה לנו. אבל המחר צופן את מלוא האפשרות ליחסים קרובים אפילו יותר בין אלוהים לאדם, יחסים שבמרכזם החוקים

והערכים המתוארים בתנ"ך. זהו המקום שאליו הנביאים וההיסטוריה מכוונים אותנו.

הכנסת ספר התורה לארון הקודש

לאחר ההפטרה מזמר הקורא סדרה של ברכות המבטאות את הכרת התודה שלנו על אמיתות חזון הנביאים. לאחר מכן הקהל אומר כמה פרקי תפילה למען קבוצות כאלה ואחרות – מאלו שמתו על קידוש השם בעבר ועד לאלו שעוסקים בצורכי בתי הכנסת היום, מתפילות למען ההנהגה המדינית של ארצות הברית ושל ישראל ועד לתחינות לשלום כוחות הביטחון של שתי המדינות. בשבת שלפני ראש חודש עברי, המתחיל עם התחדשות הירח, נאמרות גם תפילות בקשה שיתחדש החודש "לטובה ולברכה". תפילות אלו מסתיימות בפתיחה נוספת של ארון הקודש והחזרת ספר התורה לתוכו, בשעה שהקהל שר מילים מתוך התנ"ך – מספרי תהילים, משלי ואיכה, וגם את המילים הבאות, מספר במדבר:

וּבְנֻחֹה יֹאמַר: שׁוּבָה ה', רִבְבוֹת אַלְפֵי יִשְׂרָאֵל (י, לו).

אם כן, פתחנו וגם סגרנו את ארון הקודש במילים שאמר משה רבנו במדבר על ארון הברית ועל הלוחות שבתוכו, שעליהן כתב הבורא את עשרת הדיברות.

השורה האחרונה ששרים לפני סגירת ארון הקודש לקוחה ממגילת איכה: "הֲשִׁיבֵנוּ ה' אֵלֶיךָ וְנָשׁוּבָה, חַדֵּשׁ יָמֵינוּ כְּקֶדֶם". בפירושו לסידור הרב זקס מעיר הערה מקסימה על המשפט הזה: "ביהדות – הדת המונותאיסטית העתיקה בעולם – החדש הוא ישן

והישן הוא חדש. סמלה של התחדשות מתמדת זו הוא התורה, דברו של זה המצוי מעבר לזמן".

הדרשה השבועית

ברוב הקהילות באמריקה, זהו הזמן שבו הרב נושא את דרשתו השבועית. אין ספק שזהו זמן מתאים, שכן קריאת התורה בציבור מגדירה את בית הכנסת כבית מדרש והרב, לאורך הדורות, הוא בראש ובראשונה מורה. למעשה, משמעות המילה 'רבי' היא "המורה שלי". משה נקרא משה רבנו, כלומר – משה מורנו. תפקידו של הרב התפתח בתקופת התלמוד, כאשר החכמים – הרבנים – מסרו את התורה שבעל־פה וענו על שאלות דתיות לגבי יישום התורה שבכתב והתורה שבעל־פה בחיי היום־יום. במאות שלאחר מכן, רבנים גדולים כדוגמת רש"י, רמב"ם ורמב"ן כתבו פירושים על התנ"ך ומסות על ההלכה. הם גם לימדו את תלמידיהם כיצד ליישם את ההלכה בחייהם. חלק ניכר מן ההוראה הזו התנהל בשבתות בבית הכנסת, משום שזה היה היום שבו בני הקהילה המאמינים לא היו עובדים, ועל כן היה להם יותר זמן לא רק להתפלל אלא גם ללמוד. והרב היה שם, מוכן ומזומן ללמד.

רק בתקופות מאוחרות יותר, תחילה במאה התשע־עשרה בגרמניה ואחר כך בכל תפוצות אירופה ואמריקה, פשט מנהגם של רבנים לחקות את עמיתיהם, מנהיגיהן הרוחניים של קהילות נוצריות, לשאת דרשות מן הדוכן כשמספר הנוכחים בקהל הוא הגדול ביותר, כגון בשבת בבוקר. מספר הצורות והסגנונות של דרשות הרבנים גדול כמספר הרבנים עצמם. למדתי הרבה במשך השנים מן הדרשות של רבני הקהילות שלי, יוסף אֶהרֶנקרַנץ מבית הכנסת אגודת שלום

זמן שבת

בסטמפורד, אלברט פלדמן מבית הכנסת וֶסטוִיל בניו הייבן, בארי פרוינדל מקשר ישראל בג'ורג'טאון ודניאל כהן המכהן כעת באגודת שלום בסטמפורד.

רוב הקהילות מכבדות את הרבנים שלהן, אך בכמה מהן עוברות דרשות הרב "פירוק והרכבה" יסודיים, לפעמים סאטיריים. דבר זה הוליד ענף שלם של הומור יהודי — בדיחות רבנים. אספר כאן שתיים מהן, האחת מפי רב והשנייה על רב.

באותה שבת ב-1967, הראשונה לאחר מות סבתי, כשחציתי את הכביש ללכת לקהילת ביקור חולים בניו הייבן, המילים הראשונות ששמעתי מפי הרב, אברהם הפטרמן, היו תחילת הדרשה שלו, לאחר קריאת התורה וההפטרה:

קהל יקר, אלו מכם שהגיעו לתפילה בבית הכנסת כל יום השבוע יודעים, ואלו מכם שלא הגיעו יכולים עכשיו לשמוע שיש לי הצטננות חמורה וכאב גרון חזק. המצב כל כך חמור שתכננתי לא לשאת היום דרשה, אבל אז החלטתי שלא ראוי שתיהנו כל כך מהסבל שלי.

בין הרב הפטרמן לביני נוצרה אהבה מבדיחה ראשונה. הסיפור השני כבר הפך לקלאסיקה. הנה הוא:

הרב עומד לשאת את דרשתו, והאיש שבשורה הראשונה נרדם, עוד לפני שהרב מתחיל לדבר. למעשה, כך קורה בכל שבת בבוקר. אחרי שהדבר חזר על עצמו במשך שבועות, ניגש לבסוף הרב אל אותו אדם והתלונן בפניו: "מדוע אתה נרדם בכל שבוע

עוד לפני שאני מתחיל את הדרשה?" ענה לו האיש: "רבי, זה משום שאני סומך עליך במאה אחוז".

כשהייתי בן חמש־עשרה, הרב הראשון שלי בסטמפורד, ג'ו אהרנקרנץ, שתרם תרומה חיובית מאוד לחינוך הדתי ולשמירת המצוות שלי והשפיע עליהם לטובה, דחק בי לעבור לניו יורק כדי ללמוד בתיכון יהודי, ולאחר מכן להירשם ללימודי רבנות ולהפוך לרב.

כידוע לכם, החלטתי לא לעשות זאת, אבל לפעמים חשבתי על הדמיון בין המקצוע שבחרתי לבין המקצוע שלא בחרתי. רבנים, כמו נבחרי ציבור, חייבים לשמור על אמינותם בעיני חברים מסוגים שונים בקהילה שלהם או במחוז הבחירה שלהם. משרתי ציבור, כמו רבנים, צריכים לשאוף להיות מורים לקהלם ולשמש להם דוגמה ראויה. אלה ואלה מייצגים ומשקפים את קהלם וצריכים גם להוביל ולרומם אותם – לא רק לומר את מה שהם רוצים לשמוע. הן בעלי התפקידים הדתיים והן המדינאים מהווים מטרות נוחות לבדיחות. במאזן הכללי, ומסיבות טובות, פוליטיקאים משמשים מטרה לבדיחות לעיתים קרובות יותר מאנשי דת. ובכל זאת, אני עדיין סבור שבחירת הקריירה שלי הייתה נכונה.

תפילת מוסף

תפילת בוקר השבת שלנו מגיעה כעת לפרק האחרון שלה, 'מוסף', ששמו מרמז לקרבן המוסף. כפי שאמרנו, תפילת מוסף מבוססת על קרבן הציבור הנוסף שהוקרב בשבתות (ובחגים אחרים) בבית המקדש, ויש לה מאפיינים מסוימים משלה.

למשל, בתפילת עמידה (ברגליים ישרות וצמודות) של מוסף, נאמרות המילים מספר במדבר כח, ט-י, המצוות על קרבן השבת הנוסף. עם חורבן בית המקדש השני, תפסה התפילה את מקום הקרבנות, כפי שאמר הנביא הושע בצורה יפה כל כך: "כָּל־תִּשָּׂא עָוֹן וְקַח־טוֹב, וּנְשַׁלְּמָה פָרִים שְׂפָתֵינוּ" (יד, ג).

עוד מרכיב ייחודי לתפילת עמידה של מוסף הוא שבזמן החלק הקדוש ביותר, הקדושה, שבו אנו עומדים זקופים ומנסים לחקות את המלאכים המביאים את האלוהיות ארצה, נוספת אמירת שמע ישראל. חכמינו לימדו שתוספת זו נועדה להדגיש את דרגת הרוחניות הגבוהה יותר של תפילת מוסף. אחרי שאנו חוזרים על הצהרת האמונה מפי המלאכים — "קָדוֹשׁ קָדוֹשׁ קָדוֹשׁ ה' צְבָאוֹת, מְלֹא כָל־הָאָרֶץ כְּבוֹדוֹ" — אנו מוסיפים את ההצהרה האנושית הגדולה שלנו: "שְׁמַע, יִשְׂרָאֵל: ה' אֱלֹהֵינוּ, ה' אֶחָד".

לאחר שהחזן מסיים לחזור על תפילת העמידה בקול, נהוג בבתי כנסת רבים שקבוצת ילדים עולה להוביל את שירת פיוטי הסיום. זוהי מסורת נהדרת: בשבילם זו הכשרה טובה, ובשביל כולנו — מקור לתקווה גדולה לעתיד בעת סיום התפילה.

בבתי כנסת רבים, עם סיום תפילת מוסף, קם ראש הקהילה להשמיע "הודעות". כמו בחלק ניכר מן החיים היהודיים, הרצינות וכובד הראש יכולים להתחלף בבת אחת בסאטירה ובהומור. וזה בדיוק האופן שבו מסתיימת לא פעם חוויית תפילת שבת בבוקר — במופע קומדיה עממי בביצוע ראש הקהילה, המוסר את הודעותיו.

במשך שנים, ראש קהילת ג'ורג'טאון היה ידידי וחברי לכיתה בקולג', ד"ר מייקל גֶלפַנד. הוא נודע — שלא לומר נודע לשמצה — בארכנות יתר בהודעותיו, שנמשכו עד חמש־עשרה דקות

אפילו. מייק היה מתבל חדשות על תפילות ואירועים קרבים בבית הכנסת, על חברים חדשים שהצטרפו לקהילה ועל אחרים שעוזבים ועוברים לפרברים, בפטפוט משעשע. הוא היה מפנה עקיצות של חיבה כלפי חברים בקהל בסגנון תכנית הקומדיה **על הגריל**, ובאותה נימה היו החברים בקהל קוראים כלפיו ממושביהם, מתלוננים ברוח טובה על תוכן הודעותיו או על אורכן.

ישנם אפילו רבנים שאינם מתאפקים, ומסיימים את תפילת השבת בנימה מבודחת. באחד מסופי השבוע בשנות ה־80, כשהייתי התובע הכללי של קונטיקט, ביקרתי בבית הכנסת ההיסטורי טוּרוֹ בניוּפוֹרט, רוד איילנד, מבנה בית הכנסת הישן ביותר שנותר באמריקה (מ־1763). במהלך התפילה הזמין אותי הרב, בלי אזהרה, לקרוא את ההפטרה. ניסיתי לבקש שיוותר לי. אפשר להטיל עליי לשאת נאום בפני עשרת אלפים בני אדם, וזה לא ילחיץ אותי. אבל לבקש ממני לקרוא את ההפטרה בשבת, במנגינת הטעמים, בפני קהל קטן יחסית, בלי התראה וזמן להתכונן – זה מכניס אותי לחרדה. אולם הרב התעקש ואני נכנעתי. כשעמד בפני בית הכנסת והודיע את הודעותיו בסוף התפילה, אמר הרב: "אני רוצה להודות לתובע הכללי ג'ו ליברמן על קריאת ההפטרה הבוקר. יחסית לתובע כללי, הוא קרא יפה מאוד".

בית הכנסת הוא מקום רציני ורוחני, אך הוא אינו רק מקום של כובד ראש. השהות בו היא כמו ביקור בבית שבו המארח רוצה לא רק שתשיגו את המטרה המשותפת לכם, אלא גם שתיהנו.

תמה התפילה, וכעת אנו עוברים לחלק החברתי, שכולו הנאה – הקידוש – שלמדנו לחכות לו עד לסיום תפילות הבוקר שלנו.

התחלות פשוטות

- קבעו עיתים ללימוד התנ"ך, פירושי התנ"ך ויצירות רוחניות אחרות. התחילו בקריאת חומר שמדבר אליכם, אבל אולי כדאי להצטרף לקבוצת לימוד תנ"ך, שתיתן לכם הכוונה. תכננו לעצמכם לוח זמנים שבועי או יומי שבמהלכו תעברו על כל התנ"ך או על חלק ממנו בפרק זמן מוקצב.
- זכרו את האפשרות שיתגלה קשר משמעותי בין הקטע היומי שאתם לומדים לבין מה שקורה בחייכם באותו יום ממש.
- הפכו את לימוד התנ"ך שלכם למעשה טקסי. בחרו במקום נוח או שקט ונסו ללמוד שם, אם אפשר, מדי שבת.
- בזמן לימוד התנ"ך, אל תסתפקו בקריאת הכתוב כאילו הייתם קוראים עיתון. חשבו על הייחודיות של המילים הקדושות וכמובן, על מקורן האלוהי.

פרק שביעי

פנאי במתנה:
נחים כדי לתת כבוד לאל

שבת אחר הצהריים

"מעטים מאוד יודעים שג'ו ליברמן היה פעם בפטיסט", כך התבדח פעם ידידי ועמיתי לשעבר לסנאט, כריס דוֹד. "אבל אחרי שהוא נבחר וגילה לכמה אירועים ציבוריים הוא יצטרך ללכת ביום שישי בערב ובשבת, הוא החליט להפוך ליהודי אורתודוקסי".

"בעצם", הוסיף כריס, "אני שוקל להתגייר בעצמי – אבל רק לסופי שבוע".

זה היה ההומור של כריס דוֹד במיטבו. אבל במציאות השבת היא אולי לא אירוע ציבורי – אבל היא אירוע מאוד קהילתי.

הקידוש

כעת, משנסתיימה תפילת הבוקר, אנו עושים את דרכנו בנחת יחד עם ידידינו ושאר מתפללי בית הכנסת לאולם האירועים החברתיים, לקידוש. כמו בסעודת ליל השבת, 'קידוש' הוא שם הברכה שבה אנו מקדשים את היין ואת השבת. אך במשך השנים קיבלה המילה משמעות רחבה יותר.

'קידוש' הוא גם השם שבו נקראת ההתכנסות הקהילתית אחרי תפילת הבוקר בשבת, שהיא המקבילה היהודית לשעת החברה שנוצרים רבים משתתפים בה לאחר התפילות בימי ראשון.

הקידושים הראשונים הזכורים לי מילדותי התקיימו אחרי תפילת השבת בסטמפורד, בבניין אגודת שלום המקורי (כיום, דרך אגב, זהו משכנה של הכנסייה הבפטיסטית פֵּיית' טַבֶּרנַקְל, שבה נשמר ההיכל במצב מצוין ונותר ללא שינוי, מלבד העובדה שארון הקודש שעל הבימה הוחלף באגן טבילה). בבית הכנסת המקורי הקידוש היה הרבה יותר צנוע מכפי שהוא היום, בבניין "החדש" שבהמשך הרחוב. באותם ימים, הקדמה זו לארוחת הצהריים כללה כמה מגשי דגי הרינג מלוחים, כמה עוגות מתוקות ובקבוק ויסקי מעורב. מאכלים ומנהגים אלו יובאו ממזרח ומרכז אירופה, "המולדת הישנה" שממנה הגיעו רוב המתפללים. דג ההרינג היה "הדג של העניים" והמשקה החריף, הוויסקי המעורב, גם הוא היה שווה לכל כיס. הרושם שלי היה שכוסית הוויסקי – "שנאפּס", ביידיש – שהגברים לגמו בהנאה בקידוש של שבת בבוקר, היה המפגש היחיד שלהם במהלך השבוע עם משקה חריף. בשבילי, שגדלתי בבית הכנסת, המשקה המשכר היה מחוץ לתחום וההרינג עדיין לא משך אותי, כך שהסתפקתי בעוגה.

כיום הקידוש כבר יותר שופע ואלגנטי, הן בזכות ההכנסה הממוצעת הגבוהה יותר של המתפללים הן בזכות ההשפעות התרבותיות והגסטרונומיות של העולם שמחוץ לבית הכנסת, שבו זכו המתפללים להצלחה הודות לחברה האמריקנית הפתוחה.

כך שגם אם ההרינג עשוי להפציע מדי פעם על שולחן הקידוש, כיום סביר יותר למצוא סלמון או דג פחם שלם, או סלט טונה, סלט ביצים, סלט דג לבן, ואפילו סושי. כן, נכון, סושי!

דפדפי ה"קיכְל" הדקיקים, הקשים, המצופים סוכר שכיכבו בצעירותי עדיין מופיעים מדי פעם, אך היום סביר יותר למצוא עוגת שכבות, בראוניז, עוגיות, ובבית הכנסת שלי בסטמפורד, עוגות רינג־דינג!

הוויסקי המעורב סולק, ואת מקומו תפס בעיקר מגוון נאה של בקבוקי ויסקי סקוטי סינגל מאלט, שבעשרים השנים האחרונות הפכו בעיני אחדים ליהודיים ממש כמו בייגל ולקס. בתחום הקידושים עדיין ישנן כמה וריאציות־טעם אזוריות. למשל, בננו הבכור, מאט, גר כעת באטלנטה, ובקידוש בבית הכנסת שלו, הם מכבדים לא רק את השבת אלא גם את הדרום, ושותים בעיקר בורבון.

השתייה בקידוש של שבת היא תמיד שתייה מתונה, מה שתואם בהחלט את דרישות ההלכה. מעולם לא ראיתי אף אדם משתכר בקידוש. אבל התברר לי שרבים מופתעים לגלות שיש בכלל מקום למשקאות חריפים בבית תפילה.

בחורף 1998 התנהל בסנאט משפט ההדחה של הנשיא קלינטון. שתיים מן הישיבות נקבעו ליום שבת, אך מכיוון שהתפילה במניין המוקדם בבית הכנסת בג'ורג'טאון מתחילה ב־7:30 בבוקר, יכולתי

להתפלל שם, ליהנות מעט מן הקידוש, וללכת ברגל לקפיטול לפני שהחלה ישיבת המשפט.

כאשר הגעתי ללשכת הסנאט, בראשונה מבין שתי שבתות אלו, ניגש אליי ידידי הסנאטור בוב קֶרי ואמר:

"ג'ו, שבת היום. מדוע אינך בבית הכנסת?".

"תראה, בוב", הסברתי, "בבית הכנסת שלי יש מניין מוקדם לתפילה. אז בדרך נכנסתי להתפלל עם הקהילה. אפילו היה לי מספיק זמן להשתתף בשעת החברה ולשתות כוסית סינגל מאלט לפני שבאתי לפה".

"היי, ג'ו", ענה בוב, "אפשר לבוא איתך בשבת הבאה? לא נראה לי שיש דרך טובה יותר להתכונן למשפט ההדחה של הנשיא מאשר כוסית ויסקי".

אחד הקידושים הזכורים לי ביותר התקיים בביתנו בוושינגטון ממש בסוף מסע הבחירות של שנת 2000. אחרי ספירה חוזרת ארוכה והחלטות בית משפט שהפכו את הדברים על פיהם, נשא אל גור נאום הפסד רהוט ופטריוטי במוצאי יום רביעי קר אחד בדצמבר. ראשי חוליית השירות החשאי שלנו אמרו לי לאחר מכן שהמנהג המקובל אצלם הוא להישאר עם המועמד שעליו שמרו ועם משפחתו ארבעים ושמונה שעות לאחר תום מסע הבחירות, וזה אומר שבאופן רגיל היו עוזבים אותי ביום שישי בערב. אולם, הם אמרו, הם רוצים ללכת איתנו עוד פעם אחת בשבת בבוקר מביתנו לבית הכנסת וחזרה, אם זה בסדר מבחינתנו. הדסה ואני חשנו שהמחווה מאוד נוגעת לליבנו, והחלטנו להזמין את כל סוכני השירות החשאי שהיו איתנו במהלך מסע הבחירות לקידוש בביתנו מיד אחרי שילוו אותנו הביתה באותה שבת, ויסיימו בכך את חובתם המקצועית. הם לא יהיו עוד בתפקיד, ואנחנו לא נהיה יותר נתונים להגנתם.

פרק שביעי – פנאי במתנה: נחים כדי לתת כבוד לאל

במהלך מסע הבחירות, הגברים והנשים מן השירות החשאי שליוו את משפחתנו בדרכים הפכו לנו כמעין בני משפחה. היה נהדר לערוך איתם קידוש. בירכתי על היין והוצאתי הרבה בירה ובקבוק של איריש מיסט. שתינו לחיים, והזלנו כמה דמעות עם קבוצה נהדרת של משרתי ציבור.

כיום החוויה החברתית שלי בקידוש משתנה לפי המקום שבו אני נמצא בשבת: בסטמפורד, בוושינגטון באולם העליון, או בוושינגטון באולם התחתון עם 'מניין ההשכמה'. המניין הזה, המוקדם, מתאפיין באווירה אינטימית במיוחד. יש בו רק כחמישים מתפללים. התפילות נערכות במה שמשמש בדרך כלל כאולם התכנסות קטן, ולכן, כשהתפילה נגמרת, צריך לפנות את הכיסאות המתקפלים ולערוך את השולחן לקידוש. בקידוש המוקדם הזה נקודת העניין המרכזית, תופתעו אולי לשמוע, היא הסיר עב-הדפנות ובו מבעבע נזיד הקרוי טשולנט, מאכל מסורתי קבוע בשבת. כמעט בכל עדות ישראל ברחבי העולם יש מאכל הדומה לטשולנט, משום שזוהי אחת הדרכים להתמודד עם האיסור לבשל בשבת. אצל יהודי עדות המזרח הוא נקרא חמין. השם טשולנט מגיע כנראה מן הצרפתית של ימי הביניים, ומשמעותו chauldi (חם) ו-lent (לאט). בעבר משפחות היו מכינות את הנזיד שלהן ביום שישי אחר הצהריים ומשאירות את הסירים בתנור שכונתי ענק – פעמים רבות בתנור המאפייה – כדי שיתבשל במשך הלילה. כך יהיה המאכל החם מוכן בצהרי שבת, בלי שיצטרכו לבשל אותו בשבת.

המתכון המסורתי השכיח ביותר לטשולנט כולל בשר בקר, שעועית, גריסים, תפוחי אדמה ומעין נקניקייה כשרה הנקראת קישקע, הממולאת בשומן אווז או עוף ובקמח, ואינה מומלצת לחוששים לרמות הכולסטרול שלהם. אניני טשולנט אמרו לי

שמבחן אחד לאיכות הטשולנט הוא אם ניתן להבחין בבירור בין מרכיביו – בין הבשר לתפוחי האדמה, למשל, או בטשולנט צמחוני – בין הגזר לעגבניות. אך לאחר בישול איטי של כשמונה־עשרה שעות, זה עלול להיות מאתגר. אחת ההנאות החושניות של השבת המסורתית היא ריחו העז של הטשולנט הנישא בחלל הבית שבו מתחמם התבשיל כשמתעוררים בשבת בבוקר.

למרות כל מיומנותה בקולינריה של שבת, הדסה אינה חובבת טשולנט. היא חושבת שזה מאכל כבד מדי, וטוענת בנחישות שהוא נוטה להנמיך את רמת האנרגיה ואת מרכז הכובד של האוכל אותו.

לעומת זאת, בנינו, מאט ואיתן, נהיו בשלני טשולנט ממולחים. אחת מן המטרות שעדיין לא הגשמתי בחיי היא ללכת בעקבותיהם.

בקידוש בבית הכנסת בג׳ורג׳טאון, אחרי המניין המוקדם, הפינוק שלנו הוא הטשולנט של דני קליין, מן הבולטים שבחברי הקהילה וגם ידען גדול. בדרך כלל הוא זה שמכין את הטשולנט וגם מפקח עליו, ושניהם, הוא והטשולנט שלו, זוכים תמיד לכבוד רב.

ראשית, מן המטבח הסמוך מובא ברוב טקס הסיר לבישול איטי ובו הטשולנט, שמתבשל מאז יום שישי לפני השקיעה ולכן הוא ממש מהביל. הסיר מונח על פיסת שיש לבן שמכנים אותה בבדיחות הדעת (וקצת תוך חילול הקודש) ׳המזבח׳, כשהרמיזה היא למזבח שעמד בבית המקדש. ואז, על רקע השאון החברתי הכללי של הקידוש, קורא דני לאנשים בזה אחר זה לפי סדר המבוסס אך ורק על ערכיו והחלטותיו. ליאון ויזלטיר, לשעבר העורך הספרותי של המגזין The New Republic, הוא ה׳רעבע׳ (כלומר רב) הבלתי־מוסמך של המניין המוקדם הזה. יש שאפילו מכנים אותו ׳הכוהן הגדול׳, אך אין זה תואר רשמי ובהחלט יש בו משום חילול הקודש. ליאון, כמובן, הוא הראשון שדני מזמן אל הטשולנט, והוא נענה

בלי היסוס. כאשר אני מגיע למניין המוקדם, דני מזמן אותי בדרך כלל בין "חמשת הגדולים" – תמיד לאחר כמה מן המשתתפים הוותיקים והנאמנים – ולפעמים, אני חושד, על פי ההצבעות שלי בסנאט במהלך השבוע שחלף. אבל אני אסיר תודה על כך שבכלל מזמנים אותי.

פעם אמרתי לדני, "אני מבין אילו הכרעות קשות אתה מקבל מדי שבוע, באצילות רבה כל כך, בעניין חלוקת הטשולנט, אבל האם לפעמים אתה מעניש מישהו באמצעות סדר החלוקה?".

דני, בלי היסוס, השיב: "פה ושם אני מגיע למסקנה שמישהו לא מתנהג כמו שצריך, ואז אני לא מזמן אותו לטשולנט בכלל, בתקווה שהוא לא יבוא שוב".

לסיפורים ולבדיחות על טשולנט יש היסטוריה ארוכה ומכובדת. למשל, ב־1850 חיבר המשורר היהודי־גרמני היינריך היינה פארודיה על "המנון לשמחה" של שילר (שהתפרסם בזכות הקטע הקוראלי בסימפוניה התשיעית של בטהובן) וקרא לה "הנסיכה שבת". חיצי הסאטירה של היינה כוונו אל יהודי גרמניה של המאה התשע־עשרה שנאחזו בכוח במנהגים הישנים, כגון אכילת הטשולנט.

טשולנט הוא ניצוץ־אלוה,
מגן עדן טעמו
כך היה שר לנו שילר,
לו טעם הוא את הטשולנט

(תרגום מגרמנית: שלמה טנאי)

אם אני בסטמפורד או משתתף במניין המאוחר יותר באולם העליון של בית הכנסת בג'ורג'טאון, המוסד החברתי הקרוי 'קידוש' נראה

זמן שבת

שונה מאוד מאשר במניין המוקדם בג'ורג'טאון. קודם כול, הוא גדול יותר וצפוף יותר. בוושינגטון הקידוש המאוחר יותר דומה לעיתים לבית משוגעים, גדוש בצעירים העובדים או לומדים בוושינגטון. הקהילה, למרבה השמחה, גדלה מעבר לקיבולת של אולם האירועים שלה, והקידוש נראה לפעמים כמו מפגש פנויים־פנויות, מלבד, כמובן, נוכחותנו שלנו, החברים המבוגרים יותר, הנשואים זמן רב. למעשה, הקהילה שלנו בוושינגטון גאה במספר הרב של השידוכים שיצאו מבית הכנסת והובילו לנישואין.

בסטמפורד המניין שלמטה מקיים את הקידוש שלו באחד מאולמות האירועים שלמעלה, והאווירה כאן דומה יותר למסיבת קוקטייל לבני כל הגילים. הקהל כולל סטודנטים אחדים שהם ילדים של חברי הקהילה וגם כמה גמלאים, אך ברובו הוא מורכב מאנשי עסקים ובעלי מקצועות חופשיים שרובם בשלב כלשהו של גיל העמידה. השולחנות מלאים באוכל מכל הסוגים, ומבוגרים וילדים מתפתלים בין האנשים בדרכם מן האוכל אל חבריהם ואל בני משפחתם, וחוזר חלילה. אותו ארווין שהזכרתי קודם מספק יותר מבקבוק אחד של ויסקי סינגל מאלט, לצד כוסיות הפלסטיק השקופות שגודלן כאצבע קטנה.

אחת ההשלכות של היותי חבר בסנאט של ארצות הברית היא שאף פעם אינני אזרח פרטי ותו לא, כך שבקידוש לפעמים ניגשים אליי בוחרים (ובוושינגטון – כאלה שאינם מבוחריי) עם צרכים שנבחרי ציבור כמוני יכולים, בעיניהם, לתת להם מענה. הקידוש הוא הזמן הטוב ביותר לבקשות כאלה. לאישה אחת יש בעיית הגירה שאולי אני יכול לעזור בעניינה. לאיש אחד יש בן שמחפש עבודה בוושינגטון. אולי אני יכול להמליץ עליו? בשבת אני יכול לענות במלוא הכנות: "אני רוצה לעזור אבל לא יכול לרשום לפניי עכשיו,

כמובן, ואני חושש שאשכח, אז בבקשה טלפנו אליי למשרד ביום שני!". אני מכיר גם רופאים שאנשים ניגשים אליהם בקידוש עם שאלות בנושאי בריאות. למעשה, עכשיו כשאני חושב על זה, הדסה ואני והילדים ביקשנו פעמים רבות עצה רפואית בקידוש.

כשממטירים עליך שאלות בעניינים פוליטיים בשבת, יכולה להתקבל הרגשה של חדירה לפרטיות (ואני בטוח שכך הדבר גם לגבי בעלי מקצועות רפואיים, כאשר אנשים כמוני ניגשים אליהם עם שאלה). לכן חשוב כל כך שההלכה היהודית אוסרת לדבר על ענייני חולין בשבת. לא כולם מקפידים בהכרח על ההלכה הזו, אבל היא מספקת הכוונה טובה, ויכולה לשמש דרך טובה להסיט שיחה שרוחה אינה תואמת את רוח היום. אפשר לחייך ולומר, "אבל כמו שלימדו אותנו רבותינו, אסור לנו לדבר על ענייני חולין שכאלה בשבת".

הרעיון שאפילו הדברים שעליהם משוחחים בשבת צריכים להיות שונים מאשר בימות החול מחזיר אותנו לתקופת הנביאים, שדבריהם משמשים כהקדמה לברכת הקידוש עצמה, בנוסח שאנו אומרים בפתיחת סעודת הצהריים בשבת. אמר הנביא ישעיהו:

> אִם־תָּשִׁיב מִשַּׁבָּת רַגְלֶךָ, עֲשׂוֹת חֲפָצֶךָ בְּיוֹם קָדְשִׁי, וְקָרָאתָ לַשַּׁבָּת עֹנֶג, לִקְדוֹשׁ ה' מְכֻבָּד, וְכִבַּדְתּוֹ מֵעֲשׂוֹת דְּרָכֶיךָ, מִמְּצוֹא חֶפְצְךָ וְדַבֵּר דָּבָר. אָז תִּתְעַנַּג עַל־ה'. (ישעיהו נח, יג-יד)

הימנעות מ"דַבֵּר דָּבָר" – כלומר דיבור על ענייני החולין והעסקים הקשורים לימות השבוע – מגבירה את חוויית השבת, והופכת אותה ליום של שלווה אמיתית. לפעמים, כשהדסה ואני רחוקים מביתנו בשבת והולכים לבית הכנסת, הרב או נשיא הקהילה שואלים אם אני מוכן לדבר על ההתרחשויות הפוליטיות האחרונות. אני תמיד אומר,

"הלוואי ויכולתי, אבל כפי שאתה בוודאי יודע, אני לא עובד בשבת". אם הם ממשיכים לבקש ואני נכנע, אני שב ומספר את הבדיחה שלי על כך שאינני עובד בשבת, ואז מדבר על נושא דתי – ולא פוליטי.

אחרי הקידוש בסטמפורד לעיתים אנו נשארים לשיעור, שאותו מוסר פעמים רבות בן־דודי המלומד הרולד ברנסטין, ולעיתים אנו הולכים הביתה. מוקדם עדיין לאכול צהריים, ולכן אנו מנצלים את הזמן לקריאה, ללימוד או לשיחה.

אף על פי שהדסה ואני אוהבים מאוד לארח ולהתארח בסעודות השבת, האמת היא שאיננו מרבים לארח כפי שראוי. זה נובע במידה מסוימת מן החיים הכפולים שלי, המתנהלים הלוך וחזור בין סטמפורד לוושינגטון, ומחייבים אותנו לנסיעות רבות בימי שישי, כך שקשה לתכנן ולהכין ארוחות. אך במידה מסוימת, זוהי גם תולדה אחרת של חיי המקצועיים: להיות איש ציבור משמעו להיות נחלת הציבור. הדסה ואני מתייחסים לשבת כאל מפלט מקודש שמעניק לנו את מתנת הפרטיות. זכרו, אני האיש שיש לו מנהג פרטי לא לענוד שעון בשבת כדי שאוכל לשכוח מלחץ הזמן, שבדרך כלל מתחלק בלי הרף לנתחים של חמש־עשרה, עשרים ושלושים דקות, המלווים את עבודתי בימות השבוע. השבת היא מתנה מבורכת של זמן למנוחה ולפרטיות. כך שבבדיחה של כריס דוֹד יש לא מעט אמת.

סעודת שבת בצהריים

לארוחות השבת, כפי שכבר ראינו, יש סדר משלהן. אחרי ברכת הקידוש (הנאמרת שוב לפני סעודת הצהריים, כדי לרומם אותה), כולנו קמים כדי ליטול ידיים, כפי שעשינו לפני הארוחה בליל שבת. ושוב, אין הדבר נעשה לשם ההיגיינה, אלא כדי להפוך את הסעודה למעשה רוחני. איננו רק מזינים את עצמנו כפי שחייב לעשות כל יצור

חי, אלא מתכוננים למעשה של רֵעות זה עם זה ועם אלוהים. אחר כך אנו מודים לאלוהים על שהוציא לנו "לחם מן הארץ".

ואז מגיעה הארוחה עצמה. כמו הסעודה בליל שבת, זהו אירוע חגיגי שמשלב הרבה אוכל טוב עם שיחה, ידידות, צחוק, וגם דברי תורה. יש משהו אינטימי יותר בסעודת ליל שבת לעומת סעודת הצהריים של שבת. בליל שבת פחות אנשים נוטים לארח, וסביר יותר שירצו זמן לבד עם משפחתם. ארוחת הצהריים היא שונה. איש אינו עייף מיום העבודה שחלף והזמן ללכת לישון עוד רחוק, כך שארוחות הצהריים בשבת נותנות לנו את החופש להאריך בדברים ולקחת את הזמן, להשתהות על שיחות ועל מנות, על הקינוח ועל הזמירות.

הן סעודות ליל שבת והן ארוחות הצהריים היו להדסה ולי זמנים נהדרים לבילוי עם הילדים, מאט, בֶּקָה, איתן וחני, כשגידלנו אותם. כעת, לאחר שגדלו, אנחנו זוכים לבילוי של שבת כשהם באים לבקר, לא רק איתם אלא גם עם בני ובנות זוגם, אליזבת, ג'ייקוב, אריאלה ודניאל; ועם ילדיהם, טנסי, וילי, אבי, מרים, בנג'מין, מאדי, קמילה, עידן, יצחק, יואב ועקיבא. תמיד האמנו שחשוב להקדיש את שעת הארוחה לזמן משפחתי, ואפילו בתקופות העמוסות ביותר שלנו, השתדלנו מאוד לוודא שיהיו במשך השבוע ארוחות שבהן נוכל לשבת יחד לשולחן ולדבר. אולם לא משנה כמה עסוקים היינו, סעודות ליל שבת וצהרי שבת היו זמנים שבהם מובטח היה לנו שנוכל להשלים פערים, לדבר ולצחוק. אלו הן הזדמנויות שבהן אנו ההורים יכולים לנסות להנחיל לצאצאינו לקחים כאלה ואחרים – במילים ובמעשים. אין לי מילים לבטא כראוי כמה חשובות היו למשפחתנו סעודות השבת יחד, ועד כמה אני מפציר בכם לכלול בשבת שלכם סעודה משפחתית, אם אין לכם כזו עדיין.

הרושם שלי הוא שהמנהג לסעוד יחד סעודות יום ראשון, שרווח במשפחות נוצריות – פרוטסטנטיות וקתוליות – ירדה קרנו. זוהי אבידה של ממש לאותן משפחות, ובסופו של דבר לחברה שלנו.

אם אתם חברים בקהילה המתאספת בשבת, שפר עליכם מזלכם. אם לא, אולי כדאי שתחפשו קהילה כזו. בין אם הסיבה להתכנסות היא טקס דתי ובין אם נזיד חם, יש משהו מלא חדווה וסיפוק במסורות המתפתחות באופן טבעי כשבני אדם מתכנסים יחד בקביעות כדי לעשות משהו שאינו עבודה. האיסור על נהיגה בשבת מבטיח שקהילות יהודיות דתיות יתפתחו בסמיכות גיאוגרפית לבית כנסת. מכיוון שאיננו יכולים לנהוג, עלינו ללכת, ורוב בני האדם אינם רוצים ללכת מרחקים ארוכים. לכן הם נוטים לגור קרוב זה לזה, דבר שמחזק עוד יותר את הקשרים בקהילה. אין שום סיבה שכנסייה לא תוכל לסגל לעצמה את ההיבט הזה של השבת ולנצל אותו, וכך תעודד את בני הקהילה לגור קרוב ואפילו ללכת ברגל לתפילות מדי פעם.

במהלך ארוחת הצהריים של שבת, אנו שרים מזמורים כפי ששרנו בליל שבת. מדובר בפיוטים, אבל המונח יוצר רושם מופרז של כובד ראש. המילה ׳זמירות׳, שהיא הכינוי לשירי השבת, מעלה בתודעתי צירוף תכונות ייחודי. הנעימות קליטות, קלות לזכירה, קצביות ותוססות. עד כדי כך שכאשר אני מתכונן להופעה בציבור או לנאום, אני לפעמים תופס את עצמי מהמהם את אחת הזמירות. לא רק המילים מחזקות אותי, אלא גם המנגינה, הנוסכת בי מצב רוח טוב ומרץ.

המילים הפיוטיות של הזמירות אכן רציניות, שהרי הן חוברו לפני זמן רב ובמקומות רחוקים. זמירות מסוימות קשורות לליל שבת ואחרות ליום השבת, אבל אנחנו שרים אותן פחות או יותר לפי

מצב הרוח, בלי לשים לב באיזה סדר אנחנו שרים. למרות הרצינות של המילים, יהודים רבים (ואני בהם) אוהבים להשתעשע בזמירות ולהחליף את מנגינתן המסורתית במנגינות של שירי פופ. אחת הזמירות החביבות עלינו היא 'דרור יקרא', שהשורה הראשונה שלו היא: "דְּרוֹר יִקְרָא לְבֵן עִם בַּת וְיִנְצָרְכֶם כְּמוֹ בָבַת... שְׁבוּ נוּחוּ בְּיוֹם שַׁבָּת". מחבר השיר, החכם דונש בן לברט, בן המאה העשירית, כתב כחלק מ'דרור יקרא' גם את הבית הלא־כל־כך־שליו הזה: "הֲדוֹךְ קָמַי אֵל קַנָּא בְּמוֹג לֵבָב וּבִמְגִנָּה וְנַרְחִיב פֶּה וּנְמַלְּאֶנָּה לְשׁוֹנֵנוּ לְךָ רִנָּה".

בשולחן השבת המשפחתי שלנו משפטים ניציים אלו מושרים פעמים רבות – בחוסר התאמה מוחלט לתוכנם – במנגינת שירם הקלאסי של 'נערי החוף' מ־1966, "סְלוּפּ ג'וֹן בִּי" ("Drinking all night, Got into a fight, Well I feel so broke up, I wanna go home"). יש חסידים הגורסים שלקיחת מנגינה עממית או שיר פופ והתאמתם למילים של זמירות שבת גואלות את המנגינה מבחינה רוחנית.

סעודת שבת בצהריים מסתיימת באמירת ברכת המזון הארוכה, כשלפניה מזמור תהילים קכו, שאותו, למרות הדרו, שמעתי במבחר מנגינות, החל משיר הפוטבול האמריקני החביב על האוהדים במכללות, "זה עולם קטן מאוד", ועד לסימפוניה התשיעית של בטהובן. בעיניי, כל זה נראה הולם, משום ששמחה וצחוק אמורים למלא תפקיד חשוב בחוויות הדתיות שלנו. למעשה, תהילים קכו כולל את השורה הנפלאה על השמחה שבגאולה העתידית בימות המשיח, "בְּשׁוּב ה' אֶת שִׁיבַת צִיּוֹן, הָיִינוּ כְּחֹלְמִים. אָז יִמָּלֵא שְׂחוֹק פִּינוּ, וּלְשׁוֹנֵנוּ רִנָּה". כפי שהסברנו, השבת נועדה לתת לנו טעימה או הצצה אל אותה גאולה, אל חוויית העולם הבא. הצחוק ושירי השמחה הם מרכיבים מתאימים וראויים לשבת!

אני מתאר לעצמי שחלק אחד מסעודות השבת שלנו יתמיה את אורחינו הנוצרים, משום שיש בו היפוך, לכאורה. על פי המסורת היהודית, אנו מודים לאלוהים על מזוננו לא רק לפני האוכל, אלא גם אחריו. נכון, אנחנו מברכים את הבורא בקידוש על היין ובברכה על הלחם, אך הברכה הרשמית נדחית עד לאחר סיום הארוחה, כשאנו שבעים מן האוכל. טבעי להרגיש אסירי תודה כשמתיישבים לאכול. אז אנחנו רעבים וחשים תחושת הקלה שהנה אנו עומדים להשביע את רעבוננו. אך לאחר שאכלנו, אנו עלולים לשכוח שנתברכנו בשפע; ועל כן המסורת שלנו מצווה עלינו להקדיש שוב זמן להודות לבורא. אם המשפחה שלכם אומרת ברכה לפני הארוחה, אולי תרצו לנסות גם את סדר העניינים הזה ולומר עוד ברכת הודיה לאחר האוכל. אני חושב שתרגישו רמה אחרת של תחושת הודיה.

לעשות את השבת בארץ אחרת

כסנטור, קורה לא פעם שהשבת שלי מתנהלת באופן קצת שונה מכפי שסיפרתי כאן. אמנם מהותה של השבת וסדר הארוחות אינם משתנים אף פעם, אך הסביבה בהחלט עשויה להשתנות. מכיוון שחוקת ארצות הברית מטילה על הסנאט לפקח על יחסי החוץ ועל הביטחון הלאומי, ומשום שאני חבר בוועדת הכוחות המזוינים של הסנאט, אני נדרש לנסוע הרבה לחו"ל. כך נוצרו הזדמנויות לשבתות על רקע אקזוטי למדי.

כשאני נוסע, בין אם אני במדריד ובין אם במינכן, בטוקיו, בניו דלהי, בבגדד או בבוגוטה, פעמים רבות אני מבקש מן השגרירות האמריקאית במקום להזמין כמה יהודים מן הקהילה לבוא לסעוד איתי סעודת שבת. בהזדמנויות הללו פגשתי כמה בני אדם נהדרים. בליל שבת בניו דלהי, למשל, פגשתי את ג׳יי.אף.אר "ג׳ק" ג׳ייקוב,

קצין בדרגה מקבילה לאלוף, שהוא גם הודי וגם יהודי. בהיסטוריה הצבאית ההודית המודרנית הוא נחשב לגיבור, משום שהוא הוביל את הכוחות ההודיים אל תוך בנגלדש במלחמת 1971 שבה ניצחה הודו את פקיסטן. מוצאו של ג׳ייקוב ממשפחה יהודית עתיקה שעזבה את בגדד במאה השמונה־עשרה והתיישבה בכלכותה. במלחמת העולם השנייה, כאיש צעיר שהזדעזע מן הידיעות על השואה שחוללו הנאצים, התגייס לצבא הבריטי בהודו ועלה בסולם הדרגות. בארוחה נכח יהודי הודי נוסף, שיכול היה לעקוב אחר שורשיו במדינה עד למאה השנייה לספירה, כאשר אבותיו היו סוחרים נוסעים שהגיעו להודו לרגל עסקיהם, ולבסוף נשארו בה זמן רב מאוד.

כשהייתי בבגדד, ביליתי את השבת במתחם השגרירות, שם אירחתי את אחייני אדם מילר, שעשה שלוש תקופות שירות בעיראק במסגרת המשטרה הצבאית של צבא ארצות הברית. באחת השבתות בבגדד נהנינו מחלות נהדרות מניו יורק, הודות לקצין הדת היהודי של הצבא וגברת נפלאה מלונג איילנד שהייתה שולחת לו מדי שבוע ארגז חלות לחיילים היהודים. הרב ניהל את התפילות בליל שבת ובשבת בבוקר, בנוכחותם של למעלה מארבעים אנשים משגרירות ארצות הברית ומן הצבא. הרב הדגיש מקומות מסוימים בסידור המתייחסים להיסטוריה היהודית בעיראק, שהחלה עוד במקומו המשוער של גן העדן ובמקום הולדתו של אברהם אבינו. כמה מן הנביאים היהודים הגדולים קבורים במתחמים מקודשים בעיראק, וגם המוסלמים שם, אגב, חולקים להם כבוד.

בארוחת הצהריים באותה שבת נפגשתי עם מנהיגים מוסלמים עיראקיים שעסקו בנושאי זכויות אדם. לאחר ארוחת הצהריים, התכבדתי לארח את שר החוץ העיראקי, הוֹשיַאר זֵבַּארי, מנהיג הכורדים בעיראק.

זמן שבת

במסעותיי מסביב לעולם, במיוחד בשבת, סייעו לי בנדיבות וברוח טובה אנשי תנועת חב"ד העולמית, תנועה שנוסדה במאה השמונה־עשרה ברוסיה ושמה הוא ראשי התיבות חוכמה, בינה ודעת. אחד מראשי התנועה בימינו אמר פעם: "בכל מקום בעולם שיש בו קוקה קולה, צריך להיות בית כנסת, בית ספר או מרכז של חב"ד". בשנים האחרונות, במיוחד אחרי 1994, אז נפטר מנהיגה הכריזמטי של התנועה, הרבי מנחם מנדל שניאורסון מליובאוויטש, שתורותיו ממשיכות להוות השראה לחב"ד, נראה לי שישנם יותר מרכזי חב"ד מאשר זיכיונות של קוקה קולה ברחבי העולם.

היה לי הכבוד להשתתף בתפילות ובאירועים דתיים שניהלו שליחי חב"ד במקומות מרוחקים – מבודפשט ועד בייג'ין, מטאיפיי ועד טשקנט, וגם מעבר להם.

חב"ד אף היו נדיבים מאוד, וסיפקו לי ולנוסעים רבים אחרים את מצרכי היסוד לשבת – חלות, יין כשר, נרות ומזון כשר.

אספר כאן רק אחד מן הסיפורים הרבים שבאמתחתי על אודות התושייה של חב"ד בביצוע שליחותם. בפברואר 2003 הייתי במינכן שבגרמניה, בכנס על ביטחון בינלאומי, שג'ון מקיין ואני משתתפים בו בכל שנה. באותה שנה התקיימו בעיר הפגנות ענק נגד המלחמה בעיראק, וזאת במקביל לכנס, שבו השתתפו כמעט כל שרי הביטחון ורבים משרי החוץ של מדינות ברית נאט"ו. המשלחת האמריקנית שלנו הגיעה לבית המלון שבו נערך הכנס זמן קצר לפני השקיעה ביום שישי. את פניי קיבל הנספח הצבאי של ארצות הברית, שסיפר לי על חוויה בלתי־נשכחת שחווה מוקדם יותר, אחר הצהריים:

"כפי שראית, אדוני הסנטור, הרחובות מסביב למלון חסומים בכלי רכב לפיזור הפגנות ובמכוניות משטרה. לפני כמה שעות נקראתי לצאת החוצה ולפגוש מישהו. יצאתי, ראיתי את ניידות

המשטרה מפנות מקום, וביניהן פסע רב צעיר מזוקן בחליפה שחורה ובכובע שחור, נושא עמו שקית קניות גדולה. כשנפגשנו, אמר לי שהוא מביא את השקית לסנטור ליברמן לשבת. הנה היא".

ואכן, תודות לרב ישראל דיסקין, רב חב"ד במינכן, קיבלתי שקית גדושה בכל צרכיי לשבת מהנה במינכן. איך ידע הרב שאני שם? אמי, בסטמפורד, קונטיקט, אמרה לרב חב"ד שלה, ישראל דֶרֶן, שאני עומד להיות במינכן באותה שבת, והרב דרן מיד שלח מכתב לרב דיסקין, שנטל על עצמו את הטיפול בעניין.

שבת משונה ביותר

מדי פעם אין לי הרבה ברירה, ועליי להיעדר משולחן השבת. זה לא מה שהייתי רוצה, כמובן, אבל לפעמים זה בלתי־נמנע. מקרה אחד שכזה קרה בהשבעתו הראשונה של הנשיא ג'ורג' וו' בוש, שהתקיימה, על פי דרישות התיקון העשרים לחוקה, ב־20 בינואר 2001, בצהרי היום. הייתה זו, למיטב זיכרוני, הפעם הראשונה שבה התקיימה ההשבעה בשבת. השופט העליון רנקוויסט קבע את ההשבעה לתפקיד בשעה 12:01 בדיוק. האם יכולתי להחמיץ את האירוע הזה?

ודאי שלא. הייתי המועמד לתפקיד סגן הנשיא בהרכב שג'ורג' בוש ודיק צ'ייני ניצחו, בבחירות שהתאפיינו במחלוקות מרות. ידעתי שהגיע הזמן להתאחד לטובת ארצנו. אם לא נגיע לטקס ההשבעה של הנשיא בוש, נבלוט בהיעדרנו, ולמרות השבת, ייראה הדבר בעיני רבים כהתנהגות מפלגת ו"לא ספורטיבית". ידעתי שהדסה ואני עלולים להרגיש שם כמו רוחות שעלו באוֹב. ובכל זאת, "חייבים ללכת", אמרתי לה. סגן הנשיא אל גור עמד ללכת. כולנו ידענו שאם לא נגיע, ניראה כמי שאינם יודעים להפסיד בכבוד. כדי להקל על עצמנו את ההליכה לקפיטול לטקס ההשבעה, הגענו ביום שישי

אחר הצהריים במלון פיניקס פארק שבגבעת הקפיטול. כשהגענו לשם וראינו את אווירת הפסטיבל בקרב תומכי הנשיא הנבחר, הרגשנו מאוד לא שייכים. היה זה בית משוגעים אחד גדול. שינינו את דעתנו בעניין המלון. עדיין לא הגיעה השקיעה, ולכן מיהרנו הביתה והתקשרנו לשכנים שלנו, שלי ומינדי ויזל, שהזמינו אותנו בשמחה להצטרף אליהם לסעודת השבת. נהנינו מאוד לישון באותו לילה בביתנו שלנו, בשקט ובפרטיות.

למחרת בבוקר היה קר. לבשנו מעילים ועשינו את הדרך הארוכה ברגל להשבעה בגבעת הקפיטול.

כאשר התקרבנו לקפיטול, שמעתי את שאגת אלפי המפגינים נגד בוש. אלמלא היה זה יום השבת, לא היינו מוצאים את עצמנו בשום אופן משתרכים ברגל דרך הקהל. המפגינים נראו המומים ונרגשים לראות אותנו. "היי, זה ג'ו ליברמן! אל תוותר, ג'ו", צעקו. הייתה גם, כמובן, חבורה גדולה יותר אך שקטה יותר של אנשים שחגגו את השבעת הנשיא החדש, והם בירכו אותנו בכבוד וברוח טובה.

מכיוון שהלכנו ברגל ונאלצנו להידחק ולהתפתל דרך הקהל, הגענו הדסה ואני אל הבמה אחרי שאר הסנטורים. אחד מן האנשים שראיתי היה מזכיר המדינה המיועד קולין פאוול, שאותו כבר למדתי להכיר, לחבב ולכבד במהלך עבודתי בוועדת הכוחות המזוינים של הסנאט.

"אז לא יכולת להגיע לפה בזמן היום, ליברמן", אמר קולין בחיוך רחב.

ידעתי שקולין פאוול גדל בשכונה יהודית בברונקס, ולכן הבין ודיבר מעט יידיש. הוא ואני התבדחנו בעבר על העובדה הביוגרפית הזו שלא רבים הכירו, ובמיוחד על התקופה שבה שימש "גוי של

פרק שביעי – פנאי במתנה: נחים כדי לתת כבוד לאל

שבת", כלומר לא-יהודי שמוכן לעזור לשכניו היהודים ולעשות משהו שהשכנים היהודים מנועים מלעשות בשבת, כמו להדליק אור ששכחו להדליק לפני שבת, או להגביר את החימום ביום חורף קר מן הצפוי.

לכן, כאשר קולין פאוול הקניט אותי על שאיחרתי להשבעה של בוש, אמרתי, "היי קולין, חשבתי שבנעוריך היית הגוי-של-שבת הטוב ביותר בברונקס".

חיוך גדול עלה על פניו. "אה, עכשיו אני מבין למה התעכבת. שבת שלום, סנטור וגברת ליברמן, ותודה שהגעתם לכאן ביום המיוחד שלכם".

לאחר הטקס נכנסנו הדסה ואני לבניין הקפיטול, והצטרפנו לכמה מעמיתינו בסנאט לקבלת פנים במשרדו של מנהיג הרוב בסנאט, טום דאשל. כשעזבנו את קבלת הפנים אחרי כחמש-עשרה דקות, ראינו סוכנים של השירות החשאי במסדרונות, ואז נתקלנו בנשיא החדש של ארצות הברית, ג'ורג' וו' בוש, שהגיע מן החתימה על המסמך הרשמי של קבלת הנשיאות בחדר הנשיא שלצד אולם הסנאט, מנהג שהנשיא רייגן החל בו ב-1981. הנשיא בוש מיהר להושיט לי יד ללחיצה ידידותית. זו הייתה הפעם הראשונה שפגשתי אותו.

"ברכותיי, אדוני הנשיא", אמרתי כשלחצתי את ידו.

"תודה, סנטור. והרשה לי לברך אותך על מסע הבחירות המצוין שניהלת. אני לא חושב שהתוצאה הייתה צמודה כל כך אלמלא היית אתה בהרכב".

"תודה, אדוני הנשיא", השבתי. "עכשיו אני מצפה לפעול יחד איתך לטובת ארצנו".

"טוב", אמר וחיוך שובבי הבזיק על פניו. "אני בטוח שנוכל למצוא את הדרכים".

באותו רגע, מיותר לומר, לא היה לי מושג כמה דרכים נמצא לעבוד יחד, במיוחד בעניין המלחמה בעיראק, ועד כמה העבודה הזו תשנה את מסלול הקריירה הפוליטית שלי. אבל זה סיפור ארוך, ולא לעכשיו.

זו הייתה, כמובן, שבת מאוד חריגה. מאוחר יותר אכלנו, הדסה ואני, ארוחת שבת במשרדי בסנאט, ומכיוון שהיה חורף והשמש שקעה מוקדם, נשארנו עד סוף השבת בגבעת הקפיטול, ואחרי צאת השבת הסיעו אותנו הביתה.

לִרצות את הבורא במנוחתנו

השבת אינה רק יום שבו אנו שובתים ממלאכה, יום שבו **לא** עושים דברים. המילה העברית 'מנוחה' אינה נושאת רק מובן של שלילת מעשה. בנוסח תפילת השבת אנו אומרים שוב ושוב שהבורא יהיה מרוצה ממנוחתנו. משמעות הדבר היא שצריך להיות תוכן חיובי למנוחה שלנו. על פי חכמינו, המנוחה היא בריאה שברא אלוהים. הוא יצר אותה בשבת הראשונה. כשאנו עובדים במהלך השבוע, אנו עושים זאת מתוך כוונה לייצר מרחב למנוחה שלנו, בדומה לאלוהים. איננו משתמשים בשבת רק כדי "לקחת אוויר" ולאסוף כוחות לקראת עמלנו הבא. אנחנו עובדים במשך השבוע כדי לברוא לנו מנוחת שבת.

ההבדל בין העבודה שאנו עובדים בשאר השבוע לבין המנוחה שאנו נחים בשבת נעוץ בתכלית שלשמה היא מכוונת. בעבודתנו במשך השבוע, אנו מבקשים לשנות ולשפר את העולם. במנוחתנו, אנו מבקשים לשנות ולשפר את **עצמנו** ולחדש את היחסים שלנו עם אלוהים, עם המשפחה ועם הקהילה, ולהרגיש באמת על כמה דברים עלינו להודות.

בשבת אופיינית הזמן שאחרי ארוחת הצהריים הוא בדרך כלל החלק הטוב ביותר של היום, משום שהוא החלק הכי פחות מובנה של היום. בחודשי הקיץ, כשהשמש שוקעת מאוחר, ישנן שעות שאפשר למלא בכל מה שאנחנו רוצים – ללמוד, לקרוא, לשוחח, לטייל ברגל, לשחק עם הילדים הגדולים יותר או לקחת את הקטנים יותר לגינת המשחקים בשכונה.

וישנה גם שנת אחר הצהריים של שבת, שאנחנו חופשיים להקדיש גם לה חלק מן הזמן הפנוי שלנו. שינה פשוטה יכולה להיות מתנה מפנקת. מתי עוד יכולים אנשים עסוקים לפנות זמן לישון אחר הצהריים? זוהי עוד דרך, כך אני מאמין, שבה השבת היא מעין עולם הבא. ודרך אגב, זוהי עוד הזדמנות לזוגות נשואים ליהנות מברכת הזוגיות. לפרטים נוספים אפנה אתכם לשיר Afternoon Delight, שיר נהדר מימי נעוריי שכתב ביל דאנוף וביצעה הלהקה הקולית סטארלנד.

שבת שלום. נתראה שוב בתפילת מנחה, לפנות ערב.

התחלות פשוטות

- כאשר השבת מתקרבת לנקודת האמצע, תתחילו אולי להרגיש חשק לחזור ולהצטרף לעולם "האמיתי". אולי תישמע באוזניכם קריאת הפיתוי של הקניון, חדר הכושר, המשרד או הטלפון. כדי שתצליחו להתנגד, התייחסו אל השבת שלכם כאל כלל שקבעתם, לא משהו ששומרים רק לפעמים. ספרו על כך לחבריכם, במקום להשאיר זאת ביניכם לבין עצמכם. הם אולי יופתעו בהתחלה, אך מאוחר יותר הם עשויים להפתיע אתכם ולהקפיד **שאתם** תשמרו את השבת שלכם. כאשר אנחנו מקבלים על עצמנו משמעת כלשהי, זה נראה קשה בהתחלה – ופעמים רבות זה באמת קשה – אבל אנחנו מתרגלים מהר יותר משנדמה לנו.

- נסו ששיחות השבת שלכם יהיו שונות משיחות ימי החול. העלו את השיחה לרמה גבוהה יותר. במקום לרכל, דברו על רעיונות. דברו עם בן או בת הזוג. הימנעו משיחות על ענייני חולין.

- אם ישבתם לסעודה בליל שבת, נסו לקיים סעודה נוספת עם המשפחה במשך היום. רוב בני האדם רוצים זמן אינטימי שכזה! נצלו את ההזדמנות שיום השבת מציג.

- עשו דברים שאינם דורשים שימוש בטכנולוגיה מיוחדת או בתחבורה, למעט זוג הרגליים שלכם. צאו לטייל סביב השכונה או ברחבי הפארק הסמוך. בקרו שכנים. אם אינכם מכירים את השכנים, ויותר מדי מאיתנו באמת אינם מכירים, התחילו להתוודע אליהם! התיידדו עם האנשים שגרים

פרק שביעי – פנאי במתנה: נחים כדי לתת כבוד לאל

בקרבתכם. ייתכן שתירתעו מלדפוק על דלת השכנים ולהציג את עצמכם, אבל אתם – וגם הם – עשויים להיות אסירי תודה אם תתגברו ותעשו זאת.

- בזמן ארוחת הצהריים שלכם, כמו בארוחת הערב, שירו שירים!
- אם אתם מתכוונים להיות בשבת במקום אחר וללון בבית מלון, עדיין תוכלו ליהנות משבת ניידת, אם תיערכו מראש. נדרש תכנון, אך בהחלט אפשר לעשות זאת. תוכלו לארגן ארוחות מראש.
- חשבו על המשמעות **החיובית** של המנוחה שלכם. אין זו רק שביתה מעבודה. מדובר **במילוי** המרחב הנפשי, הגופני והרוחני שנוצר מהפסקת העבודה **במשמעות**.
- הרשו לעצמכם שנת אחר צהריים! כדאי ליהנות מפינוק נפלא ותמים זה.
- אם אתם נהנים מדי פעם מבירה, יין או קוקטייל, כדאי לעשות זאת בשבת – בכמות קטנה, כמובן. השבת לא ניתנה כדי שנמנע מעצמנו דברים, אלא כדי ליהנות מעולמו של האל.
- אם קיבלתם על עצמכם לא לנהוג בשבת, היום הזה יכול להיות היום האידיאלי להירגע עם משקה בחברת בן/בת הזוג ו/או חברים.

פרק שמיני

לקטוע את השבת: להבחין בטובה הגדולה יותר

אקטע עכשיו את סיורנו לאורך השבת כדי לדבר על מצבים שבהם אפשר או צריך לקטוע את השבת עצמה.

לשקול את ההשלכות

שבת אחת, באביב 2010, נשמע לפתע מבטאו הדרומי של לינדזי גראהם, ידידי ועמיתי לסנאט מדרום קרוליינה, בחלל ביתי בוושינגטון. הטלפון צלצל, ובהתאם למנהג שלנו, ענה המשיבון האלקטרוני, כך שיכולתי לשמוע אם השיחה היא ממרכז שיווק טלפוני או ממישהו שיש לו עניין דחוף יותר, חשוב מספיק כדי שארים את השפופרת במהלך השבת.

"הי ג'ו, זה לינדזי. סליחה שאני מטריד אותך בשבת, אבל אני ממש צריך לדבר איתך בהקדם, כי אני שוקל ברצינות לסגת מהצעת חוק האנרגיה שלנו היום". לינדזי גראהם, ג'ון קרי ואני עבדנו במשך חודשים על ניסוח חוק בדבר עצמאות אנרגטית ושינוי

זמן שבת

אקלים, שיקבל בסנאט את שישים הקולות שהיינו זקוקים להם כדי לשבור את הפיליבסטר הצפוי. אם לינדזי יעזוב, יהיה לנו הרבה יותר קשה להצליח בפרויקט החשוב הזה. ידעתי שמופעל עליו לחץ עצום מצד כמה רפובליקנים במדינת האם שלו, משום שהוא "עובר לצד השני" ועובד עם הדמוקרטים לעיתים קרובות מדי. לינדזי ואני דיברנו על כך ביום שישי, לפני שבת. הוא כעס על כך שמנהיג הדמוקרטים בסנאט, הארי ריד, בדיוק הודיע במפתיע שבקרוב יתחיל לפעול בסנאט בנושא רפורמה בהגירה. לינדזי חשב שזהו תעלול פוליטי, ואמר לי שיהיה לו מאוד קשה להתמודד עם שתי יוזמות בין-מפלגתיות שנויות במחלוקת – אנרגיה ואקלים מזה ורפורמה בהגירה מזה – בעת ובעונה אחת. מדבריו במשיבון האלקטרוני שלי באותה שבת ידעתי שההצעה שלנו בעניין האנרגיה והאקלים נמצאת על סף משבר מידי, ואולי סופני. הרמתי את השפופרת כדי לנסות לשכנע את לינדזי שלא לסגת מההצעה, ובכך חיללתי את השבת.

הייתי צריך לקבל החלטה מהירה, וכך עשיתי – על סמך השיפוט שלי באשר לחשיבות ההשלכות שעל הפרק אם הצעת החוק שלנו בעניין אנרגיה ואקלים לא תעבור. ביססתי את החלטתי גם על שנים של קריאה ושיחות עם רבנים ועם אחרים על מצבים שבהם יהודים שומרי שבת הורשו או נדרשו להתעלם מן האיסורים הרגילים של השבת, משום שטובה גדולה יותר, כגון הצלה, שמירה או חיזוק חייו, בריאותו או שלומו של כלל הציבור, הייתה מוטלת על הכף.

כבר בעבר הרחוק, בתקופת התלמוד, הכירו חכמינו בכך שישנן פעולות שעולות אפילו על שמירת השבת, משום שהן מקיימות ערכים יסודיים שהשבת עצמה אמורה לכבד.

הראשונה שבהן היא פיקוח נפש, כלומר הצלת חיים. כך מורה לנו התלמוד: "מפקחין פיקוח נפש בשבת והזריז – הרי זה משובח" (יומא פד ע"ב).

כסימוכין לעיקרון זה, מביא התנא רבי שמעון בן מְנַסיא את הפסוק: "וְשָׁמְרוּ בְנֵי יִשְׂרָאֵל אֶת הַשַּׁבָּת, לַעֲשׂוֹת אֶת הַשַּׁבָּת לְדֹרֹתָם" (שמות לא, טז). ממשיך הרב ומסביר: "אמרה תורה: חלל עליו שבת אחת, כדי שישמור שבתות הרבה" (יומא פה ע"ב).

ואילו רב אחר, רבי יהודה, מוצא תימוכין לאותו רעיון בספר ויקרא: "וּשְׁמַרְתֶּם אֶת־חֻקֹּתַי וְאֶת־מִשְׁפָּטַי, אֲשֶׁר יַעֲשֶׂה אֹתָם הָאָדָם וָחַי בָּהֶם, אֲנִי ה'" (יח, ה). אנו לומדים מכך שעלינו לצפות "לחיות בהם", בחוקי האל, ולא למות בהם. לכן אנו מחללים את השבת כדי להציל חיים. עניינה של הדת בשאלה כיצד נחיה ונשפר את חיינו.

את השבת מותר לחלל גם כדי להגן על החיים מפני התקפה. יוסף בן מתתיהו, ההיסטוריון היהודי בן המאה הראשונה לספירה, כותב כי באותה תקופה בבבל הובילו צמד אחים יהודים, חנילאי וחסינאי, צבא של תומכים יהודים במרד נגד האימפריה הפרתית השלטת, שמרכזה היה באיראן של ימינו. צבא האימפריה תקף את המורדים היהודים בשבת, בהנחה שלא יאחזו בנשק כדי להשיב מלחמה ולהגן על עצמם ביום הקדוש להם. זו הייתה טעות. משהותקפו בשבת, לחמו האחים ותומכיהם וניצחו בקרבות חשובים. התגובה הזו קיבלה לאחר מכן אישור במסורת הרבנית. בנסיבות שכאלה, חילול השבת אינו רק מותר, אלא מצווה, כדי להגן על החיים.

ישנן בתלמוד עוד דוגמאות להחרגות מאיסורי השבת, מתוך כוונה להגן על טובת הקהילה, ולאו דווקא כדי להציל חיים.

למשל, בתקופת האימפריה הרומית הזהירו הרבנים את היהודים שלא לפקוד את האמפיתיאטראות והקרקסים, משום שאתרים אלו שימשו לעיתים קרובות לפולחן עבודה זרה ולהתנהגות בלתי־מוסרית. בשבת, בידור מסוג כזה בוודאי אינו מקובל. אך רבני התקופה סברו גם שאם יש עניין הנוגע לצורכי הקהילה, שצריך לדבר עליו עם כלל הציבור הרומאי ועם מנהיגיהם, ושיחות שכאלה עשויות להתקיים בעיקר באמפיתיאטרון או בקרקס, אזי יכולים היהודים ללכת לכינוסים ציבוריים כאלה, אפילו בשבת.

פסיקות דומות של חז"ל מאפשרות גמישות בשמירת מצוות מסוימות לאלו שהיו "מקורבים למלכות", כדברי התלמוד. התלמוד מתאר מקרה של יהודי אחד, אֲבטולוס בן ראובן, שהרבנים הרשו לו לגזוז את שערו כדוגמת הרומאים – למרות שהדבר היה אסור באופן כללי על יהודי התקופה – משום שאבטולוס היה "מקורב למלכות". אם גזיזת שערו תאפשר לו להתערות באופן חופשי יותר בין מנהיגים משפיעים, גם אם היו הם עובדי אלילים, אולי יוכל להציל חיים או להגן על טובת קהילתו.

דוגמאות אלו מן התלמוד מייצגות תקופות בהיסטוריה שבהן היהודים חיו ללא ביטחון, תחת שלטון דיקטטורי. כיום, כבני אדם חופשיים בדמוקרטיות דגולות כמו ארצות הברית וישראל, הנסיבות שונות מאוד. ישנם כמובן אתגרים חדשים הנלווים לחירויות החדשות ולכוח החדש. מיד עם הקמתה נתקלה מדינת ישראל בשאלה כיצד להגן על חיי אזרחיה תוך כיבוד השבת. באיזה זמן כתבתי למי שהיה אז הרב הראשי לישראל ושאלתי אותו איך משיגים את האיזון הזה. הוא בטובו ענה לי וציטט מקורות ופסיקות שונות של רבנים מן העת העתיקה ועד לתקופה האחרונה, העולים בקנה אחד עם אלו שהבאתי לעיל. עניינו אותי במיוחד דבריו שעסקו

ברבנים הצבאיים, ממנו־עצמו ומטה, המייעצים לגורמי הצבא בדבר הסטנדרטים שלפיהם מחליטים כיצד להגן על המדינה בשבת. אפילו צוותים קטנים של חיילים ויחידות עילית עשויים לבקש עצה מרב צבאי בתפקיד זה. "במישור המעשי", כתב הרב, "חוקי הצבא אוסרים על חילול השבת שלא לצורך פיקוח נפש או לצורך ביטחון שוטף".

באשר לגופים ממשלתיים, ציין הרב כי מאז הקמת המדינה, הפרלמנט הישראלי, הכנסת, סגור בשבת. לעיתים צריכים חברי כנסת ושרים לנסוע או להשתמש בטלפון בשבת כדי לדון בענייני ביטחון חשובים, והם עושים זאת תוך התייעצות עם הרבנים שלהם, במידת הצורך.

בשבילי ובשביל רבים אחרים, התקדימים התלמודיים מספקים את הבסיס לחריגה משמירת השבת הרגילה כאשר נוצרת הזדמנות שאולי אינה מצילת חיים, אך היא נוגעת להגנה על החיים, להמשך קיומם ולשיפורם. כיום, לשמחתנו, איננו צריכים ללכת ל"תיאטראות או קרקסאות", רק למלא את חובותינו הרשמיות בארצותינו החופשיות.

וזו אם כן הסיבה שהרמתי את השפופרת כששמעתי את קולו של לינדזי גראהם באותה שבת אחר הצהריים. תוך רגע שקלתי את חילול השבת שאגרום אם אשתמש בטלפון לעומת ההגנה הרחבה יותר על ביטחוננו ועל הסביבה שלנו, אם האדם שהתקשר יסייע לנו להעביר את החקיקה בעניין העצמאות האנרגטית והאקלים. מבחינתי, הבחירה הייתה ברורה. הייתי חייב למזער את הסיכון.

מאוחר יותר באותו אחר צהריים טס ג'ון קרי חזרה לוושינגטון, ואחרי בירורים עם אנשי המטה שלי, הגיע לביתי הישר משדה התעופה. "שבת שלום", אמר ג'ון כאשר פתחתי את הדלת, "אני ממש מצטער להטריח אותך בשבת". הבטחתי לו שאין בכך שום

טרחה, ושהוא עשה את הדבר הנכון. שנינו ידענו שנסיגה של שותפנו הרפובליקני המוביל (והיחיד בינתיים) עלולה לשים קץ להצעת החוק שלנו. קרי ואני הכרנו זה את זה מאז שלמדנו יחד באוניברסיטת ייל בשנות ה-60. ב-1987 היה קרי יושב ראש ועדת מסע הבחירות לסנאט של המפלגה הדמוקרטית, ואחד האנשים ששכנעו אותי לרוץ לסנאט. מאז היו בינינו מחלוקות על כמה סוגיות גדולות של מדיניות חוץ – כמו המלחמה בעיראק – ואני הייתי אחד מכמה מתמודדים על המועמדות לנשיאות של המפלגה הדמוקרטית שאותם ניצח ג'ון קרי ב-2004. אולם החקיקה הזו על אנרגיה ואקלים, סיפקה לנו הזדמנות לעבוד יחד על משהו גדול, וכך גם לעורר מחדש את הידידות האישית בינינו. באותה שבת אחרי הצהריים ישבנו יחד בסלון ביתי על קפה וסודה ודיברנו על מה שנוכל לעשות כדי שלינדזי יישאר איתנו בהצעת החוק, ואם לא נצליח, כיצד נוכל בכל זאת להעביר אותה.

בסופו של דבר, מאוחר יותר באותו יום הודיע הסנאטור גראהם שהוא משעה את עבודתו עם ג'ון קרי ואיתי. מסיבה זו ומסיבות אחרות, אף על פי שקרי ואני השתדלנו מאוד וקיבלנו הרבה עזרה, הצעת החוק שלנו לא גרפה די קולות כדי לעבור. למרות התוצאה, אין בי חרטה על כך שעניתי לשיחת הטלפון של לינדזי בשבת. ידעתי כמה חשובה המעורבות שלו בחוק העצמאות האנרגטית והאקלים שלנו וכמה חשובה החקיקה הזו למדינה, ולכן ידעתי שעליי לנסות ולשמור על המעורבות שלו בהצעת החוק.

לבחור בין החיים לבין ההלכה

כשאנו מכבדים את השבת, אנו מעלים על נס את הבריאה שברא אלוהים. לא יהיה זה הגיוני אם שמירת השבת תמנע מאיתנו לנקוט

פרק שמיני – לקטוע את השבת: להבחין בטובה הגדולה יותר

פעולות שיגנו על הבריאה הזו. בבחירה בין החיים לבין מצוות הדת, ידם של החיים, שהם מתת האל, חייבת להיות על העליונה, משום שקידוש החיים הוא התכלית העליונה של מצוות הדת. פעמים רבות כשעליי להחליט אם לעשות מעשה בשבת, איני יודע באיזו מידה החיים, הביטחון או טובת הקהילה מוטלים על הכף. לכן עליי לשפוט ולקבל החלטה שתמזער את הסיכון. כך אני לומד מן המסורת היהודית. כאשר רופא שומר שבת נכנס למכוניתו בשבת כדי לנסוע לבית החולים להגיש עזרה לחולה, הוא אינו יודע אם יצליח להציל את חיי החולה. הרופא יודע שהוא חייב ללכת ולנסות, והניסיון הזה – אפילו יותר משמירת השבת שלו – מכבד את אלוהים ואת הבריאה שברא.

אפשר לדמיין הרבה תרחישים שבהם ברור מאליו כי בני אדם שאינם רופאים לא יהססו לחלל שבת. אני מכיר הרבה שומרי שבת שכאשר ניצבו בפני מקרה חירום רפואי, קפצו למכונית או לאמבולנס כדי להחיש ילד חולה או יולדת לבית החולים. מצבים כאלה אינם דורשים שיקול דעת מיוחד כדי לקבל הכרעה. מצבים אחרים אינם ברורים כל כך, אך בכל זאת קשה לעמוד בפניהם.

זכורה לי שבת אחת בוושינגטון לפני כמה שנים, בחודש פברואר, אחרי סופת שלג גדולה שהותירה קרח על הקרקע וקור שחדר לעצמות. בסנאט נקבעו הצבעות לשעות אחר הצהריים באותה שבת, ולכן הדסה ואני הלכנו לבית הכנסת מוקדם, ומשם התכוונתי אני לצעוד לקפיטול, ואילו הדסה עמדה ללכת הביתה עם שכנים. אחרי התפילה החליטה הדסה שהיא אינה רוצה שאלך לקפיטול בליווי המשטרה בלבד. התחלנו אפוא לפסוע לאורך רחוב M, כששני השוטרים בעקבותינו. הדסה דרכה על משטח קרח, החליקה, ונפלה נפילה קשה. היא נחתה על פרק היד וזעקה בכאב. היה נראה שידה מידלדלת.

153

ליבי וראשי הניעו אותי לקרוא במהירות ומתוך אינסטינקט לרכב משטרת הקפיטול, להיכנס אליו מיד ולקחת את הדסה לבית החולים. ידעתי שנפילה ופרק כף יד פגוע אינם מסכני חיים, בדרך כלל, ואני מניח שיכולנו ללכת לבית החולים ברגל. אך ברור היה שאשתי סובלת מכאבים של ממש, וצריכה לראות רופא בהקדם האפשרי. איך יכולתי להחליט שבגלל שמירת השבת אסור לי להישאר עם אשתי הפצועה ולדאוג לטיפול בה? ידעתי שלא אוכל.

נסענו במכונית לבית החולים ג'ורג' וושינגטון, שם גילו הרופאים שהדסה שברה את פרק כף ידה, ויצרו עבורה גבס. כמה ימים מאוחר יותר החליטו שהגבס אינו מביא לתוצאה הרצויה, ואז ניתחו אותה וקיבעו מחדש את פרק כף ידה.

לא כל יהודי שומר מצוות היה מקבל את ההחלטה שקיבלתי אני. אני מבין את הבדלי הדעות ומכבד אותם. אבל לי לא היו הרהורי חרטה על ההחלטה שקיבלתי.

הבדלים חשובים

ההחלטה אם ללוות את הדסה לבית החולים הייתה החלטה פרטית. בחיי הציבוריים חלק מההחלטות שקיבלתי בשאלה אם לעשות משהו שבדרך כלל לא הייתי עושה בשבת היו קלות, וחלקן היו קשות יותר.

בתחילת הקריירה שלי כחבר בסנאט של המדינה, בשנות ה־70 המוקדמות, פיתחתי לעצמי הנחיות כלליות לשבת על סמך הבנתי את ההלכה היהודית. לא עסקתי ב"פוליטיקה", אבל כן מילאתי התחייבויות מֶמשליות שצריך היה להידרש להן בזמן, ולא היה מישהו אחר שיעשה זאת. במילים אחרות, הבחנתי בין פוליטיקה לבין מִמשל. הרבה מן האירועים הפוליטיים מתקיימים בליל שבת וביום שבת, במיוחד בעיצומו של מסע בחירות. אבל

גם אם השנה אינה שנת בחירות, ישנן תמיד סעודות הוקרה לכבוד מישהו, מפגשים עם הציבור ואירועים חברתיים בשבתות, שבדרך כלל הייתי משתתף בהם אילו היו מתקיימים בימות החול. בתחילה, היו אנשים שתהו והיו שאפילו כעסו על כך שלא הופעתי לאירועים שלהם. אך כשהבינו שאינני מגיע מסיבות דתיות, ושאני נוהג כך באופן עקבי בלילות שבת ובימי שבת, הם קיבלו זאת, כיבדו זאת ופעמים רבות אמרו שהם מעריצים את הדבקות שלי בשמירת השבת. אני מקווה שהדברים האלה מעודדים צעירים שומרי מצוות מכל הדתות, שיראו שעובדת היותם שומרי מצוות לא צריכה להיות בעיה בפוליטיקה האמריקנית. יש כאן גם מסר חשוב בנוגע לערכים של העם האמריקני.

לפעמים אני אפילו חושב ששמירת השבת שלי למעשה הועילה לקריירה הפוליטית שלי, אם כי כמובן, לא נהייתי שומר שבת בגלל קבוצת מיקוד או סקר דעת קהל. "האשמים" הם הוריי והרבנים.

הנה סיפור שממחיש את הנקודה הזו. בסנאט של מדינתי היה לי עמית וחבר מן המפלגה הדמוקרטית ושמו קוֹן או'לירי. מאוחר יותר הפך למנהיג הרוב בסנאט. יום אחד ב־1988, בהתמודדות הראשונה שלי לסנאט של ארצות הברית נגד הסנאטור המכהן הרפובליקני לוֶֹול וִויקֶר, התקשר אליי קון ואמר לי, "ג'ו, אני חושב שאתה הולך לנצח בבחירות האלה".

"זה נהדר, קון", אמרתי, בידיעה שרוב האנשים חשבו אחרת. "למה?"

"אתמול הלכתי לבקר את אימא שלי", הסביר קון, "ושלוש מחברותיה היו שם איתה, לתה של אחר הצהריים. כך שהיו שם ארבע נשים קתוליות כסופות שיער. שאלתי אותן למי הן מתכוונות

להצביע במרוץ לנשיאות. הן אמרו שהן יצביעו לרפובליקנים – לבוש, לא לדוקאקיס. התווכחתי איתן, אבל בסופו של דבר ויתרתי ואמרתי, ׳מה לגבי הסנאט – ויקר או ליברמן?׳ ואימא שלי אמרה, ׳זה קל, אני מצביעה לליברמן׳. כל הנשים האחרות אמרו, ׳כן, אנחנו מצביעות לליברמן׳״.

״למה זו בחירה קלה כל כך?״ שאל או׳לירי את אמו.

וגברת אולירי אמרה, ״אני אוהבת את זה שג׳ו ליברמן הוא אדם דתי ושומר את השבת שלו״.

״ושלושת הראשים האחרים כסופי השיער״, סיים קון, ״הנהנו״. תודה לך, גברת או׳לירי.

במהלך כהונתי כחבר בסנאט של המדינה וכתובע כללי, לא נוצרו בעיות מעשיות רבות כתוצאה משמירת השבת, וגם כאשר כן צצו, בדרך כלל לא הייתי צריך להגיע לכדי חילול שבת. בישיבה הראשונה שלי בסנאט של המדינה ב־1971, כשהייתי רק בן עשרים ושבע, היה הסנאט מחולק בין הדמוקרטים לרפובליקנים ברוב קטן – תשעה־עשר מול שבעה־עשר, כך שכל קול נחשב, במלוא מובן המילה. המושל היה רפובליקני והמשנה שלו היה רפובליקני, כך שבמצב של תיקו בהצבעה, המשנה למושל היה שובר השוויון. הדיונים על התקציב היו ארוכים בדרך כלל, ובאותה שנה היה המצב קשה במיוחד. לבסוף הושגה הסכמה על התקציב מאוחר בליל שבת, ואני כבר הלכתי הביתה לשבת. מנהיג הרוב, אד קאלדוול, הבין שלא אחזור עד לאחר שקיעת השמש, ולכן שלחו מישהו לביתי בניו הייבן לומר לי מה קרה, ושעליי להיות מוכן לחזור לאחר השקיעה במוצאי שבת. כך עשיתי, והתקציב עבר. העיתון בְּרידג׳פּוֹרט פּוֹסט הדפיס את הסיפור תחת הכותרת: ״בּוּץ׳ קאלדוול ונער השקיעה״ – משחק מילים על שמו האנגלי

של הסרט Butch Cassidy and the Sundance Kid, שנקרא בעברית 'קיד וקאסידי'.

כשכיהנתי כתובע כללי של מדינתי, היו לסגנים שלי הוראות להתקשר אליי בשבת אם יש מקרה חירום. באחת השבתות התרחש מקרה שהיה קשור למשטרת המדינה. אנשי הצוות שלי נועצו זה בזה בטלפון, והחליטו שהם יכולים לטפל בנושא בעצמם, בלי לערב אותי. מכיוון שדנו בינינו בעבר במצבים דומים, הם ידעו מה הייתי עושה, ועשו זאת. בדרגים אחראיים של הממשל אפשר לטפל בהחלטות כאלה באמצעות תכנון מוקדם. אולי אחת ממטרותיו של אלוהים כשנתן לנו את השבת הייתה לטפח בנו את התכונות הללו של תכנון מראש.

הרגע הפומבי ביותר שבו שמירת השבת שלי באה לידי ביטוי בחיי הפוליטיים בקונטיקט היה ב־1988, כאשר התמודדתי על מקום בסנאט של ארצות הברית. לפני הוועידה ידעתי שיש לי מספיק קולות כדי לזכות במינוי כמועמד מטעם הדמוקרטים, אבל לא יכולתי להשתתף בוועידה כי היא נערכה – כפי שנערכה תמיד – בשבת. לכן הקלטתי מראש את נאום הניצחון. למחרת, עמודי השער של רבים מן העיתונים במדינה הראו אותי על המסך הגדול בוועידה, בצילום של הווידאו שהקלטנו. בכותרת צוין שקיבלתי את המינוי באמצעות נאום מוקלט מראש, משום שאני שומר שבת.

עם המעבר מן הפוליטיקה המדינתית לרמה הכלל ארצית, הגיעו אתגרים חדשים. בסנאט של המדינה, נדירות היו ההצבעות בליל שבת או ביום שבת. בסנאט של ארצות הברית ההצבעות בשבת היו שכיחות יותר. כאשר סנטור של ארצות הברית מצביע, המשמעות באמת עשויה להיות חיים או מוות של אנשים אחרים. הדוגמה המוחשית ביותר לכך היא החלטה שמקבל הסנאט לצאת

למלחמה, אבל יש עוד הרבה הצבעות אחרות המשפיעות על בריאות הציבור ובטיחותו, ועל "טובתה הכללית" של הקהילה.

לכן מעולם לא היססתי להיות מעורב בפגישות, בדיונים או בהצבעות, או לקבל שיחות הנוגעות לביטחון הלאומי או לביטחון הפנים בשבת. זה קרה לראשונה בזמן הדיון וההצבעה ב־1991 בשאלה אם לאשר לנשיא ג'ורג' בוש האב לצאת למלחמה כדי לדחוק את הכוחות העיראקיים של סדאם חוסיין מכוויית הכבושה. הדיון וההצבעה הסתיימו בשבת אחר הצהריים. הלכתי ברגל אל הסנאט והשתתפתי באופן מלא בדיון ובהצבעה. מכיוון שרוב חברי הסנאט הדמוקרטיים התנגדו ליציאה למלחמה נגד סדאם חוסיין או היו חצויים בדעתם בנושא, ואני תמכתי בכך בעוז ובפומבי, ביקש ממני ממשל בוש להיות חבר המפלגה הדמוקרטית המוביל התומך באישור ההחלטה, בשיתוף עם עמיתי וחברי הרפובליקני, הסנטור ג'ון וורנר מווירג'יניה. הדיון היה טוב וסוער. בסופו אושרה ההחלטה, אך רק ברוב של חמישה קולות, חמישים ושניים כנגד ארבעים ושבעה. אילו שלושה סנטורים היו מצביעים אחרת, ההיסטוריה הייתה משתנה – ולדעתי, מאוד לרעה. האמנתי בכל מאודי שהביטחון הלאומי והכלכלי שלנו היו מוטלים על הכף בדיון ובהצבעה הללו, ולכן האמנתי שחובתי המקצועית והמוסרית להשתתף בה גוברת על איסורי השבת המסורתיים.

החלטה קשה יותר בענייני שבת נאלצתי לקבל מעט אחר כך באותו יום. עוזרו של מנהיג הרוב בסנאט בוֹב דוֹל ניגש אליי באולם הסנאט קצת אחרי ההצבעה על ההחלטה ואמר, "מנהיג הרוב רוצה שתגיע למשרדו עכשיו". אמרתי, "אין בעיה", והלכתי איתו במהירות למשרדו המפואר של דול, מרחק כ־15 מטרים מאולם הסנאט. בוב החזיק בידו טלפון ואמר, "אני מטלפן לנשיא בוש להודיע לו על

פרק שמיני – לקטוע את השבת: להבחין בטובה הגדולה יותר

ההצבעה, ורציתי שתהיה כאן". הודיתי לו על אדיבותו ואמרתי לו שאני מודה על הזכות להיות שם. אחרי הכול, היה זה רגע היסטורי.

כאשר הנשיא בוש היה על הקו, דיווח הסנאטור דול לנשיא על תוצאות ההצבעה, אמר שהיא הייתה צמודה, אך שלנשיא יש כעת סמכות ברורה ואיתנה לצאת לפעולה צבאית נגד סדאם חוסיין, וכי הוא בטוח שרוב הקונגרס והעם יתאחדו מאחוריו ומאחורי הצבא שלנו. ואז אמר בוב דול, "אדוני הנשיא, נמצא איתי כאן סנטור ליברמן. רציתי שהוא יהיה כאן משום שלא היינו יכולים להעביר את ההחלטה הזו בלי תמיכתו". הפסקה. "כמובן, אדוני הנשיא", אמר דול והושיט לי את הטלפון. כמובן שיכולתי לומר, "סליחה, בוב, אני לא משתמש בטלפון בשבת למעט במקרה חירום". אבל כבר עזבתי את מסלול השבת הרגיל לצורך הדיון וההצבעה, וידעתי שבמשך הדורות ניתנו הרבה פסיקות של רבנים המפצירות לכבד את ראש המדינה, במיוחד בזמן של משבר לאומי. נטלתי את הטלפון ואמרתי, "אחר צהריים טובים, אדוני הנשיא". הנשיא הודה לי בנועם על תמיכתי ועל המאמץ שהשקעתי בהחלטה. הוא אמר שהוא יודע שרוב הדמוקרטים הצביעו "לא", אבל הוא גם יודע שההחלטה לא הייתה עוברת בלי תמיכתם של עשרה דמוקרטים שהצביעו "כן", ושהוא מעריך במיוחד את כל מה שעשיתי כדי להפוך את ההחלטה לדו-מפלגתית.

הודיתי לו והוספתי שאני יודע שהסמכות שההחלטה נותנת לו היא גדולה מאוד, ושאני מניח – למרות החשיבות הגדולה שייחסתי לדחיקתם של העיראקים הפולשים והוצאתם מכוויית – שלא לכל נשיא הייתי מעניק סמכות רחבה כל כך ללא היסוס. אבל במקרה הזה הייתי סמוך ובטוח שהוא ישתמש בסמכות זו היטב ובתבונה. החזרתי את הטלפון לבוב דול, שנפרד מהנשיא לשלום. הודיתי לבוב ופסעתי

חזרה למשרדי בסנאט, שם התפללתי את תפילות אחר הצהריים והערב של שבת, והמתנתי עד שאפשר יהיה להסיע אותי הביתה.

גם להחלטות תקציביות בעניינים כגון שירותי בריאות לקשישים ולילדים יכולות להיות השלכות רציניות ביותר על חייהם ובריאותם של בני אדם. אפשר לטעון שאחריותו של סנטור היא להצביע על תקציב ביטוח הבריאות הציבורי בשבת, ממש כפי שאחריותו של רופא היא לטפל במבוטח חולה בשבת. בהלכות השבת, רופאים אינם רק רשאים, אלא נדרשים לחלל את השבת למען מטופליהם. לא שאלתי רב לדעתו אם סנטור המצביע על תכנית הביטוח הרפואי מחויב גם כן לחלל את השבת, אבל דיברתי על כך די הצורך עם רבנים, וחשבתי על כך מספיק כדי לדעת שאעשה כן אם אצטרך. ואכן, כך עשיתי.

אמונות אישיות

כשהגעתי לוושינגטון ב־1989, הדסה ואני הצטרפנו לבית הכנסת של ג'ורג'טאון, שגם הרב שלו, בארי פְרוינדל, הגיע זמן קצר קודם לכן.

נפגשתי עם הרב פרוינדל כדי לשוחח על נקודות המפגש בין חובותיי כסנטור לבין שמירת השבת שלי. מלכתחילה הסכמנו שאיני מבקש ממנו לפסוק הלכה עבורי לגבי שום תרחיש שנוגע לשבת. ביקשתי רק את הדרכתו הכללית, וזה מה שהוא עצמו רצה לתת. רציתי שהידע שלו על ההלכה, הערכים וההיסטוריה של היהדות יזין את ההחלטות שידעתי שאצטרך לקבל בעצמי. וכך היה.

בסופו של דבר, כל אחד מאיתנו צריך לפרש את התורה בעצמו, ולעשות מה שנראה כנכון. עם זאת, בהחלטותיי הסתמכתי על החלטותיהם של אלו שפסעו בדרך לפניי, וביקשתי את עצתם של בקיאים ממני. בסופו של דבר, תמיד האמנתי שאלוהים רוצה

שנהיה אחראים באופן אישי, ולא שנמסור את אחריותנו המוסרית לקבלת החלטות לידי אחרים.

הרב פרוינדל דן עמי אפוא בשיקולים שאצטרך להביא בחשבון כשאתקל בצורך להכריע. למשל, הוא נתן לי קווים מנחים להחלטה כיצד להגיע לקפיטול בשבת או בחג. אם אחליט שאני חייב לטפל בחובותיי לממשל בשבת, הוא הציע מדרג של דרכים שיאפשרו לי לעשות זאת, על סמך הדחיפות וההשלכות של השתתפותי. ראשית, אם אפשר, עליי ללכת לקפיטול ברגל, וכך לא אחלל שבת כלל. שנית, אוכל להשתמש בכרטיס לרכבת התחתית של וושינגטון שארכוש מראש וכך לנסוע ברכבת, מכיוון שהיא נוסעת ממילא. שלישית, אוכל לבקש מאיש צוות שאינו יהודי להסיע אותי. רביעית, אולי אחליט לנהוג בעצמי אם לא תהיה כל חלופה אחרת, וההשלכות של אי־ההגעה לקפיטול ישפיעו במידה רבה מאוד על חיי אדם או על הביטחון הלאומי.

הדברים התגלגלו כך שרק פעמיים בקריירה שלי כסנטור, עד כה, הרגשתי צורך להיכנס למכונית בשבת ולנסוע לקפיטול. בכל המקרים האחרים צפיתי מראש את הבעיה והלכתי ברגל לקפיטול, או נשארתי ללון שם. בתקופת ממשל קלינטון, במהלך אחד מדיוני התקציב הגדולים שהגיעו למבוי סתום, עבדתי עם קבוצה בין־מפלגתית של סנטורים כדי לגבש ולהציע תקציב שיחזיר את האיזון לחשבון הפדרלי. לא היו צפויות הצבעות בשבת, ולכן הייתי בבית; אולם הסנטורים היו בעיר והמתינו לתוצאות המשא ומתן על התקציב. אחד מאנשי המטה שלי הגיע לביתי ואמר לי שהסנטור ג'ון צֵ'ייפִי מרוד איילנד התקשר ואמר שעומדת להיות פגישה חשובה ודחופה של הרגע האחרון בין כמה מראשי הקבוצה הבין־מפלגתית שלנו לבין נציגי הממשל. צ'ייפי סבר שחשוב שאהיה שם. נכנסתי

למכונית, ואיש המטה, שלא היה יהודי, הסיע אותי. כשכל כך הרבה מוטל על הכף למען ארצנו, הרגשתי שהאחריות מחייבת אותי לנסוע. הפגישה הייתה מועילה, אם כי לא קובעת – פגישה אחת מני רבות, שבסופו של דבר הובילה לחקיקת חוק התקציב המאוזן של 1997.

המקרה הנוסף היה רגע מכריע במשא ומתן ב־2004, שבו עמיתתי לסנאט, סוזן קולינס ממדינת מיין, שלחה את אחד מאנשי המטה לביתי בשבת כדי לדווח על משבר בלתי־צפוי בפעילות שעסקנו בה אז, לקידום המלצות החקיקה של הוועדה לחקירת אירועי 11 בספטמבר. הסיעו אותי לקפיטול, ושם השתתפתי בישיבות שאכן היו מכריעות, ושהובילו לארגון מחדש של גופי הביטחון הלאומי של אמריקה, המקיף ביותר מאז תום מלחמת העולם השנייה.

בכמה מקרים קיבלתי שיחות טלפון בשבת. באופן כללי, אם גורם רשמי כלשהו בממשל הפדרלי – בפרט מישהו המעורב בענייני ביטחון – מרגיש שעליו לדבר איתי במהלך השבת על עניין שלדעתו אינו סובל דיחוי ומצריך את תגובתי, אקבל את השיחה. אם אותו אדם מתקשר למשרדי או אל אנשיי כדי להשיג אותי, יאמרו אנשיי לאנשיו של האדם שמתקשר שאקבל את השיחה בשבת אם היא דורשת את התייחסותי האישית, והעניין אינו סובל דיחוי. אם לא, אעדיף לחכות. אם יש להם ספק, אקבל את השיחה. בכמה מקרים, אמר איש המטה שלי לאיש המטה של המתקשר שאם העניין אינו דחוף, אך המתקשר אינו רוצה להמתין ויכול להגיע לביתי, אשמח לדבר איתו אישית, כפי שקרה עם ג'ון קרי באותה שבת אחר הצהריים.

ליל שבת אחד בדצמבר 2004, בתקופת כהונתו של הנשיא ג'ורג' בוש הבן, קיבלתי שיחה מראש המטה שלו, אנדי קארד. כששמעתי את שמו של אנדי במשיבון, הרמתי את השפופרת. התברר

שהיה זה עניין שאינו סובל דיחוי בנוגע לביטחון המדינה, שחייב את תגובתי האישית, ולכן שמחתי שעניתי. הנשיא בוש מינה את מפקד משטרת העיר ניו יורק ברני קֶריק לכהן כשר לביטחון הפנים. אבל כעת, שבוע לאחר מכן, עמד קריק לוותר על המינוי לנוכח חשדות משפטיים ואתיים שעלו נגדו. הנשיא רצה לדעת בדחיפות אם אשקול להתמנות לתפקיד במקום קריק. אנדי ואני שוחחנו על כך. בסופו של דבר ביקשתי ממנו להודות לנשיא בוש על שחשב עליי, אך עדיין לא הייתי מוכן לעזוב את הסנאט.

מאז 2007 כיהנתי כיושב ראש ועדת הסנאט לביטחון הפנים ועינייני ממשל, ובתפקיד זה צצו ועלו לעיתים קרובות עניינים רגישים שדרשו את התייחסותי האישית. היועץ לביטחון לאומי של הנשיא אובמה, הגנרל ג'ים ג'ונס, התקשר אליי שבת אחת ושאל שאלה הקשורה לביטחון לאומי, אך המתין עד צאת השבת, לאחר רדת החשיכה. כאשר אמר לי ג'ים שלא רצה להפריע לשבת שלי, הודיתי לו על שכיבד זאת, אך ביקשתי ממנו שלא יהסס בעניין כזה שוב אם ירגיש שחשוב לו לדבר איתי במהלך השבת.

לפעמים השיטה שלי, להקשיב למשיבון האלקטרוני בשבת, אינה פועלת באופן מושלם. בשיטה המושלמת, הייתי שואל **באיזה עניין** מטלפן אליי הפונה, אולם איני יכול לעשות זאת, כמובן. בליל שבת אחד ב־1989 היינו הדסה ואני בבית בוושינגטון באמצע סעודת ליל שבת. הטלפון צלצל, והקול במשיבון הודיע שסגן הנשיא דן קווייל על הקו. החלטתי במהירות שאף על פי שאיני יודע במה מדובר, אם סגן נשיא ארצות הברית רוצה לדבר איתי, אפשר להניח שהעניין חשוב, ולכן עניתי. התברר שסגן הנשיא קווייל בסך הכול התקשר להודות לי על נאום שנשאתי. לפחות טעיתי מתוך זהירות יתרה, ולא התעלמתי ממצב חירום שאולי התפתח בלי שידעתי.

כשהתמודדתי בשנת 2000 על תפקיד סגן הנשיא ובשנת 2004 על תפקיד הנשיא, נהגתי על פי הכלל הפרטי שלי, שלא לעסוק בפוליטיקה בשבת, אולם בשנת 2000 התעוררו שאלות לגבי הדברים שאוכל ושלא אוכל לעשות בשבת אם אהיה סגן נשיא ארצות הברית. להיות סנטור זה דבר אחד; להיות כפסע מן החדר הסגלגל – זה כבר דבר אחר. באחד הפרקים הקודמים ציינתי שהשבת שזורה בהיסטוריה של הנשיאות. נשיאים אמריקנים רבים שמרו על השבת בדרכם, אבל זה היה לפני עידן הנשק המודרני, הטרור והמציאות הכלכלית הגלובלית שהופכים את עיתוי ההחלטות של הנשיא לרגיש יותר לאין שיעור, אולי אפילו ברמה של שבריר השנייה.

כאשר אל גור בחר בי כעמיתו למרוץ, היו שהטילו ספק ביכולתי למלא את חובותיו של סגן נשיא בשבת. הנשיא ביל קלינטון אמר לי בתחילת אותו מסע בחירות להתעלם מכל מי שמפקפק ביכולת שלי לסייע במסע הבחירות במשך שישה ימים בשבוע ואם אבחר, להיות בתפקיד כל יום ויום. צחקתי בקול כאשר קלינטון אמר, "פשוט תגיד להם ללכת ישר לעזאזל!".

את השאלה סביב שמירת השבת שלי אם אזכה אפשר היה להבין, והיא קיבלה התייחסות רצינית. עוד לפני שקיבלתי את המועמדות, ציין מתיוס ריס במגזין **וִיקלי סטנדרט** שהלכות השבת "יעוררו שאלות סביב יכולתו [של ליברמן] למשול במקרה שיהפוך לנשיא". במגזין **סלֵייט** הסבירה ג'ודית שולֶביץ את הפטור מאיסורים מסוימים הניתן לשם הגנה על חיי אדם וטיפול בצורכי הכלל, והסיקה שאם אבחר, לא תהיה לי בעיה למלא את חובותיו של סגן נשיא בשבת.

הלקח שאני מקווה שתפיקו מן הדיון הזה הוא הקדימות שנותנות ההלכה והמסורת היהודית למשימה הקדושה להציל חיים,

להגן עליהם ולשמרם, אפילו כאשר האיום אינו מידי או אינו ודאי. אדם חייב לפעול אפילו אם המחיר הוא עבירה זמנית על מצוות שבת קודש.

הרב חיים סולובייצ׳יק (1918–1853), רב ליטאי נערץ וסבו של הרב יוסף דוב סולובייצ׳יק, היה ידוע בקלות שבה התיר ליהודים שלא חשו בטוב לאכול ביום הנכבד והקדוש, יום הכיפורים. צום יום הכיפורים נמשך כל היום, ללא שום מזון או מים. רק פיקוח נפש מתיר לאדם לאכול. הרב סולובייצ׳יק הקל באופן דומה בהיתר לחולים לחלל את השבת. פעם שאל אותו מישהו מדוע אינו מתייחס ליום הכיפורים ולשבת יותר בחומרה, והרב סולובייצ׳יק השיב, ״איני מקל ביום כיפור או בשבת, אני מחמיר במצוות פיקוח נפש״.

זוהי אמת המידה שאני מנסה לדבוק בה כשחובותיי לציבור מתנגשות בשמירת השבת שלי. לנהוג אחרת, כך נראה לי, פירושו להעדיף את המסגרת על פני המהות, לשים את ההלכה מעל לערכים שעליהם היא מבוססת, ולשכוח שהשבת היא בראש ובראשונה יום שנועד להדגיש ולהעלות על נס את החיים שהבורא העניק לנו.

כעת אנו יכולים לחזור ללוח הזמנים השבתי הרגיל שלנו, וכך נעשה.

התחלות פשוטות

- זכרו שאלוהים נתן את השבת כדי לתרום משהו לחיינו, ולא כדי לסכן את שלומנו. לכן, כאשר אתם מחליטים שאתם מוכרחים לקטוע את השבת למען תכלית נעלה יותר, אל תראו בכך חילול של היום הקדוש אלא דווקא עוד **מצווה** שכרוכה בו. אלוהים מצווה עלינו לשמור את השבת, אבל כאשר הנסיבות מחייבות, הוא רוצה שנפסיק את שביתתנו ונעשה מה שצריך לעשות, כגון לשמור על החיים ועל הבריאות, להגן על ביטחוננו ולעזור לאחרים שיש להם צורך דחוף.

- המצב העיקרי שבו נחוץ לקטוע את מנוחת השבת הוא פיקוח נפש, אפילו כאשר הסכנה היא רק היפותטית ולא ודאית. בכל הנוגע לשמירה על החיים, עלינו לנקוט משנה זהירות.

- השבת היא זמן מצוין להרהר בו על קדושת החיים.

- אם אתם כוללים את שמירת השבת כמרכיב קבוע בשבוע שלכם, הקדישו קצת מחשבה לנסיבות הייחודיות שבהן אתם עלולים לקטוע את השבת. תוכלו אפילו לכתוב על פיסת נייר את הדברים שעלו בדעתכם. מאוד לא נוח כשמשהו קורה פתאום וצריך לקבל החלטה בו-במקום, בלי מתכונת ברורה של אמות מידה וקדימויות לוויתור על השבת. החליטו על כך ביניכם לבין עצמכם, והתייעצו עם מדריך רוחני, אם יש לכם; כדאי מאוד להשקיע בכך זמן ומחשבה.

פרק שמיני – לקטוע את השבת: להבחין בטובה הגדולה יותר

- כשאתם מחליטים על הקווים המנחים שלכם להפרה של השבת, חשבו במונחים של אפשרויות והעדפות. יש פעולות של חילול שבת הפוגעות פחות בקדושת היום מפעולות אחרות. אם אפשר, יש להעדיף אותן על פני פעולות הפוגעות בצורה משמעותית יותר ברעיון השביתה והמנוחה.

פרק תשיעי
צאת השבת: להבדיל בתבונה

שבת בין הערביים

יצא לכם פעם להשתתף במפגש בין אנשים שלא התראו זמן רב, כמו פגישת מחזור או איחוד של המשפחה המורחבת? אם כן, אתם יודעים שאירוע שמתחיל בציפייה נעימה ונמשך בהנאה אמיתית מסתיים לעיתים קרובות באווירה מלנכולית, כשכולם מבינים שיעבור עוד הרבה זמן עד שיתראו שוב. כך קורה גם בשמחות משפחתיות, כמו חתונות. פעמים רבות אנשים משתהים ונשארים זמן מה אחרי ששלביו הרשמיים של האירוע הסתיימו. הם לא רוצים לעזוב. למעשה, כשהדסה ואני התחתנו – כל אחד מאיתנו בשנית – צפינו מראש שתהיה הרגשה כזו, ובמקום להסתלק מיד לאחר קבלת הפנים,

הזמנו כחמישים בני משפחה וחברים אל בית הוריי לשעה-שעתיים, כדי לספר סיפורי חתונה ולפתוח מתנות.

הפגישה השבועית של קהילת "ארץ שבתיה" שלנו היא מעין מפגש איחוד שאנחנו יודעים שלא יחזור על עצמו אלא כעבור שבוע. זה לא הרבה זמן, ובכל זאת, כשהשבת מתקרבת אל קיצה, עולה בנו חשש מסוים, מהול ברצון לנצל במלואן את אותן שעה-שעתיים אחרונות של מנוחת השבת. עצבות זו לקראת העזיבה היא אות הוקרה למתיקות המיוחדת של השבת.

השעות האחרונות של השבת אינן מתאפיינות רק בעגמומיות. הן בעיקר רוחניות ומלאות תקווה עמוקה. אנו מאמינים שבשבת אנו קרובים יותר לאלוהים; למעשה, אנו מאמינים שאלוהים מבקר אותנו. על כן, כשהשבת מסתיימת, יש לנו הזדמנות מיוחדת, אחרונה, להתחבר אליו לפני שהרוגע של יום המנוחה יפנה את מקומו להמולת חיי היום-יום. בסדר הטקסי של אחר הצהריים אנו מתחילים בתפילה, הנקראת תפילת מנחה, לאחר מכן אוכלים סעודה חגיגית נוספת, 'סעודה שלישית', ולבסוף מתפללים תפילת ערבית, כמו בכל ערב, ועורכים את טקס סיום השבת, ההבדלה, שבו, לאור הנר, אנו נפרדים לשלום מן השבת.

כשהשמש מתחילה לשקוע באחר צהריים אופייני של שבת בסטמפורד, אני שם פעמיי שוב לכיוון בית הכנסת. בוושינגטון, שם הדרך לבית הכנסת ארוכה, אני נשאר בדרך כלל בבית. חסרים לי מתפללי בית הכנסת, אך אני אוהב לבלות את הזמן הנוסף עם הדסה ועם ילדינו ונכדינו שנמצאים איתנו.

"שבת שלום", וגם הברכה ביידיש, "גוט שאבעס", הן הברכות המקובלות בשבת, החל משעות אחר הצהריים ביום שישי לקראת יום המנוחה ועד ליציאת השבת, עם רדת הערב למחרת. הברכה

"שבת שלום" נותנת ביטוי לא רק לשלום שהוא ההפך ממלחמה או מסכסוך חברתי או אישי. היא גם לא מדברת רק על תחושת שלווה. היא מבטאת גם את הקשר בין המילה 'שלום' למילה 'שלם'. קשה להרגיש שלום כשאיננו מרגישים שלמים. כשאנו מרגישים שחסר משהו בחיינו, אנחנו חסרי מנוח, טרודים, מודאגים – זהו ההיפך משלום, ההיפך משבת.

כפי שהסברנו קודם לכן, במהלך שלוש התפילות המרכזיות של שבת – בליל שבת, בשבת בבוקר ובשבת אחר הצהריים – אנו חווים את סיפורה של היסטוריה מקודשת, כפי שהייתה וכפי שהיא עתידה לבוא. תפילות ליל השבת שלנו מאשרות את אמונתנו באלוהים כבורא. בשבת בבוקר הדגש עובר להתגלות – למתן התורה ועשרת הדיברות למשה בהר סיני, ויחד איתם תכליתו וייעודו של האדם. וכעת, בשבת אחר הצהריים, אנו צופים אל הגאולה העתידית, תוצאת כל מאמצינו להיות שותפים לאלוהים בתיקון העולם, להפוך אותו ואת עצמנו לשלמים.

הגאולה המובטחת

יהודים ונוצרים כאחד מכירים בכך שהעולם פגום, ושהתרופה למציאות הזו היא ביאת המשיח. בעיני היהודים תהיה זו הפעם הראשונה, ובעיני הנוצרים – השנייה, אבל אני מאמין שכולנו מתפללים לאלוהים ופועלים יחד איתו כדי להשיג את אותה מטרה, ומאותן סיבות. כאשר האל ברא את העולם, הוא קבע כי העולם הוא "טוב". רק ביום השישי לבריאה, כשהכול היה מוכן, הסכים לקרוא לעולם "טוב מאוד". כשאכלו מעץ הדעת, אדם וחווה חטאו ויצרו שבר בשלמות הראשונית הזו. העולם הפסיק להיות "טוב מאוד" ונהיה רק "טוב", שעה שהחטא והרע התחרו ובלבלו את

עצמם עם ההגון והטוב. הגאולה היא הרגע שבו אלוהים מחזיר את הבריאה לגובהה המוסרי הקודם, ומבטיח לנו שכל העמל והסבל המלווים את החוויה האנושית אינם חסרי משמעות, אחרי הכול. כולנו יודעים שפעמים רבות אנשים טובים סובלים, בשעה שמעשים רעים נותרים ללא עונש. בעתיד, הכול יתוקן. נוכל לראות שכל מה שקרה לפני כן היה התפתחות לקראת סוף שיאפשר לנו להבין את הטרגדיות וההתעלומות של העבר. גאולה מובטחת זו היא הערובה שלנו לשלמות עתידית, והיא מבטיחה לנו שחיינו, אפילו עתה, הם בעלי משמעות ו"שלמים" מנקודת מבטו של האל. בשבת יש לנו פנאי – ועמו פתיחות מחשבה ולב – להרהר בחזון הזה, הרחב יותר, של ההיסטוריה והייעוד האנושיים, ובהבטחה הטמונה בו למשמעות. ובשבת יש לנו פנאי ופתיחות לטעום מטעמה של גאולה עתידית זו, להציץ אל מה שעתיד לבוא.

הגאולה היא נושא מרכזי בשבת אחר הצהריים, ונוסח התפילה מעודד אותנו לחשוב עליה. אנו קוראים מתוך ספר ישעיהו "וּבָא לְצִיּוֹן גּוֹאֵל וּלְשָׁבֵי פֶשַׁע בְּיַעֲקֹב" (נט, כ). בתפילת 'עלינו לשבח' אנו מזדהים עם נבואתו של זכריה: "וְהָיָה ה' לְמֶלֶךְ עַל־כָּל־הָאָרֶץ, בַּיּוֹם הַהוּא יִהְיֶה ה' אֶחָד וּשְׁמוֹ אֶחָד" (יד, ט).

הקבלה אומרת לנו שתפילת מנחה של שבת אהובה על הבורא במיוחד, והוא מאזין לתפילות בטרם רדת היום בפתיחות ובנכונות מיוחדות, משום שגם הוא יתגעגע לקירבה לברואיו שהשבת מעניקה לו. דוד המלך בוודאי חשב על החלק הזה של יום השבת כאשר כתב בתהילים: "וַאֲנִי תְפִלָּתִי־לְךָ, ה', עֵת רָצוֹן, אֱלֹהִים בְּרָב־חַסְדֶּךָ, עֲנֵנִי בֶּאֱמֶת יִשְׁעֶךָ" (סט, יד). פסוק זה מתהילים סט נאמר גם בשבת אחר הצהריים בתפילת מנחה.

קידוש שם השם

בתפילת עמידה של מנחה אנו מבקשים מהבורא, "יַכִּירוּ בָנֶיךָ וְיֵדְעוּ כִּי מֵאִתְּךָ הִיא מְנוּחָתָם וְעַל מְנוּחָתָם יַקְדִּישׁוּ אֶת שְׁמֶךָ". משפט זה מרגש אותי בכל שבת אחר הצהריים, משום שהוא מציג את מנוחת השבת שלנו לא רק כמילוי מצווה אלא גם כקידוש שם השם, עבודת האל שאין למעלה ממנה. להבנתי, משמעות המשפט היא שעל ידי שמירת השבת אנו מכריזים על אמונתנו באל כבוראנו וכמי שמקיים אותנו תמיד, ואנו מכריזים זאת – וכך מקדשים את שם השם – בפני כל העולם.

המחשבה הנוספת שתפילה זו מעוררת בי היא כמה טוב הוא הבורא, הקורא לנו לקדש את שמו באמצעות מנוחה. בהסכמתנו לקבל מידיו את מתנת המנוחה, אנו מקדשים את שמו. זוהי עסקה טובה מאוד!

רעות מתוקה

בסטמפורד, כשאנחנו מסיימים את תפילת מנחה, אנחנו פונים אל אולם האירועים לסעוד סעודה שלישית. בוושינגטון, אנחנו ניגשים אל שולחן המטבח בבית. גם כאן וגם כאן אנחנו מברכים שוב על החלה 'המוציא לחם מן הארץ'. אבל הפעם יש לנו בדרך כלל לחמניות קלועות, והארוחה מורכבת מסלטים קלים. בסטמפורד, אחד הרבנים, או מלומד אורח, או אחד מחברי הקהילה מעבירים שיחה על נושא מן התנ"ך או מן התלמוד.

בביתנו, ליד השולחן, הדסה ואני ומשפחתנו נשוחח על רעיונות מקריאת התורה של אותו בוקר, או נקרא יחד ונדון במסכת מיוחדת מאוד במִשנה הנקראת **פרקי אבות**, ספר המרכז אמרות חוכמה של

למעלה ממאתיים רבנים שחיו ולימדו בתקופת התלמוד. בסעודה השלישית של שבת, בבית הכנסת או בביתנו, אנחנו תמיד שרים את מזמור כג בתהילים במנגינה קסומה ומלאת תקווה, שמשקפת את האווירה באותו רגע בשבת. המילים מוכרות כמעט לכולם, והתחושה היא שהן משלימות את הליקויים ב"שלמות" האישית שלנו במילים של חיזוק אלוהי.

לפני שחזרנו לסטמפורד ב־2007, גרנו, הדסה ואני, במשך כמעט עשרים וחמש שנים בשכונת וֶסטוִיל בנְיוּ הֵייבן, שם גרו הרבה משפחות יהודיות דתיות. שנים לפני שעברנו לשם, הקימו השכנים "קבוצת שבת" שנפגשה מדי שבת אחר הצהריים בבתיהם של חברים שונים כדי ללמוד, להתפלל ולהתרועע. מספר הנוכחים נע בין עשרה לארבעים, תלוי מי היה בעיר באותו סוף שבוע. במשך השנים, הדסה, אני וילדינו חווינו כמה מחוויות השבת המהותיות, הרוחניות והמהנות ביותר שלנו עם קבוצה זו של שכנים וידידים מניו הייבן. העובדה שכל זה קרה בבית פרטי מזכירה לנו שקהילת שבת חזקה יכולה לפעמים להתגבש ולהימצא מחוץ לבית תפילה פורמלי.

בקבוצת השבת של ניו הייבן הייתה תערובת של רופאים, עורכי דין, פרופסורים מייל, אקדמאים אורחים מישראל, אנשי עסקים, בני ובנות זוג וילדים. הילדים היו משחקים, וההורים היו לומדים ומתפללים יחד. אני יכול עדיין לחוש את אווירת בין הערביים הנינוחה כשאנו נאספים סביב שולחן בפינת האוכל או בחדר האורחים. בכל שבת היה חבר אחר מנחה את השיחה על פרשת השבוע, שהייתה מובילה, כפי שקורה פעמים רבות עם דברי תורה, לדיון רחב יותר על ערכים, על ההיסטוריה ועל החיים.

פרק תשיעי – צאת השבת: להבדיל בתבונה

תקווה לעתיד

אחת מהתכנסויות שבת אחר הצהריים הזכורות לי ביותר מניו הייבן הייתה באפריל 2000, כאשר בתנו חני, שהגיעה אז לגיל 12, חגגה בת מצווה. הטסנו כעשרים מחברותיה לכיתה בבית הספר שלמדה בו בוושינגטון כדי שיחגגו איתנו בבית הכנסת של וסטוויל, ושיכּנּו אותן בבתיהם של חברי הקבוצה השונים למשך סוף השבוע. בשבת אחר הצהריים, הדסה ואני אירחנו את קבוצת השבת, בהשתתפות כל מי שהגיעו בטיסה מוושינגטון, בביתנו בניו הייבן. חני הנחתה שיעור פרשת שבוע, ובננו איתן, שהוא רב, נשא דרשה. כולם הצטופפו בסלון שלנו ובפינת האוכל הסמוכה אליו, ישובים על כיסאות או על הרצפה. רובם היו יהודים, אבל גם כמה ידידים נוצרים מניו הייבן ומוושינגטון השתתפו, למדו ושרו עם ערוב היום. היה זה זמן מלא קסם.

בשלב כלשהו, ד"ר ג'יי כץ – עורך דין, פסיכיאטר ושכן, שהיה מחלוצי השימוש בפסיכיאטריה במשפט בהיותו חבר סגל בבית הספר למשפטים של אוניברסיטת ייל – אמר שהוא רוצה לומר משהו לחני ולחברותיה. הוא נולד בגרמניה, ומשפחתו נמלטה מן השואה בשנות ה־30 של המאה העשרים. הוא דיבר על ההתעמרות שראה ושסבל כסטודנט צעיר בגרמניה, על הזעזוע ועל שברון הלב כאשר נודע לו על כל הילדים היהודים שנרצחו בידי הנאצים. לאחר השואה הוא חשש שלא יהיה עוד עתיד יהודי. אבל עכשיו, כשהוא מביט סביב חדר האורחים שלנו ורואה את חני וחברותיה – ילדות יהודיות גאות ומשכילות – ושומע אותן מדברות ושרות בכזו אמונה ודבקות, הוא מרגיש תקווה לעתיד. כשהיה איש צעיר בגרמניה והנאציזם החל לעלות, לא יכול היה לחלום, כך אמר, שיזכה לראות דור כמו הדור הזה שבו הוא מביט. ג'יי בכה כשדיבר, וכמוהו בכו כל

הנוכחים בחדר. הדמעות היו דמעות של הכרת תודה ותקווה, שאין טובות מהן לבטא את מצב הרוח המאפיין את הפרק החותם כל שבת.

עם תום השבת

עד עכשיו דיברתי כפי שנוהגים לדבר, אבל באופן קצת לא מדויק, על "יום" השבת, וניתן לחשוב שמדובר בפרק זמן של עשרים וארבע שעות. אילו כך היה, השבת הייתה אמורה להסתיים עם שקיעת השמש, כפי שהחלה. אם ראיתם את הסרט **רבי אברהם במערב הפרוע**, אולי אתם זוכרים סצנה שבה הגיבור חוצה את מערב ארצות הברית ברכיבה על סוס. רבי אברהם, שאותו מגלם ג'ין ויילדר, הוא רב צעיר בן המאה התשע־עשרה, חביב אך שלומיאלי, שנשלח ממזרח אירופה להנהיג את יהודי עידן הבהלה לזהב בסן־פרנסיסקו. כאשר מגיעה השבת, הוא יורד מסוסו ומוביל את הבהמה ברגל – טעות של הסרט, למען הדיוק, כי הובלת בהמה היא מלאכה אסורה בשבת ממש כמו רכיבה עליה. יוצרי הסרט טועים שוב כאשר השבת מסתיימת. הרב שמגלם ויילדר מחכה עד שהשמש שוקעת, ואז קופץ מיד על גב סוסו. שוב, זה לא נכון. השבת אינה מסתיימת עד שהשמיים מחשיכים עד כדי כך שניתן לראות שלושה כוכבים בינוניים. זמן זה מוגדר כ'צאת הכוכבים'. צאת הכוכבים מתרחשת בערך שעה לאחר שקיעת השמש, על פי עונת השנה, והיא מסמנת את סיום השבת, שאלמלא כן היה אורכה עשרים וארבע שעות בלבד. אנו מוסיפים לסופה של השבת וגם מעט לתחילתה, כפי שאולי זכור לכם. אנחנו מתחילים מוקדם יותר ממה שנחוץ – מתוך ציפייה וכיסופים – ומסיימים מאוחר מן הנחוץ, מן הסיבה ההפוכה.

מתברר אפוא שהשבת שלנו נמשכת בדרך כלל עשרים וחמש שעות. למעשה, יש יהודים דתיים (בעיקר חרדים) שמגדילים לעשות

ועורכים סעודה גם לאחר השבת, סעודת 'מלווה מלכה', כדי ללוות את שבת המלכה עם עזיבתה. בעזרת דברי תורה נוספים, אוכל ושירה, יכול מנהג זה להאריך את השבת עד לשעות המאוחרות של מוצאי שבת.

אופייה השוויוני של השבת

הרב יוסף דוב הלוי סולובייצ'יק סיפר על חוויה יפה שזכר מימי ילדותו, הקשורה לקושי שלנו להניח לשבת לצאת. כשגדל בליטא, היה הולך לבית כנסת קטן של חב"ד לסעודה שלישית. הנוכחים היו מאריכים את הסעודה בשירים, שירים ועוד שירים.

בשלב מסוים, פנה איש הדור בלבושו ובעל מראה נכבד ליוסף הצעיר, ושאל אם הוא מזהה אותו. הנער הודה שלא. האיש הציג את עצמו כיענקל הסבל, שעשה מלאכות כפיים שונות בעיירה. בהתנהגותו ובלבושו השבתיים, לא זיהה הילד את יענקל. וזה משום שבשבת הוא לא היה יענקל הסבל, אלא יענקל הנסיך. יענקל במיוחד רצה להאריך בשירה, משום שכאשר תצא השבת, הוא יחזור להיות שוב יענקל הסבל.

זמן רב חלף מצאת הכוכבים והעניין נמשך ונמשך. עדיין היה צריך להתפלל תפילת ערבית בבית הכנסת לפני שהקהל יוכל ללכת הביתה. בחוסר סבלנות מסוים שאל הילד את יענקל, "מתי מעריב?", כלומר: מתי נתפלל את תפילת הערבית שתסיים את השבת?

יענקל הביט בו, בשמץ נזיפה, אני מניח, ושאל: "עד כדי כך אתה מתגעגע לימות החול?"

אז הבין יוסף דוב הצעיר שהם אינם שרים רק כדי לשיר, אלא כדי לדחות את קץ השבת ואת תחילת שבוע העבודה ככל יכולתם.

הרב יצחק (ייץ) גרינברג מריבֶרדֵייל, ניו יורק, שתקופה ארוכה נעזרתי בעצותיו, מספר סיפור דומה, אך לא על אדם עני כמו יענקל, אלא על אדם עשיר. אותו יהודי אמיד היה מהלך הביתה מבית הכנסת שבת אחת ולפתע חש ברע, התמוטט ומת. בשבת יהודים שומרי מצוות אינם נושאים ארנק – לכן לא היה לאיש כסף וגם לא מסמכי זיהוי. מכיוון שהיה נוהג להתלבש בצניעות, שום דבר בהופעתו החיצונית לא הסגיר את זהותו. עובר אורח מצא את הגופה והמשטרה הגיעה ולקחה אותה. מכיוון שלא ניתן היה לזהותו, חשבו הרשויות לקבור אותו בחלקה צדדית, יחד עם עוד נפטרים חסרי כול, חסרי בית, ובלתי־מזוהים, אולם אז גילו בני משפחתו מה קרה, דרשו את גופתו של הנפטר והשיבו לו את זהותו.

בתחילה נשמע הסיפור מטריד, עד שמבינים, כפי שמסביר הרב גרינברג, כי הסיבה לכך שלא ניתן היה לזהות את האיש הייתה דבר נהדר בכל הקשר אחר – השוויוניות של שבת. במשך יום אחד העני יכול לחשוב עצמו לנסיך, והעשיר יכול לתפוס את מקומו כשווה בקרב חבריו שומרי השבת. הדבר מעלה בדעתנו את הגאולה השלמה של כלל האנושות כאשר כולנו נהיה שווים, בלי הבדלי ייחוס משפחתי או ממון, עַם או אמונה, המפלגים אותנו כיום בעולם בלתי־שלם.

לסמן הבדלים ולעשות סדר

עם תום השעה העשרים וחמש של שבת, אפשר להתפלל ערבית ולומר הבדלה.

בבית הכנסת בסטמפורד אנו עוזבים בשלב זה את אולם האירועים וחוזרים להיכל. בבית בוושינגטון אנחנו הולכים אל הסלון. תפילת ערבית כוללת בעיקר את אותן תפילות הנאמרות

פרק תשיעי – צאת השבת: להבדיל בתבונה

בכל ימות החול בתפילת ערבית – הקריאה לתפילה "ברכו"; הצהרת האמונה בקריאת שמע; ושוב, תפילת עמידה בלחש – עם כמה תוספות המתאימות לצאת השבת.

כעת הגענו באמת לסוף השבת, והשבוע החדש עומד להתחיל. זהו זמן של מעבר ושל הבדלה. המילים הנוספות לתפילת עמידה של מוצאי שבת מדגישות את הנקודה הזו ומרחיבות אותה הרבה מעבר להפרדה בין שבת לבין ששת ימי החול, להבדלים אחרים שרק לנו, בני האדם, היכולת הייחודית לזהותם. זאת משום שאלוהים נתן לנו רצון חופשי, את היכולת להבחין ולעשות סדר בערבוביה. כך אנו הופכים לשותפיו של אלוהים ליצירה. המילים הנוספות הן:

אַתָּה חוֹנַנְתָּנוּ לְמַדַּע תּוֹרָתֶךָ, וַתְּלַמְּדֵנוּ לַעֲשׂוֹת חֻקֵּי רְצוֹנֶךָ, וַתַּבְדֵּל ה' אֱ-לֹהֵינוּ בֵּין קֹדֶשׁ לְחֹל, בֵּין אוֹר לְחֹשֶׁךְ, בֵּין יִשְׂרָאֵל לָעַמִּים, בֵּין יוֹם הַשְּׁבִיעִי לְשֵׁשֶׁת יְמֵי הַמַּעֲשֶׂה. אָבִינוּ מַלְכֵּנוּ, הָחֵל עָלֵינוּ הַיָּמִים הַבָּאִים לִקְרָאתֵנוּ לְשָׁלוֹם, חֲשׂוּכִים מִכָּל חֵטְא, וּמְנֻקִּים מִכָּל עָוֹן וּמְדֻבָּקִים בְּיִרְאָתֶךָ.

הד למילים האלה, העוסקות בהבדלים, יישמע עוד מעט בטקס ההבדלה, שכשמו כן הוא. מכל הברכות בתפילת עמידה שאליהן יכלו חכמינו לצרף את המילים הנוספות הללו, הם בחרו דווקא בברכה המבקשת דעה, בינה והשכל, והטעם לכך ברור וחשוב. התלמוד הירושלמי (ברכות ה, ב) שואל, "אִם אֵין דֵּעָה, הַבְדָּלָה מִנַּיִן?". במילים אחרות, בלי היכולות הפלאיות שחנן בהן האל את השכל האנושי, לא היינו יכולים להבחין במה שנחוץ ולבחור במה שנחוץ כדי לאהוב את האלוהים ולעבוד אותו. השכל שלנו הוא התכונה הדומה לתכונות של האל יותר מכל תכונותינו האנושיות. אלוהים נתן לנו

את היכולת להבין את הדינמיקה של מערכת השמש. הוא נתן לנו את היכולת לפענח את רצף הדי־אן־איי, קוד החיים. הכוונה היא שנשתמש בכישרונות הללו כדי להצטרף לאלוהים בשיפור העולם ובשכלולו. ויותר מכול, אנו נקראים להשתמש בשכלנו כדי להבין את ההבדל בין טוב ורע ולבחור בטוב.

טקס ההבדלה

בסוף תפילת ערבית מגיעה שעת ההבדלה, טקס עשיר במנהגים ובסמלים, וקריאה נוספת להתבוננות ולשיפוט נכון. מוזגים יין לגביע כסף עד שהוא עולה על גדותיו, והאומר את ההבדלה מרים את הגביע בידו. מדליקים נר קלוע שיש בו לפחות שתי פתילות, ובו אוחז אדם אחר. זוהי האש הראשונה שאנו יוצרים מאז שנכנסה השבת ביום שישי והיא הצהרה ברורה על כך שהשבת תמה. קופסה, בדרך כלל עשויה גם היא מכסף, ובה תערובת תבלינים ריחניים מובאת אל השולחן.

אני סבור שלהבדלה יש יכולת ייחודית לאחד בין שומרי שבת לאלו שאינם שומרי שבת. היא נגישה ליהודים מכל הזרמים, וגם ללא־יהודים. לרבים קל יותר להתחבר אל האור, היין והבשמים מאשר אל נוסח התפילות הרשמי. יש כאלה שבעיניהם אין זה ראוי לציין את טקס סיום השבת אם לא שמרת את השבת עצמה, אבל אני חושב שעבור רבים זו יכולה להיות דלת כניסה נוחה אל השבת, גם אם במובן המדויק זוהי דלת **היציאה** מן השבת.

לפני שנים אחדות התבקשנו הדסה ואני לדבר בכנס ההנהגה הצעירה של הפדרציות היהודיות של צפון אמריקה באתר נופש סמוך לפניקס. בשבת בבוקר התקיימו תפילות בחלוקה לזרמים – רפורמי, קונסרבטיבי ואורתודוקסי. הנוכחות בתפילות הייתה דלה. אולם כאשר תמה השבת, נאספו כולם להבדלה, תחת כיפת השמיים,

בטקס מאוד מרומם ומאחד. אני יודע שחלק ממרכזי קירוב הלבבות היהודיים המוצלחים והאטרקטיביים ביותר משתמשים בתכונה הייחודית הזו של ההבדלה. הדסה ואני נכחנו בחגיגות בר ובת מצווה באווירת התעלות אדירה בבתי כנסת מיד אחרי אמירת ההבדלה. עם תום השבת מתחילה קבלת הפנים החגיגית. במשך שנים ערך מכון בְּרַנדַייס־בַּרדִין הנודע בדרום קליפורניה טקסי הבדלה בבימוי יפהפה כשיאן של חגיגות השבת, דבר שמשך יהודים מכל הגוונים אל המכון, הנמצא במיקום דרמטי ופראי. יהודים רבים מאזור לוס אנג'לס שהתעורר בהם הרצון להתחבר מחדש למורשתם היהודית מייחסים את ראשית מסע השיבה הרוחנית שלהם להשפעה של מכון ברנדייס־ברדין וטקסי ההבדלה שלו בסיום השבת.

במישור אחד, טקס ההבדלה משמש לאותה תכלית ששימש הקידוש עם כניסת השבת. מכיוון שהשבת מיוחדת ושונה כל כך מן הימים שלפניה והימים שאחריה, עלינו לסמן בצורה חד־משמעית את הגבול בינה לבין שאר השבוע, הן בתחילתה הן בסופה. בהבדלה יש שלושה מרכיבים שהופכים אותה לשובת־לב כל כך:

יין

ממש כשם שאמרנו בליל שבת קידוש על היין, כך אנו עושים גם בהבדלה. הרמב"ם סבר שקיום המצווה המקראית "זכור את יום השבת" דורש לא רק מעשים, אלא גם מילים. על כן, כשאדם אחד מחזיק את הנר, אדם אחר המחזיק את גביע היין אומר קטע של פסוקי עידוד מן הנביאים ומספר תהילים.

ואז המברך מגביה את גביע היין ואומר את ההבדלה.

הרב יִיץ גרינברג מלמד שבדיוק כפי שהקידוש בליל שבת מקדש את השבת, ההבדלה במוצאי שבת מקדשת את ימי המעשה

שלפנינו. אנו מוזגים את היין כך שיגלוש משפת הגביע כסימן לתקוותנו שאלוהים יתן לנו שפע של ברכה וטובה בחיינו בשבוע הקרב.

בשמים

אחר כך מרימים את קופסת הבשמים, אומרים את ברכת ההודיה לאל על שברא מיני בשמים, ומעבירים את הבשמים בין כל הנוכחים כדי שכולם יריחו (או, כמו שבני משפחתי אומרים עליי, ישאפו) את הניחוח.

מוקדם יותר סיפרתי על האמונה היהודית שכאשר מגיעה השבת, אנו מתברכים בנשמה יתרה. אני חושב עליה כעל ממד נוסף של רוחניות. למרבה הצער, כאשר מסתיימת השבת, חוזרת נשמה יתרה זו אל הא-לוהים, ואנחנו חשים תחושת אובדן. יש האומרים ששאיפת הבשמים נועדה להחיות את נפשותינו.

הסבר דומה ששמעתי על הבשמים הוא שהם מאפשרים לנו לעזוב את השבת, את ארץ שבתיה, כשריחם המתוק בנחירינו. אנחנו יכולים לקחת את הזיכרון החושי הנפלא הזה, המלא בתקווה, איתנו לאורך השבוע, עד שתגיע השבת הבאה.

אני נזכר בסיפור אישי קטן. כפי שסיפרתי, ב-1980 הפסדתי בבחירות לקונגרס. בתפילת השבת שלאחר מכן, פרשת השבוע עסקה בסיפור מספר בראשית על מכירת יוסף לעבדות בידי אחיו. הקונים היו סוחרי בשמים שנטלו את יוסף למצרים. יעקב מנדלסון, שהיה אז הרב שלי, אמר שהבשמים היו מתנה מאלוהים ליוסף, כדי שילווה אותו ריחם המתוק של הבשמים במסעו הכפוי למצרים, ויעניק לו תקווה שזמנים טובים יותר עומדים לפניו, למרות שאחיו התעמרו בו בחוסר הגינות שכזה. הרב הזכיר את ההפסד שלי בבחירות, ואמר

פרק תשיעי – צאת השבת: להבדיל בתבונה

שהוא מקווה שאוכל להריח בשמים דומים ולהמשיך להתקדם במסע האישי שלי מתוך אופטימיות. זה היה מסר מלבב ומרומם, ופעמים רבות אני חושב עליו כשאני שואף את הבשמים בראשיתו של המסע מן השבת אל השבוע החדש.

אור

ולבסוף, על נר קלוע ובו שתי פתילות לפחות המונף אל על, אנו אומרים ברכה המכירה באלוהים כבורא מאורי האש. ריבוי הפתילות בנר ההבדלה נועד לייצג לא רק את האור אלא את כוחה של האש. האש היא היצירה האנושית הקדמונית המניעה את הציוויליזציה. האש מבשלת את המזון, הופכת אותו לאכיל; האש נותנת חום, משחררת את בני האדם מפגיעותם ומן התלות שלהם בטבע. אנו חוגגים את הכוח האנושי הזה משום שהוא מאפשר לנו להצטרף לאלוהים כשותפים בפיתוח העולם. מכיוון שזהו מעשה היצירה הראשון בשבוע החדש, הברכה עליו היא הברכה הראשונה בשבוע החדש. אנו מפנים את ידינו אל האש כשכפותינו מורמות ואצבעותינו כפופות פנימה, כך שצילן נופל על כפות ידינו. יש האומרים שהדבר נועד להראות לא רק שזו האש הראשונה שיצרנו מאז שקיעת החמה ביום שישי, אלא גם את הצל על כפות ידינו, שהוא התוצר הראשון של מלאכת היצירה הראשונה של השבוע החדש. לדברי אחרים, אנו עושים זאת משום שידינו הן האמצעי שבו נבוא במגע עם העולם בששת ימי המעשה שלפנינו. באמצעות היצירתיות שיש בידינו אנו מנסים לרומם את העולם. שני הפירושים האלה משמעותיים בשבילי, בנוסף לפירוש המתבקש מכולם: האור נותן לנו תקווה בתחילתו של השבוע, במיוחד כאשר השבוע מתחיל בחשכת מוצאי השבת.

הנר הקלוע מזכיר את שבת בראשית – השבת הראשונה לאחר הבריאה – שאותה, על פי המסורת, הרשה א־לוהים לאדם ולחווה לבלות בגן העדן, אפילו לאחר החטא הקדמון. בשבת אחר הצהריים, כאשר ראו את השמש נוטה לשקוע, ידעו שעוד מעט יגורשו אל העולם הפגום שמחוץ לגן. האדם חשש מן החשיכה ומן האימה שבה. אולם אלוהים, בטובו, נתן לאדם מתנה גדולה. הוא הראה לו איך ליצור אש – פעולת בריאה, שהייתה דפוס לכל היצירתיות האנושית שהתחוללה מאותו רגע ואילך ואפשרה שוב לאדם ליצור ולהבדיל, ולהתחיל את המסע הארוך בחזרה לגן העדן. כפי שכותב הרב זקס:

> שבת היא החזרה השבועית שלנו אל ההרמוניה והשלווה של גן העדן. עם תום היום, אנו, כמו אדם וחוה, מתכוננים למפגש מחודש עם העולם – עולם שהינו לא פעם רצוף סכנות. אנו מתפללים אל אלוהים שיהיה עימנו בימים שלפנינו, כדי להגן עלינו מכל רע, ולברך את מלאכת כפינו.

חשיבותן של הבדלות

לסיכום ההבדלה, אנו אומרים את נוסח הברכה הרשמי של מעשה ההבדלה עצמו:

> בָּרוּךְ אַתָּה ה׳ אֱ־לֹהֵינוּ מֶלֶךְ הָעוֹלָם, הַמַּבְדִּיל בֵּין קֹדֶשׁ לְחוֹל, בֵּין אוֹר לְחֹשֶׁךְ, בֵּין יִשְׂרָאֵל לָעַמִּים, בֵּין יוֹם הַשְּׁבִיעִי לְשֵׁשֶׁת יְמֵי הַמַּעֲשֶׂה. בָּרוּךְ אַתָּה ה׳, הַמַּבְדִּיל בֵּין קֹדֶשׁ לְחוֹל.

בתפילה זו אנו מודים לאלוהים על ההבחנות שהבחין, ועל היכולת שהעניק לנו לראות אותן. ההבדלה אינה טקס המחלק את כל העולם

פרק תשיעי – צאת השבת: להבדיל בתבונה

בדיכוטומיה פשוטה לטוב ורע, ברוך וארור, טהור וטמא. ברור לגמרי שלשון הברכה האחרונה של ההבדלה אינה מפרידה לפי טוב ולא טוב, מכיוון שאין שום דבר לא טוב בששת ימי המעשה (שהרי עשיית מלאכה היא מצווה מן התורה), או בעמי העולם (שכולם ילדיו של אלוהים) או בחושך (תוצאה טבעית של האופן שבו ברא האל את כדור הארץ וסיבובו ביחס לשמש) או בחול (שאין בו רוע). במובנים מסוימים, ברכת ההבדלה מבקשת מאיתנו לקרב יחד את הקטגוריות האלה – למלא את החושך באור, לקדש את החול. במובנים אחרים, משמעות ההבדלה היא לייצר הבחנות – לא כדי לקטלג תחומים ובני אדם, אלא דווקא כדי להוקיר את המגוון והייחודיות של התרבויות, האמונות ואורחות החיים. בלי ההבדלות הללו, החיים היו הרבה פחות מעניינים, לרצון החופשי שהבורא נתן לנו לא היה כל מרחב בחירה, ושליחותנו עלי אדמות לתקן את העולם הזה הייתה ריקה מתוכן.

האמונה שמסרו לי ושלימדו אותי עוסקת כולה בראייה ברורה של ההבדלים ובבחירות ברורות וראויות. לעיתים פירוש הדבר שעלינו לומר לא, לוותר על משהו שמושך אותנו בגלל מחויבות גבוהה יותר או בשל תכלית עמוקה. עשרת הדיברות שניתנו בהר סיני, כפי שנאמר פעמים רבות, לא היו עשר הצעות, אלא עשר מצוות – כלומר, פקודות. אלוהים בחר בחירות משמעותיות, וכך גם עלינו לעשות. חכמי התלמוד מפרשים את הבחירות האלה ומיישמים אותן בשורה של דרגות והבחנות קפדניות, לעיתים דקות שבדקות. למשל, במסכת הראשונה בתלמוד, מסכת ברכות, ישנו קטע העוסק בזמן שבו מותר להתחיל להתפלל תפילת שחרית. קטע זה כולל דיון נרחב על סוג האור שמבחין בין המעבר מטרם-שחר לשחר עצמו. סוג כזה של חקירה הוא חשוב, ועוזר לנו להבין את דרגות הטוב,

את דרגות הטעות, ואת ערכה של הליכה בצעדים חלקיים לקראת מטרות גדולות.

ההבדלה מטביעה בנו אפוא את הציווי להשתמש בשכלנו כדי להבחין בין דבר לדבר. העיתוי של שיעור זה מוצלח מאין כמוהו, משום שעם תום השבת, אנו עומדים לצאת מארץ שבתיה ולשוב לעולם על כל פיתוייו – אנוכיות, חוסר התחשבות, כעס, תאוות בצע ותאוות בשרים. אנו זקוקים לידע ולחיזוק מאלוהים, כדי שיעזור לנו לשמור על משמעת עצמית ולבחור כראוי. בכל מקרה חובה עלינו לבחור, לא משנה כמה קשה הבחירה.

השקפה זו על החיים היא האנטיתזה של הרלטיביזם המוסרי, הדוחה הבדלות והבחנות. לפי התפיסה הרלטיביסטית, הבחנות ובחירות מוסריות הן אשליה שאנו מחדירים בעורמה לקיום שלנו, שבלעדיהן הוא חסר משמעות וגשמי בלבד. אני, כמובן, איני רואה את הדברים כך. עבורי, השבת וההבדלה הן תזכורת חוזרת לצורך להבחין ולהחליט.

העובדה היא שחיינו מעמתים אותנו כל העת עם הצורך לבחור, ובמקרים רבים מדובר בבחירות בסוגיות מוסריות. למדתי זאת בשלב מוקדם מהוריי, שהיו מאוד מכוונים כשעיצבו את השקפת העולם המוסרית שהנחילו לי ולאחיותיי. לומר שהוריי היו "מתירנים" או "נוקשים" יהיה להחמיץ את העיקר. ברור שהם החליטו באילו תחומים הם יהיו מתירניים ובאילו יהיו נוקשים. למשל, לי ולאחיותיי, ריטה ואֶלֶן, לא הייתה שעה מסוימת שבה הלכנו לישון. אפילו כילדים קטנים, הרשו לנו להישאר ערים עד שנרדמנו – לפעמים אפילו לא במיטותינו, אלא על הרצפה. בתחומים אחרים – כמו שמירת מצוות, הצלחה בלימודים והתנהגות אישית – הוריי תבעו מאיתנו דין וחשבון. והם ידעו היטב כיצד לעורר רגשות אשם.

אבי לא היה איש שהרבה לצעוק, אבל הוא יכול היה לנזוף ולתת מוטיבציה בכמה מילים שקטות במקום הנכון ובפנים כעוסות או מאוכזבות. הוא ידע ללמד את אחיותיי ואותי להבחין ולהבדיל.

סיפור אחד, שאולי ייראה לא רלוונטי ובוודאי יישמע מיושן, עולה בדעתי כדוגמה להתנהלות של אבי ואמי. כשהייתי בתיכון, חבריי ואני סיגלנו לנו הרגל רע, לנסוע לניו יורק במוצאי שבתות כדי לשתות. לילה אחד שתיתי הרבה יותר מדי, ואחד מחבריי נאלץ לעזור לי להיכנס הביתה. הוא הניח אותי בחדר השירותים הקטן שבקומה הראשונה, ושם הקאתי והקאתי בלי מעצורים ובקולי קולות. אמי מצאה אותי שם וגררה אותי למעלה כדי להתנקות. אני זוכר אותה בוכה, "הרסת לעצמך את החיים". במעלה המדרגות ראיתי את אחיותיי שהתעוררו, וכעת בכו גם הן, כי חששו כנראה שרצחתי מישהו. למחרת בבוקר, קמתי עם חמרמורת נוראה. החדר הסתובב סביבי בפראות. אבי נכנס, עיניו ניקבו אותי באכזבה ובבוז. הוא אמר בחומרה ובפשטות, "היית צריך לדעת שמה שאתה עושה הוא לא בסדר ומסוכן. אל תעשה את זה שוב לעולם". ולא עשיתי.

אבי ואמי היו אנשים ערכיים מאוד. לאור הדוגמה שהם שימשו והדברים שלמדתי מן האמונה שלי, כולל הלקחים של מצוות השבת, ניסיתי לאורך כל חיי להבדיל בין המוסרי ללא־מוסרי, ולקבל את ההחלטות הנכונות. אני יודע שלא תמיד ראיתי את ההבדלים בבירור או קיבלתי את החלטות באופן הנכון. אבל אני ממשיך לנסות.

כשנבחרתי לתפקיד רשמי והפכתי לדמות ציבורית, ידעתי, מן התורה שלמדתי, שהתנהגותי תימדד כעת לפי אמות מידה גבוהות יותר, משום שההשלכות של התנהגות לא נאותה של איש ציבור יהיו מרחיקות לכת יותר. התורה מלמדת אותנו שבעלי הכוח הרב ביותר אינם מעל לחוק, אלא דווקא כפופים לו ביתר שאת. הדוגמה הנוקבת

ביותר לכלל זה היא סירובו של האל להרשות למשה להיכנס לארץ ישראל, למרות כל צדיקותו כמנהיג, משום שאיבד את קור רוחו או את ביטחונו במרה, וכדי להרגיע את כעסם של בני ישראל, היכה בסלע והוציא ממנו מים, במקום לדבר אל הסלע כפי שהורה לו האל.

אני זוכר איך אמרתי לאנשי הצוות שלי, כאשר מוניתי להיות התובע הכללי של קונטיקט, "יהיה לנו במשרד הזה כלל התנהגות שאני קורא לו 'כלל העמוד הראשון'. אני מניח שאף אחד מאיתנו לעולם לא יעשה שום דבר לא חוקי או לא מוסרי. אבל אני רוצה ללכת עוד צעד קדימה. אני רוצה לוודא שאף פעם לא נעשה שום דבר שלא נוכל להסביר ולהצדיק אם ימתחו עלינו ביקורת בעמוד הראשון של כל עיתון שהוא" (כפי שאפשר לראות, הדברים נאמרו לפני עידן החדשות בטלוויזיה ובאינטרנט).

כסנטור, עליי לקבל החלטות כל הזמן, עם כל הצבעה. יש רק שתי אפשרויות: "בעד" או "נגד". אחת הבחירות הציבוריות הקשות ביותר שהיה עליי לבחור אי־פעם לא הייתה בהצבעה על חקיקה, אלא כשנדרשתי לשאלה מה לעשות כשהתברר ב־1998 שהנשיא קלינטון ניהל מערכת יחסים לא מוסרית עם אישה צעירה בשם מוניקה לוינסקי.

את ביל קלינטון הכרתי מאז 1970, כשלמד בבית הספר למשפטים בייל. באותה שנה התנדב למסע הבחירות הראשון שלי לסנאט של המדינה. שמרנו על קשר לאורך השנים, ושנינו פיתחנו אותה אידיאולוגיה כדמוקרטים בעלי דעות מרכזיות. הייתי אחד מראשוני תומכיו במסע הבחירות שלו לנשיאות ב־1992 וחשתי גאווה על הרבה ממה שהוא הצליח להשיג. אבל ההתנהגות עם לוינסקי, שבסופו של דבר הודה בה בנאום טלוויזיוני באוגוסט 1998, הייתה מחפירה. הטרידה אותי מאוד העובדה שהנשיא קלינטון

סירב לקחת אחריות של ממש על התנהגותו הבלתי־קבילה. ידעתי שההתנהגות שלו, לא זו בלבד שהייתה בלתי־נאותה, אלא, בגלל שהוא הנשיא, יהיו לה השלכות נוראות על ארצנו. בקונגרס התגובה לעניין הזה נחלקה אוטומטית לפי הקווים המפלגתיים, אף על פי שלא היה שום דבר אידיאולוגי או מפלגתי במה שעשו קלינטון ולווינסקי. הרפובליקנים תקפו את קלינטון; הדמוקרטים הגנו עליו או שמרו על שתיקה נבוכה. היו שטענו שכאמריקנים, עלינו להפגין את אותה בגרות שמפגינים האירופים ולהפנות את המבט הצידה כאשר מנהיגינו מרשים לעצמם להתענג. זה היה רלטיביזם מוסרי קלאסי, ולכך לא הסכמתי.

בעיצומו של המשבר, בעודו מחמיר והולך, קיבלתי שיחת טלפון מהוגה הדעות והפעיל השמרני ביל בֶּנֶט, שעמו פעלתי בניסיון להילחם בהשפעת המין והאלימות במדיה על ילדינו. ביל דיבר על הקשר בין הפעילות שלנו לבין מה שעשה קלינטון, והפציר בי לחשוב על הדוגמה של נתן הנביא, שהטיף מוסר לדוד המלך על ששכב עם בת שבע וארגן את מות בעלה.

"ביל", אמרתי, "אני סנטור, לא נביא".

"אני יודע", ענה, "אבל אתה סנטור שיודע מה טוב ומה רע, והארץ שלך זקוקה למישהו כמוך, שיאמר שמה שעשה הנשיא הוא רע מאוד".

בקונטיקט, במהלך אותו אוגוסט, לא הפסיקו לעצור אותי – ברחוב, בסופרמרקט, אפילו על חוף הים – ולשאול אותי מה אני חושב על התנהגותו של קלינטון ומה אני עומד לעשות בנדון. אני זוכר אישה אחת שהתחננה לפניי: "אתה, יותר מכולם, חייב להשמיע קול, משום שהתנגדת כל כך להשפעה של הטלוויזיה, הקולנוע ויתר אמצעי התקשורת על הילדים שלנו. עכשיו, בגלל

קלינטון, הילדים הקטנים שלי שואלים אותי על מין אורלי. זה נורא ואיום".

באותו חודש שכרנו הדסה ואני בית לכל המשפחה ליד החוף במאדיסון, קונטיקט, למשך שבוע. סביב שולחן השבת דיברנו על קלינטון ולוינסקי. התגובות של הדורות השונים הפתיעו אותי. הילדים היו מאוחדים בדעתם. הם טענו שאני חייב לומר את מה שאני והם מאמינים בו – שהתנהגותו של קלינטון הייתה בלתי־מוסרית, ושהוא חייב לקחת אחריות ולהתנצל. הדסה הייתה חצויה. אמי הייתה היחידה שהגנה על קלינטון. היא אהבה אותו וחשבה שאף על פי שהוא עשה טעות, יש לסלוח לו עליה, ועליי להמשיך לשתוק.

בסופו של דבר החלטתי שאני חייב לומר את דברי.

ב־4 בספטמבר 1998 נטלתי את רשות הדיבור בסנאט וגיניתי את התנהגותו של הנשיא כ"בלתי־מוסרית, פוגעת" ו"בעלת השלכות רבות מכדי שנעבור עליה לסדר היום". הייתי הדמוקרט הבכיר הראשון שעשה זאת, והנאום שלי קיבל הרבה יותר תשומת לב מכפי שציפיתי. את טיעונו של הנשיא שיחסיו עם הגברת לוינסקי "אינם עניינו של איש" למעט משפחתו, ואת טענתו כי "אפילו לנשיאים יש חיים פרטיים", דחיתי ואמרתי: "בין אם הוא או אנחנו חושבים שזה הוגן ובין אם לא – המציאות היא שחייו הפרטיים של הנשיא הם ציבוריים". כאשר נשיא עושה מעשה רע, טענתי, אפילו בדל"ת אמותיו, הוא מסתכן בגרימת נזק גדול לארצנו ובערעור אמונו של העם שכדי לשרתו ולהנהיגו נבחר.

כעבור שבוע כינס הנשיא קבוצה יוצאת דופן של גברים ונשים בעלי תפקידים מדתות שונות והתנצל פומבית על התנהגותו. הוא ביקש מהם להתפלל איתו בעוד הוא עמל לתקן את הנזק שעשה. בבוקר יום ראשון שלאחר מכן הייתי בביתי בוושינגטון. השעה הייתה

בערך 9:30 כאשר מרכזנית הבית הלבן התקשרה ואמרה שהנשיא קלינטון מחכה על הקו. ניהלנו שיחה ארוכה ודתית בעיקרה בין שני ידידים ותיקים, ובה הוא סיפר עד כמה הוא מתחרט על התנהגותו, אמר לי שהוא מבין מדוע נשאתי את אותו נאום, ואמר שהוא נפגש בקביעות עם שני כמרים כדי להשיב את עצמו ואת משפחתו לדרך הישר.

הודיתי לנשיא ואמרתי לו שאני יודע, מתוך ניסיוני האישי ועל פי אמונתי, שבכל אחד מאיתנו יש פגמים ואנו תלויים בחסדי שמיים ובמחילה מאלוהים ומבני האדם, אחינו, כדי שנוכל להמשיך.

איני יודע אם הנשיא קלינטון הלך לכנסייה בהמשך אותו בוקר יום ראשון, אבל אני הרגשתי שבשיחת הטלפון הארוכה שלנו, הוא ואני חווינו חוויה דתית, שבתית, עמוקה מאוד.

ודרך אגב, הצבעתי נגד הדחתו של הנשיא קלינטון, ובכך בחרתי והבדלתי שוב, הפעם על סמך מסקנתי שהתנהגותו האישית של הנשיא איננה עבירה בת־הדחה מן הסוג שחשבו עליו מנסחי החוקה שלנו.

מישהו אמר לי פעם שביל קלינטון הוא כמו כל אדם אחר, רק יותר. למעשה, חייו היו דוגמה בולטת מאוד של המצב האנושי: פגום, אך מסוגל לטוב אמיתי ולגדולה של ממש. עם תום השבת בכל שבוע, אנו מתפללים לגאולה המובטחת, בידיעה שעולמנו עודו פגום, אך ניתן לתיקון, ושאנו עודנו חסרים, אך מסוגלים להגיע לשלמות. הבחירות בידינו. ההבדלה מזכירה לנו את זה.

לאחר ברכת ההבדלה, מכבים את הנר בנשיפה או בהטבלתו ביין. אור החשמל נדלק ואנו שרים שיר פרידה מן השבת, "הַמַּבְדִּיל בֵּין קֹדֶשׁ לְחוֹל, חַטֹּאתֵינוּ הוּא יִמְחוֹל, זַרְעֵנוּ וְכַסְפֵּנוּ יַרְבֶּה כַּחוֹל וְכַכּוֹכָבִים בַּלָּיְלָה".

ולבסוף, אנו שרים שיר הוקרה וקריאה לאליהו הנביא, שלפי אמונתנו, הוא שיבשר על ביאת המשיח. ככתוב בדברי הנביא מלאכי: "הִנֵּה אָנֹכִי שֹׁלֵחַ לָכֶם אֵת אֵלִיָּה הַנָּבִיא, לִפְנֵי בּוֹא יוֹם ה' הַגָּדוֹל וְהַנּוֹרָא" (ג, כג).

במשך השנים מצאתי שתי סיבות לקריאה לאליהו בתחילת השבוע החדש. ראשית, היא מבטאת את תקוותנו שאליהו והמשיח יבואו בשבוע הקרוב; ושנית, זוהי הצהרת הכוונות שלנו לחיות ולפעול במשך השבוע באופן שיחיש, צעד אחר צעד, את ביאת המשיח.

ואז, בשעה שאנו עוזבים את בית הכנסת, אנו מאחלים זה לזה "שבוע טוב!". זוהי ברכה שפירושה הוא כפשוטה, אך משמעות גדולה יותר אצורה בה. שבתנו ונחנו, ואנו מוכנים לחזור לעבוד עד שתגיע השבת שוב ביום שישי הבא.

אינני רוצה להותיר את הרושם שאחרי צאתנו מבית הכנסת במוצאי שבת, נסגר המקום עד שקיעת החמה ביום שישי שלאחר מכן. למעשה, בית הכנסת פתוח מדי יום לתפילות שחרית, מנחה וערבית, ולהרבה פעילות לימודית וחברתית. אני בטוח שיש מקום מיוחד בגן עדן השמור למי שדואגים להמשך קיום התפילות והפעילויות בכל יום ויום, עד ששאר הקהילה חוזרת לבית הכנסת בשבת.

התחלות פשוטות

- סיום השבת הוא הזמן האידיאלי לחשוב על הליקויים שבעולמנו, לחוש כמיהה לגאולתו ולהתפלל עליה.
- אכלו ארוחת ערב קלה עם בני המשפחה לקראת צאת השבת. זו עשויה להיות גם הסעודה העיקרית, מוקדמת או מאוחרת, בהתאם לעונת השנה. הרגישו את צביטת העצב המתגנבת ללב עם צאת היום.
- קראו או שירו את מזמור כג בתהילים, המתאר את הביטחון באלוהים ובהשגחתו המגוננת עלינו בעודנו מהרהרים בשבוע הקרב.
- אם הייתה לכם הזדמנות ללמוד מהתנ"ך במשך השבת, חזרו שוב על מה שלמדתם ודברו על כך עם מישהו ממשפחתכם או מידידיכם.
- אולי תרצו לערוך בבתיכם טקס בסגנון ההבדלה – עם נרות, יין ובשמים – כדרך להיפרד ממנוחת השבת שלכם ולהכין את עצמכם לכניסה המחודשת אל תוך שבוע העבודה.

פרק עשירי
ששת ימי המעשה:
עבודה עם תכלית

בילינו את תשעת הפרקים הקודמים כשאנו חווים יחד את השבת, ממלאים אחר הדיבר הרביעי שנתן הבורא למשה ולאנושות. אך אינני רוצה שכל מה שאמרתי על יופייה של המנוחה בשבת יטעה אתכם לחשוב שהדיבר הרביעי עוסק רק בשביתה ממלאכה.

הבה נתבונן שוב בכתובים: "שֵׁשֶׁת יָמִים תַּעֲבֹד וְעָשִׂיתָ כָּל־מְלַאכְתֶּךָ וְיוֹם הַשְּׁבִיעִי – שַׁבָּת לַה' אֱלֹהֶיךָ לֹא־תַעֲשֶׂה כָל־מְלָאכָה" (שמות כ, ח-ט). כפי שניתן לראות, אנו מצווים כאן לא על פעולה אחת, אלא על שתיים. הפעולה השנייה היא לשבות ביום השביעי, אולם הראשונה היא לעבוד – "תעבוד ועשית כל מלאכתך" – בשאר ששת ימי השבוע. הדיבר הרביעי מתייחס אל הראשונה (העבודה) לא פחות ברצינות מאשר אל השנייה (השביתה).

בפרק זה ברצוני לתאר כיצד המסורת המקראית מפצירה בנו לחוות לא רק את שביתתנו בשבת, אלא גם את עבודתנו כמצוות ומתנות מאת האל. השבת מקבלת את משמעותה מששת הימים

שבהם אנו עובדים, כפי שימי העבודה שלנו מקבלים את משמעותם מן המנוחה שממנה אנו נהנים בשבת. כל אחת מהן תלויה בחברתה. כל אחת מהן מעשירה את רעותה.

עם תום השבת אנו נשלחים שוב החוצה אל עולמו של הבורא כדי לקיים "לְעָבְדָהּ וּלְשָׁמְרָהּ" (בראשית ב, טו). כדי לשרוד בעולמו של האל צריך לעבוד, כפי שגילו הציידים־הלקטים הראשונים וכפי שכל אחד מאיתנו יודע גם היום. הדבר הראשון שאני עושה אחרי שבת הוא לגשת מיד לטלפון הסלולרי שלי ולקרוא את ההודעות שהגיעו. אלוהים יצר את העולם המופלא הזה בשביל בני האדם, אך אילו היו אבות אבותינו רק שובתים ומצפים למזון ומחסה שיגיעו מעצמם, ההיסטוריה האנושית הייתה מאוד קצרה. היה עליהם לעבוד כדי לחיות, אפילו בגן עדן. אם אתם, כמוני, מאמינים שאלוהים ברא אותנו לא רק כדי ליהנות מעולמו אלא כדי לשפר אותו ובסופו של דבר גם לתקן אותו, הרי שלשם כך דרושה בוודאי עבודה קשה. באמצעות עמלנו בששת ימי המעשה, אנו חותרים ללכת בדרכיו של הבורא ולעשות את רצונו, ואז בשבת – כמותו – אנו שובתים, נחים ומקדשים את היום. העבודה והמנוחה גם יחד הן שלם אורגני, מערכת יחסים של חיזוק הדדי.

סיבולת פיזית

שילוב המנוחה בשבוע שלנו מעניק לנו אנרגיה נוספת לעשות את העבודה המשפרת את חיינו, ומעניקה לנו סיפוק. בשבילי זה בוודאי כך. תמיד הצלחתי לעבוד קשה יותר בששת ימי החול הודות לידיעה שיום השבת והמנוחה מתקרב.

כאשר צעירים המתעניינים בקריירה פוליטית שואלים אותי אילו תכונות אדם צריך יותר מכול כדי להצליח בהתמודדות על

משרה ציבורית, ולהצליח להחזיק במשרה, אני אומר: "כמובן, צריך שיהיה לך הרבה ידע על דברים. צריך לדעת איך לחשוב ואיך ללמוד. צריך להיות מסוגל לתקשר ולשתף פעולה עם אחרים באופן אפקטיבי. צריך ביטחון עצמי ויכולת להגיב מהר לשאלות ולהתקפות בלי לקרוס. אבל אף לא אחת מהסגולות האלה לא תיקח אותך למקום שאליו את או אתה רוצים להגיע בעולם הפוליטי, בלי הרבה סיבולת פיזית של ממש. אני יודע שלא הייתי יכול לעשות את הדברים שעשיתי בחיים הציבוריים אילולא לימדו אותי הוריי את החשיבות וההנאה שבעבודה קשה, כמו שצריך".

אמי התחילה לעבוד בגיל שתים־עשרה במאפייה. כפי שאתם אולי זוכרים, אביה, יוסף, שעל שמו אני קרוי, נפטר בדמי ימיו, כך שסבתי, באבה, נותרה אלמנה עם חמישה ילדים. כולם נדרשו ללכת לעבוד ברגע שיכלו. אימא עבדה עד שנישאה לאבי ואני נולדתי, אבל בתקופות עמוסות בשנה היא הצטרפה אליו לחנות המשקאות, וכשהוא התגייס לצבא האמריקאי במלחמת העולם השנייה, היא ניהלה את החנות במשך שנתיים כמעט. זיכרונותיי מאמי הם של אישה בתנועה – בתוך הבית, מנקה ומבשלת; בחוץ, קונה (הפעילות החביבה עליה) או מתנדבת בארגונים קהילתיים, מערב הבינגו של בית הכנסת שלנו עד לחנות הספרים המשומשים של הספרייה הציבורית. היא המשיכה בתנועה ממש כמעט עד יום מותה, בגיל תשעים. "אני אלך כל עוד אוכל ללכת", אמרה לי אימא בשנותיה המאוחרות יותר. "כשאצטרך הליכון, אשתמש בו כדי להתנייד. ואז אם אצטרך לזחול כדי להגיע למקום שאליו אני רוצה להגיע – אני אזחל". כזו הייתה אימא.

אבי היה איש בעל גוף ממוצע וכוח יוצא דופן. הוא עבד קשה, שעות ארוכות, בלי להתלונן, בין אם היה זה בעבודתו הראשונה

על משאית לילה של מאפייה; או בהרמת ארגזי בירה ומשקאות חריפים בחנותו; או בצביעה, בהדבקת טפטים, או בגינון בביתו או בבתי ילדיו. הוא מעולם לא התלונן על הצורך לעבוד עבודה פיזית, ונראה שהוא שאב ממנה סיפוק, משום שידע שהיא זו שסללה את דרכו להישגיו.

אבא ואימא היו אומרים לאחיותיי ולי, "יהיה מספיק זמן לנוח בעולם הבא. אז בעולם הזה, תעבדו הכי קשה שאתם יכולים ותיהנו מזה הכי הרבה שאתם יכולים". זהו סיכום מושלם של הדיבר הרביעי, האם לא כן?

הדוגמה שהציג אבי עודדה אותי להישאר במצב גופני טוב. בכל יום היה אבא עושה מה שהוא כינה "קָלִיסְתֶּנִיקָה", והיום מכונה תרגילי מתיחות. הוא שיחק כדורת בקבוצה והיה שחיין ומחליק גלגיליות מצוין, וכאשר פרש לגמלאות היה הולך, כמעט מדי יום, יותר משמונה קילומטרים. היכולת לעבוד קשה במשך שעות ארוכות הייתה חשובה בקריירה שלי יותר מכפי שציפיתי. כהונה במשרה ציבורית והתמודדות במסע בחירות פוליטי – במיוחד אם הן מתרחשות במקביל – זהו אתגר אמיתי. קשה שלא להגיע לידי תשישות, ותשישות מגבירה את הסיכון לעשות טעות שעלולה לעלות ביוקר. מסע הבחירות שלי לסגנות הנשיאות בשנת 2000 היה כנראה המפרך ביותר בקריירה שלי, משום שהוא התנהל לכל אורכה ורוחבה של הארץ הגדולה שלנו.

בשנת 2000 עבדתי בדרך כלל לפחות שמונה־עשרה שעות ביום, ויכולתי לצפות ללא יותר מארבע עד שש שעות שינה בלילה, אם התמזל מזלי. בשבועות שלפני העימות עם המועמד המתחרה לסגנות הנשיא, דיק צ'ייני, היה לוח הזמנים שלי מאוד תובעני. בננו מאט היה איתנו בימים האחרונים של ההכנות לעימות בדַנוִיל,

קנטקי. בשלב מסוים הוא אמר להדסה שהוא מודאג בגללי. מעולם לא ראה אותי כל כך עייף. "נעלם לו האור מהעיניים", אמר מאט להדסה. "המוח שלו לגמרי שם, אבל הנשמה שלו לא מאירה החוצה". היא חזרה על הדברים באוזניי. זה ניער אותי מן העייפות, וחיבר אותי, אני חושב, בחזרה לנשמה שלי. המשפחה הייתה איתי מאחורי הקלעים לפני העימות ואני אמרתי, "בואו נשיר משהו שיכניס אותי למצב הרוח הנכון לפני שאני יוצא לשם". למאט יש קול בריטון חזק והוא התחיל לשיר "האור הקט הזה שלי, אתן לו להאיר".[1] כל המשפחה הצטרפה ואני הייתי מוכן.

במירוץ של שנת 2000 חוויתי את הניגודים החריפים ביותר בין השבת לבין תחילת שבוע העבודה שלי. מוצאי שבת לאחר שקיעת החמה היה תמיד זמן עמוס מאוד. ברגע שסיימנו את ההבדלה, היה אירוע גיוס כספים בכל מקום שבו ביליתי את השבת, או שהייתי קופץ על מטוס כדי לנסוע למקום שבו יתחיל לוח הזמנים שלי ביום ראשון בבוקר, או שהיו פגישות תדרוך לצוות כדי להתכונן להופעה טלוויזיונית ביום ראשון בבוקר, או כדי לתכנן את השבוע הקרב. כשהתמזל מזלי לבלות את השבת בבית, מוצאי שבת היה הזמן לטפל בצרכים האישיים, כמו להסתפר אצל הספר שלי מוושינגטון, רֶנאטוֹ סְטַלְטֶרִי, שבאדיבות רבה בא לביתי אחרי רדת החשיכה כדי לגזוז את שערי.

את השבת האחרונה של מסע הבחירות ב־2000 ביליתי בדרום פלורידה. ברור היה שהמדינה הזו היא שדה קרב מפולג וסוער,

1. This little light of mine, I'm going to let it shine – שיר תפילה שנכתב בארה"ב בשנות ה־20 של המאה העשרים על בסיס פסוקים מן הברית החדשה, והפך בשנות ה־50 וה־60 להמנון התנועה לזכויות האזרח באמריקה (הערת המתרגמת).

ובסופו של דבר התגלגלו העניינים כך שתוצאת המירוץ כולו הוכרעה על חודם של קולותיה. עסקתי בקמפיין שם עד סמוך לשקיעה ביום שישי. מכיוון שידעתי מה עומד לקרות לאחר רדת החשיכה ביום שבת, נהניתי משינה מספקת מאוד בשבת אחר הצהריים. ואז, לאחר ההבדלה, התחלנו הדסה ואני להסתובב בכל הארץ, והיינו בנסיעות ממוצאי שבת ועד מוצאי יום שלישי עם סגירת הקלפיות, שבעים ושתיים שעות שלמות שבהן ישנתי אולי שתים־עשרה שעות במצטבר. התחנה הראשונה לאחר שבת הייתה הוואנה הקטנה במיאמי, שם שתיתי שתי כוסות של קפה קובני חזק מאוד, מתוק, ואני בטוח שהן עזרו לי להתגבר על מיעוט השינה בשלושת הימים שלאחר מכן. משם המשכתי למרכז פלורידה, הלאה לניו מקסיקו ונבאדה, צפונה לאורגון ולוושינגטון, עבור לוויסקונסין, מינסוטה, מיין וניו המפשייר, דרומה לפנסילבניה ואז ביום שלישי לטמפה, פלורידה – שם הצטרפתי לאַל גור לעצרת זריחה – שלאחריה טסתי לניו הייבן כדי להצביע, ואז דרומה לנאשוויל להופיע בטלוויזיה וברדיו ולקבל את תוצאות הבחירות.

הדוגמה ששימשו לי הוריי, והוודאות שבכל יום שביעי תגיע שבת, אפשרו לי לעבור את המסלול הזה ומסלולים רבים אחרים מבלי לקרוס.

תובנות שלומדים בזמנים שקטים

השבת עוזרת לנו לפעול טוב יותר גם בדרכים אחרות, פחות פיזיות וברורות מאליהן. הרב דניאל לַפִּין מסיאטל כותב בספרו המעניין מאוד, **למען תצליח** (Thou Shall Prosper), על לקחי התורה להצלחה בעבודה ובעסקים. יש לו תובנה חשובה בעניין היתרון שנובע מן היכולת להקדיש זמן שקט בשבת כדי לחשוב, ולהתבונן בחיים

האישיים ובקריירה. לא משנה מי אנו ומה אנו עושים, יש ערך רב ביכולת לקחת צעד אחורה מן הרעש והמהומה של היום־יום הקדחתני כדי לקבל נקודת מבט רחבה יותר.

זמנים שקטים הם הטובים ביותר לשם כך. אני יודע שכמה מן הרעיונות הטובים ביותר שלי מגיעים כשאני מצליח לנטרל את היסחי הדעת של החיים. הרב לפין מציין שבבית שקט וחשוך, בלילה, שומעים דברים שמעולם לא שמעתם במשך היום, כמו צליל המקרר הנכנס לפעולה ומפסיק. השבת היא בית שקט וחשוך שבו אנו מבחינים לפתע בדברים – מגמות בעולם שסביבנו ורעיונות שצצים בראשנו לפתע פתאום, שלא היינו שמים לב אליהם במשך השבוע.

עשיית עושר כמשימה בעלת ערך

מארק טוויין ציין פעם שליהודים יש, כפי הנראה, כישרון מולד לעבודה ולעסקים. חלק מן הסיבה לכך, כך מאמין הרב לפין, היא שהתורה רואה בהשתכרות למחייתנו שאיפה בעלת ערך. באופן טבעי אנו מצליחים במאמצים שיש להם ערך בעינינו יותר מאשר באלה שאנו פוטרים כחסרי ערך. המשנה בפרקי אבות אומרת שהעולם עומד על שלושה דברים. על פי החכם והכוהן הגדול שמעון הצדיק, שחי בסביבות שנת 300 לפני הספירה, שלושה ערכים אלו הם תלמוד תורה, תפילה וגמילות חסדים. המילה שבה השתמש שמעון במשמעות של תפילה היא "עבודה", שמובנה הוא גם עבודת האל במקדש וגם עבודה במובן של פעילות יוצרת. למעשה, חכמי התלמוד והמדרש ראו בעשיית מלאכה ביושר ובניקיון כפיים סוג מסוים של שירות לאחרים, מכיוון שאנו מרוויחים כסף אם אנחנו משביעים את רצונם של בני אדם באמצעות מתן שירות או מוצר שהם צריכים או רוצים.

זכרו שכאשר אנו שומרים את השבת, אנו חולקים הכרה וכבוד לאלוהים על תכנון העולם ובריאתו, שלבטח היו מעשי ההשקעה, החדשנות והיצרנות הגדולים ביותר אי־פעם. זוהי אולי אחת הסיבות לכך שהמסורת המקראית אינה מפגינה אמביוולנטיות כלפי עושר, כפי שקורה פעמים רבות בתרבות העכשווית שלנו. היא רואה את העבודה הנעשית כדי לייצר עושר – כל עוד הוא מושג ביושר – כמעשה חיובי, שבאמצעותו אנו מגשימים את כוונתו של האל לגבינו, ואגב כך מספקים לעצמנו את המשאבים לדאוג לאחרים הנזקקים לעזרה.

בעיני אחדים אולי לא ראוי שמנהיגים רוחניים ישבחו השגת עושר חומרי – או יעבדו כדי להתעשר. הם מאמינים כנראה שאל להם לאנשי דת להיות נגועים בעבודה ובצבירת הון. אבל מעניין שביהדות רעיון הרבנות המקצועית במשרה מלאה התחיל רק בימי הביניים. לפני כן, רבנים נהגו להפשיל את שרווליהם וללכלך את ידיהם. הרבנים הגדולים של ימי הביניים היו כולם בעלי מקצועות וקריירות. החכם הצרפתי בן המאה האחת־עשרה, רש"י, שפירושיו לתנ"ך ולתלמוד הם עדיין המקובלים ביותר, היה ייננ. רמב"ם ורמב"ן, חכמי ספרד בני המאה השתים־עשרה והשלוש־עשרה, היו שניהם רופאים. בתקופות קדומות יותר, כמה מן החכמים המכובדים ביותר עסקו במלאכות כפיים והיו מיומנים באומנויות. אפילו בעת החדשה ידוע לנו כי גדול תורה נערץ כדוגמת החפץ חיים (1838–1933), שחיבר פירוש אהוב על ספר ההלכות המרכזי של היהדות, ניהל חנות מכולת יחד עם אשתו.

אחד מהרבנים והוגי הדעות הקלאסיים, רבנו בחיי בן יוסף אבן פקודה מספרד, כתב מדריך לאמונה ולדרך החיים היהודית בשם **חובת הלבבות**, ובו הוא מסביר שהאל דואג לצרכינו בכל

יום, ובמסגרת זו הוא נוסך בכל אחד מאיתנו התלהבות דווקא מתחום עבודה מסוים ולא אחר. בתקופה מאוחרת יותר ר׳ מנחם שניאורסון לימד כי העבודה שאנו עושים היא למעשה הדרך שבה בוחר בנו הבורא להיות שליחיו בעולם. איננו משתכרים למחייתנו ותו לא. אנחנו נמצאים, כמו שאומרים האחים בלוז, ״בשליחות מטעם אלוהים״ לעשות את העבודה שלנו בצורה הטובה ביותר ולשרת אנשים אחרים באמצעות עבודתנו כמיטב יכולתנו. נראה לי שעל כך חשב אבי כשהגיב פעם לתסכול שלי על כך שאדם בעל שכל חריף כשלו מעולם לא קיבל הזדמנות לקריירה מקצועית. ״אולי זה לא מה שנועדתי לעשות״, אמר.

לראות בעבודה שליחות

בסרט **ג׳רי מגוויר** משחק טום קרוז סוכן ספורטאים נמרץ שעובד רק בשביל הכסף: ״תראה לי את הכסף!״, זו הדרישה המפורסמת שדורש מג׳רי הלקוח שלו, שאותו מגלם קוּבָּה גודינג ג׳וניור. במהלך הסרט, לאחר שהוא מבין שיש בעבודה דברים שהם מעבר לעשיית כסף, מגבש ג׳רי חזון חדש לקריירה שלו, לא כעבודה אלא **כשליחות**. הייתה זו אותה עבודה, אבל הוא התחיל לראות אותה אחרת. הוא העניק לה משמעות.

בעיני בני אדם רבים, כנראה רובם, המשמעות של עבודתם, שליחותם, היא לפרנס את משפחותיהם. וכשחושבים על זה, מה יכול להיות יותר חשוב מאשר לעבוד כדי לשלם בעד מה שצריך כדי שמשפחתך תתקיים וילדיך יצמחו. זו הייתה שליחותם הגדולה של דורות של מהגרים לאמריקה. זה היה ועודנו החלום האמריקני שלהם. הם עובדים קשה כדי להצליח, ואם אינם מצליחים להשיג כל מה שהם מקווים לו, הם עובדים כדי להבטיח שילדיהם ישיגו זאת.

אבי לימד אותי שיעור חשוב בשיחה שניהלנו, הוא ואמי ואני, אחרי פרישתו. סיפרתי להם שמישהו שהכרתי בדיוק עבר לבית גדול במעלה הגבעה, לא רחוק מן המקום שבו הייתה חנות המשקאות החריפים של אבי. שניהם אמרו שהם יודעים בדיוק באיזה בית מדובר. "תן לי לספר לך סיפור על הבית הזה ועל אבא שלך", אמרה אימא. "כשהוא רק פתח את החנות, הוא ממש הלך מדלת לדלת בשכונה כדי להציג את עצמו ואת החנות שלו ולבקש שיקנו אצלו. כשהוא הגיע לבית הגדול ההוא, שגרה בו משפחה מאוד עשירה, מי שפתח לו את הדלת אמר שיש להם מרתף מלוכלך ואם הוא מוכן לנקות אותו בלי תשלום, הם יהיו מוכנים כנראה לרכוש אצלו את המשקאות החריפים שלהם. נו, ג'וזף, מה אני אגיד לך, אבא שלך עבד במשך יום וחצי לנקות את המרתף הזה. הוא היה מטונף. אני זוכרת שאבא סיפר לי שהוא מצא שם עכברים מתים וכל מיני זבל. אבל הוא סיים את העבודה, ומאז האנשים האלה קנו ממנו את כל המשקאות החריפים שלהם".

הסתכלתי על אבי ואמרתי, "אבא, אני חייב לומר לך, מכעיס אותי שהאנשים האלה אילצו אותך לנקות את המרתף שלהם בלי לשלם לך, רק כדי שאחר כך הם יקנו ממך משקאות".

אבל אבא שלי אמר, "אל תכעס ג'וזף, אני לא כעסתי. אני פתחתי את העסק והיו לי מעט מאוד לקוחות. הייתה לי אישה לפרנס, ורצינו ילדים. אז עשיתי מה שהייתי צריך לעשות, והמשפחה הזאת קנתה הרבה משקאות ממני במשך שנים אחר כך. וכמובן, במה שהצלחתי להרוויח מחנות המשקאות, השתמשתי כדי לקנות את הבית הזה וכדי לעשות הרבה דברים אחרים, כולל לשלם על הלימודים שלך, של ריטה ושל אלן בקולג' ובאוניברסיטה. בשביל זה היה שווה לנקות את המרתף".

מן התובנה החשובה של אבי ומתוך חוכמת התורה, הבנתי את המשמעות העמוקה יותר של עבודה ומנוחה. אני מאמין שכל הבריאה נושאת את חותם יצירתו של האל בכוונה תחילה, עד למרכיבים הזעירים ביותר של הטבע ושל חיי האדם. ממש כפי ששום פרט בעולם שברא האל לא היה קטן מכדי שיתעניין בו, כי חשיבותו מרובה, כך גם שום פרט מן העבודה שכל אחד מאיתנו עושה אינו חסר חשיבות ומשמעות. בעבודתנו כל אחד מאיתנו תורם לשלם; כולנו ממשיכים בעבודת הבריאה של האל.

עבודה – שותפות עם האל

בארוחת הערב של ליל שבת ובארוחת הצהריים של יום השבת, לפני שנהנינו מטעמה המענג של החלה, הודינו לבורא "המוציא לחם מן הארץ". כמובן, במישור המילולי אין זה נכון שכיכרות לחם צומחים מתוך האדמה. אי־אפשר למצוא חלה שלמה תלויה על גבעול חיטה. החיטה והמים, מרכיביו של הלחם, מגיעים מן הארץ ומן השמיים. כדי שהחיטה תהפוך לחלה, יש צורך במאמצים מתואמים ויצירתיים של בני אדם העובדים יחד – מגדלים את החיטה וקוצרים אותה, טוחנים אותה לקמח, מערבבים את הקמח עם מרכיבים אחרים, לשים אותו, אופים, אורזים ומפיצים את התוצר. אנו מברכים אפוא את האל על שחנן אותנו ביכולת לשתף פעולה עם הבריאה שברא ועם בני אדם אחרים, שהיא המאפשרת לנו לייצר לחם מן הארץ ומן הדגן שנתן לנו הבורא. הוא הדין באופן שבו זיתים הופכים לשמן וענבים הופכים ליין. ציינתי את הדגן, השמן והיין משום שאלה – דגן, תירוש ויצהר – הם בדיוק הגמול המובטח לנו (בספר דברים יא, יד) אם נאהב את הבורא אלוהינו ונעבוד אותו בכל לבבנו ובכל נפשנו. אך כדי ליהנות מן הגמול, עלינו לעבוד. עלינו ליטול את הבריאה שברא

האל ובאמצעות היצירתיות שלנו להפוך אותה לדבר־מה שמקיים ומשפר את חיינו. כשאנו עובדים, אנו הופכים לשותפיו הפעילים של הבורא בשיפור העולם עד שנביא אותו לשלמות. יש הרבה אתגר, התרגשות והנאה בעבודה שכזו.

לכן אנו מאמינים שהשבת היא ברית, ומשום כך גם עבודתנו היא שותפות עם הבורא. הן השבת והן העבודה הן מצוות ומתנות מעם האל – כל אחת מחזקת את חברתה. השבת וששת ימי המעשה גם יחד נותנים לנו את המתנות הגדולות מכול: מתת המשמעות, מתת התכלית ומתת הייעוד. מנוחה בלי עבודה תהיה חסרת משמעות. עבודה בלי מנוחה תהיה חסרת תכלית. אך יחד, העבודה והמנוחה מציעות לנו תקווה לחיים טובים יותר היום, וייעוד של גאולה שלמה מחר.

התחלות פשוטות

- שאלו את עצמכם: איזו שליחות אתם ממלאים בעבודתכם היום־יומית? כיצד תוכלו לראות בעבודתכם או בפעילותכם ההתנדבותית מעשה של שירות או מחוות הערצה, אם כלפי אלוהים ואם כלפי בני אדם אחרים?
- אם כיביתם את המחשב, הטלפון הנייד או הטלוויזיה למשך השבת – שזו הצעתי הראשונה לכם במסגרת ההתחלות הפשוטות – עכשיו כשאתם מתכוננים להפעיל אותם שוב, חשבו על כך שאתם יכולים להסתדר בלעדיהם! זכרו את תחושת השחרור שמגיעה כשאתם רואים אותם כבים. כדאי לשקול למזער את מקומה של התקשורת האלקטרונית בחייכם ובחיי משפחתכם. עודדו את הילדים לקרוא ספרים ולשחק בחוץ במקום להשתופף מול משחק מחשב. אולי תקבעו "זמן שינה" למחשב ולטלוויזיה בכל ערב: אחרי השעה הזאת, המכשירים כבים ולא נדלקים עוד עד למחרת.
- בשבת היו קשובים למשמעות ולמסרים על החיים שאחרת, ביום עבודה עמוס, הייתם מחמיצים. איך תוכלו בשבוע הקרב לשלב בחייכם או להרוויח משהו מדבר שלמדתם במהלך השבת?
- חשבו כיצד בעבודתכם אתם פועלים ויכולים לפעול כשותפים של האל בבריאה.
- התחילו לתכנן כבר עכשיו את השבת הבאה. תוכלו לספור את הימים עד שהיא תגיע!

סיכום
לעשות שבת משלכם

אנו חיים בתרבות של עבודה קשה שבה בני אדם זקוקים נואשות למנוחה, לא רק כדי לטעון את מאגרי הכוח כדי שנוכל לעבוד קשה יותר, אלא כדי לטעון את מאגרי הנפש כך שנוכל לחיות טוב יותר. עבורי התשובה לצורך הזה הייתה תמיד השבת. השבת נתנה עוגן לחיי, החייתה את גופי ושיקמה את נפשי. אני יודע שהשבת יכולה לעשות את כל זה גם עבורכם.

בספר הזה חווינו שבת יהודית מסורתית על כל טקסיה, כלליה ומנהגיה. כפי שאמרנו, הלכות השבת היהודית הועברו מדור לדור על ידי החכמים במטרה ליישם את המצווה הכללית הכתובה בתורה, לשמור את השבת. חכמי ישראל הסבירו במפורש שהם עושים סייג לתורה ולשבת – בונים סביבן כעין גדר, כדי להבטיח ששתיהן תהיינה מוגנות ושמורות. צורה זו של שמירת שבת היא הצורה שאליה נולדתי, ובאמצעותה מצאתי עונג, תכלית וקהילה.

אולם הדרך היהודית המסורתית אינה הדרך היחידה לשמור את השבת וליהנות ממנה. לא משנה בני איזו דת אתם או עד כמה אתם

זמן שבת

דתיים, תוכלו למצוא את דרככם האישית להביא את השבת – מתת המנוחה מאת הבורא – אל תוך חייכם. וזכרו, זה לא בהכרח הכול או לא כלום.

לפני שנים, הכרתי בניו הייבן איש נפלא. שמו היה ארתור שפיגל, והוא סיכם בצורה קולעת את הבקשה שאני מפנה אליכם לסיכום. ארתור היה המנהל בפועל של פדרציה יהודית מקומית, אדם חברותי ותרבותי. הוא אהב את השבת והשתתף באופן קבוע בתפילות השבת, אך לא שמר על כל פרטי ההלכה. הוא "עשה שבת" בדרכו שלו. פעם דיברנו, ארתור ואני, על ידיד משותף, איש טוב, שהלך לעיתים קרובות לבית הכנסת בשבת בבוקר ואחר כך לארוחת צהריים במסעדה, ומשם לסרט – שתי פעילויות ששמירת השבת המסורתית אוסרת עליהן. "אתה יודע, ג׳ו", אמר לי ארתור, "כל אחד יכול לעשות שבת לפי דרכו".

זוהי מחשבה עמוקה וחשובה. בני אדם שונים מוצאים דרכים שונות לקיים "זכור את יום השבת", ובדרכם שלהם – גם אם אין זו בדיוק הדרך שהתלמוד מכתיב – מנסים "לקדשו".

בסוף כל פרק בספר הזה הצגתי צעדים שניתן לעשות כדי להתחיל ליהנות מן השבת. מנוחת השבת שלכם יכולה להיות ביום ראשון או ביום שישי ולאו דווקא בשבת, ואולי היא לא תכלול הליכה לבית תפילה. כך או כך, אני מקווה שהצעד הראשון שתעשו יהיה רק ההתחלה של שמירת שבת, ושזו תתפתח בהמשך. אך גם אם תחליטו פשוט ללכת בשבת לבית תפילה לבחירתכם, או לכבות את המחשב או את הטלוויזיה באותו יום, או לברך את ילדיכם, או לוותר על קניות, או ליהנות מארוחה משפחתית – אשמח בשבילכם, ותשמח גם משפחתכם.

סיכום – לעשות שבת משלכם

למדתי רבות מן הפילוסופיה של חסידות חב"ד, שרבה, מנחם מנדל שניאורסון מליובאוויטש, הדגיש שחשוב לא להטיף מוסר ליהודים על המצוות שהם אינם מקיימים. במקום זאת ביקש הרבי משלוחיו לפעול כדי לשכנע את אלו שאינם שומרים לעשות עוד מעשה טוב אחד או לקיים עוד מצווה אחת, כמו להדליק נרות שבת, או לומר תפילת הודיה לפני אכילת הלחם, או לתרום יותר לצדקה. פעמים רבות, ידע הרבי מליובאוויטש, מצווה גוררת מצווה, וההשפעה על הפרט ועל העולם יכולה בסופו של דבר להיות עצומה.

בתלמוד מופיעה אמירה מופלאה: אם כל אדם ישמור שתי שבתות ברצף, יבוא המשיח ויביא גאולה לאנושות. על פניו, נדמה כי חזון זה אינו עולה בקנה אחד עם אמירות תלמודיות אחרות, שלפיהן ביאת המשיח תהיה לגמרי בלתי-צפויה, ואולי אפילו לא יזהו אותה בתחילה. למה התכוונו אפוא חכמינו כשאמרו ששמירת שתי שבתות על ידי כולם תביא את ימות המשיח? אני חושב שהם התכוונו לומר שלשבת יש הכוח לתקן את השבר המרחיק בני אדם זה מזה ומאלוהים, ושאיחוי שני השברים האלה ייצור את התנאים לגאולה.

אם כולנו פשוט נעצור ונשמור שבת אחת, ואחר כך עוד אחת, באחדות מושלמת עם אלוהים ואחד עם השני, תבוא גאולה לעולם.

עד אז, כל יום שתבחרו בו לשמור את מנוחת השבת יטעים אתכם מטעמו של העולם הבא. השבת היא באמת מתנה. מתנה מעם הבורא. מתנת המנוחה. אני מקווה ומתפלל שתקבלו אותה, ותניחו למנוחת השבת להעשיר את חייכם.

תודות

הרעיון לכתוב את הספר הזה נולד בשיחות שקיימתי עם חברי הרב מנחם גנק, המנכ"ל וראש מערך הכשרות של איחוד הקהילות האורתודוקסיות של ארה"ב, ומורה מוכשר שאצלו למדתי במשך שנים. הרב גנק לא חדל לדרבן אותי לפרויקט, ואפילו קישר אותי עם שותפי לכתיבה, דיוויד קלינגהופר, שאותו הכרתי מעט כשהיה העורך הספרותי של כתב העת National Review וכעת כעמית בכיר במכון דיסקברי, וכחברי לקהילת בית הכנסת ג'ורג'טאון בוושינגטון לפני מספר שנים.

דיוויד קלינגהופר ואני התחלנו בעבודתנו המשותפת בשיחות ארוכות על ההיסטוריה הדתית האישית שלי, מדוע וכיצד אני שומר שבת, וכמה חשוב היה לי לתאר את השבת בספר הזה בדרך שתדבר אל קוראים יהודים ואל קוראים שאינם יהודים. דיוויד הוא אדם וסופר משכיל ורהוט, ושומר שבת. הוא תרם לי הרבה מאוד מידע, וסייע לי רבות לארגן ולרשום את מחשבותיי. הוא גם הגיב בסבלנות לשכתובים האגרסיביים ולעריכה הנוקדנית שלי. ספר זה,

אחרי הכול, הוא אמירה אישית מאוד שלי על השבת, והייתי מוכרח לעמוד מאחורי כל מילה שמופיעה בו.

אמנם כל יהודי נולד כשהמסורת היהודית מוקנית לו כזכות אבות, אך אין תחליף לרבנים שלנו כמדריכים בהבנת המשמעויות העמוקות יותר שלה. הרב גנק היה מעורב באופן קבוע בדיונים על הספר, וכך גם הרב יצחק ("ייִץ") גרינברג, ושני רבני הקהילות שלי, יששכר דוב פרוינדל מבית הכנסת של ג'ורג'טאון ודניאל כהן מבית הכנסת אגודת שלום בסטמפורד, קונטיקט. הרב גיל סטודנט מהוצאת איחוד הקהילות האורתודוקסיות סייע בטובו בקריאת כתב היד. היו לי גם חילופי דברים פוריים מאוד עם אנשי כמורה וידידים נוצרים על הספר הזה. למותר לציין כי בספר זה, כמו בכל היבט אחר של חיי, רעייתי, הדסה, הייתה שותפתי החשובה ביותר והמוזה שלי, וילדיי ונכדיי נסכו בי השראה.

לבסוף, ברצוני להודות לכל אלו שעמלו על הוצאת הספר בתרגום לעברית: למו"ל ספרי מגיד מר מאיר מילר, ליו"ר המערכת הרב ראובן ציגלר, למתרגמת איילת סקסטיין, לעורך אריאל הורוביץ, למגיהה אפרת גרוס, ולכל הצוות הנפלא של ספרי מגיד; ולאנשי שבת UNPLUGGED המביאים את בשורת השבת לציבור הישראלי, ובראשם המנכ"לית ד"ר רות קבסה־אברמזון. כולם יעמדו על הברכה.